Witte (Hrsg.) · Telekommunikation in der DDR und der Bundesrepublik

Telekommunikation in der DDR und der Bundesrepublik

Herausgegeben von

Prof. Dr. Dres. h. c. Eberhard Witte

R. v. Decker's Verlag, G. Schenck
Heidelberg

R. v. Decker's FACHBÜCHEREI
Wirtschaft – Verwaltung – Organisation

Das Buch hat als Grundlage die Referate der
Fachkonferenz des Münchner Kreises am 30. April 1990

CIP-Titelaufnahme der Deutschen Bibliothek

Telekommunikation in der DDR und der Bundesrepublik:
[das Buch hat als Grundlage die Referate der Fachkonferenz
des Münchner Kreises am 30. April 1990] / [Münchner Kreis].
Hrsg. von Eberhard Witte. – Heidelberg: v. Decker, 1990
(R. v. Decker's Fachbücherei: Wirtschaft – Verwaltung – Organisation)
ISBN 3-7685-1690-3
NE: Witte, Eberhard [Hrsg.]; Münchner Kreis

Satz: Roman Leipe GmbH, Hagenbach

ISBN 3-7685-1690-3

Inhalt

Eröffnung

Eberhard Witte

Meine Damen und Herren,

ich eröffne die Fachkonferenz des MÜNCHNER KREISES „Telekommunikation in der DDR und der Bundesrepublik“.

Dieses Thema haben wir bereits in einer Vorkonferenz am 25. 1. 90 in einem kleineren Kreis zwischen Fachvertretern der DDR und der Bundesrepublik hier im Haus erörtert. Inzwischen hat es eine ganze Reihe von Gesprächen gegeben, sowohl in Dresden als auch in Berlin und in München. Ich kann heute feststellen, daß wir uns in keiner Weise fremd sind, sondern daß wir die Probleme, die vor uns liegen und die wir lösen werden, schon ziemlich genau kennen und dabei gemeinsam handeln wollen.

Wir haben deshalb heute auch bei den verschiedenen Unterthemen jeweils einen Vertreter aus der DDR und der Bundesrepublik in wechselnder Reihenfolge als Referenten gewinnen können. Wir haben außerdem einen Vertreter der Europäischen Gemeinschaften, in die wir uns alle einfügen, gewonnen, und ich freue mich ganz besonders, daß wir als Mitglied des MÜNCHNER KREISES und als Bundesminister für Post und Telekommunikation einen bewährten und langjährigen freundschaftlichen Partner in unserem Kreis begrüßen können. Ich darf außerdem den Japanischen Generalkonsul, Herrn Tsumori, begrüßen, der uns durch sein Erscheinen klar macht, daß unsere kleine deutsche Welt auch wieder nur ein Teil von viel größeren Zusammenhängen ist.

Ich darf Sie herzlich bitten, Herr Dr. Schwarz-Schilling, zu uns zu sprechen.

Ansprache

Bundesminister Dr. Christian Schwarz-Schilling

Einleitung

1989 war ein Schicksalsjahr der Deutschen. Am 9. November 1989 gingen Bilder um die ganze Welt, die beredtes Zeugnis davon gaben, daß wir Deutschen ein einziges und einiges Volk sind.

Eine friedliche demokratische Revolution hat die 40jährige Alleinherrschaft der SED beendet.

Eine wichtige Etappe auf dem Weg zur Einheit der Deutschen war die erste freie Wahl in der DDR seit 58 Jahren am 18. März dieses Jahres.

Die Entscheidung der Deutschen in der DDR ist ein Mandat für die Einheit Deutschlands. Sie haben sich mit dem Stimmzettel dazu bekannt, mit den Menschen in der Bundesrepublik Deutschland in einem einigen Vaterland und in einer Verfassungsordnung zu leben, die Freiheit und Menschenwürde schützt, die Menschenrechte garantiert und den sozialen Rechtsstaat verwirklicht. Und sie haben unüberhörbar deutlich gemacht, daß sie die soziale Marktwirtschaft wollen — und zwar bald.

Bedeutung der Telekommunikation

Wirtschaft gedeiht nicht in der Isolation. Sie bedarf einer offenen Gesellschaft. Nur so können die kreativen wirtschaftlichen Kräfte zum Wohle der Menschen freigesetzt werden.

Wirtschaftliche Entwicklung ist vom Grad der Information und der Kommunikation in einer Gesellschaft abhängig. Die großen wirtschaftlichen Fortschritte der westlichen Länder sind ohne die Fortschritte in moderner Kommunikation nicht denkbar.

Telekommunikation in der DDR

Für uns sind gut funktionierende Kommunikationswege inzwischen selbstverständlich. Anders sieht es für die Bürger in der DDR aus: Sie müssen auf ein Telefon oft länger warten als auf einen Pkw. Von 100 Haushalten in der DDR verfügten 1989 nur 16 über ein Telefon. Dies trägt erheblich zum allgemeinen Verdruß der Menschen mit ihren Lebensbedingungen bei.

Täglich erreichen mich Briefe betroffener Bürger, die mich um Unterstützung bei der Einrichtung eines Telefonanschlusses bitten, ganz zu schweigen von den Bedürfnissen der sich entwickelnden Privatwirtschaft in der DDR. Wer Verwandte, Freunde oder auch Geschäftspartner in der DDR hat, kennt aus eigener Erfahrung die Schwierigkeit, eine freie Fernsprechleitung zu finden.

Die für uns unvorstellbar schlechte Versorgung innerhalb der DDR sowie im innerdeutschen Verkehr vor allem auf dem Gebiet der Telekommunikation behindert jetzt vornehmlich die Entwicklungsmöglichkeiten von geschäftlichen Initiativen.

Investitionen setzen Kommunikation voraus, eine Konsolidierung der Wirtschaft in der DDR ist ohne umfassende Verbesserung der Infrastruktur auf dem Gebiet der Telekommunikation nicht denkbar.

Eine der Ursachen für den desolaten Zustand der Telekommunikationsinfrastruktur liegt im unzulänglichen Investitionsverhalten früherer SED-Regierungen.

800 Mio. Ostmark wurden dem DDR-Postministerium zugebilligt, ein Betrag, der nicht einmal den laufenden Instandsetzungsbedarf decken konnte.

Die Gewinne des Post- und Fernmeldewesens wurden im allgemeinen Staatshaushalt verplant.

Sogar die von der Bundesrepublik Deutschland gezahlte Postpauschale, die infolge der ungleichen Verkehrsströme vor allem den Mehraufwand der DDR-Post für Transport und Zustellung abdeckt, floß in der Vergangenheit postfremden Zwecken zu.

Dies hat sich erstmals für das laufende Jahr geändert, für das die Bundesregierung mit der Erhöhung dieser Pauschale um 100 Mio. DM auf 300 Mio. DM ein weiteres Signal gesetzt hat.

Zusammenwachsen der Post- und Fernmeldeverwaltungen

Es bestehen heute kaum noch Zweifel, daß die deutsch-deutschen Post- und Fernmeldeverwaltungen vereinigt werden. Der genaue Zeitpunkt wird vom Zeitpunkt der staatlichen Vereinigung insgesamt abhängen.

Der in diesem Zusammenhang geprägte Begriff der Postunion bezeichnet die Phase des Zusammenwachsens der beiden Postverwaltungen.

Der bei der Schaffung von gemeinsamen Postunternehmen notwendige Grundkonsens muß sich auf ordnungspolitische Vorstellungen und organisatorische Strukturen erstrecken.

Darüber hinaus muß sich jeder bewußt sein, daß hohe Investitionen in eine gemeinsam zu gestaltende Zukunft notwendig werden.

Ordnungspolitische Vorstellungen

Die DDR weiß, daß ihre Zukunft im Markt der Europäischen Gemeinschaft liegt.

Die dort in einem Wachstumsprozeß herausgebildeten ordnungspolitischen Vorstellungen müssen auch in der DDR nachvollzogen werden.

Von mancher monopolistischen Tradition muß Abschied genommen werden.

Gemeinsames Ziel ist die Kompatibilität von Netzen und Diensten sowie die schrittweise Annäherung des Post- und Fernmeldewesens der DDR an ein mit den europäischen Nachbarn vergleichbares Niveau bezüglich Quantität und Qualität der Telekommunikationsleistungen.

Als erster Schritt wird in verschiedenen Bereichen die bundesdeutsche Zulassung von Telekommunikationsendgeräten bereits heute in der DDR anerkannt.

Organisatorische Strukturen

Darüber hinaus sind auch bei den organisatorischen Strukturen immer größere Annäherungen zu erkennen. Die Post der DDR versteht sich bereits als gewinnorientiertes Unternehmen mit eigenem Sondervermögen. Die Trennung von Unternehmen und Hoheitsbereich wurde verfügt.

Investitionsverhalten

Die voraussichtlich in Milliardenhöhe notwendigen Investitionen können sich nicht am Maßstab kurzfristiger Gewinnerwartungen orientieren, sondern an der Verantwortung für eine gemeinsame Volkswirtschaft.

Konkrete Schritte zur Verbesserung der Telekommunikationsinfrastruktur

Auf der Grundlage der Gespräche zwischen Bundeskanzler Kohl und dem damaligen Ministerpräsidenten Modrow im Dezember 1989 wurde eine gemeinsame Regierungskommission konstituiert, die die Lösung dringender Fragen, vor allem auf dem Telekommunikationssektor plant und koordiniert.

Sie hat Zielvorgaben für verschiedene Arbeitsgruppen festgelegt. Erste spürbare Verbesserungen im gegenseitigen Post- und Fernmeldeverkehr liegen bereits vor.

Die wichtigsten Ergebnisse:

Netzausbau

Fernsprechverkehr (Leitungen)

— Im ersten Halbjahr 1990 Erhöhung der Leitungszahlen für den Fernsprechverkehr von der DDR in Richtung Bundesgebiet von 395 Leitungen auf 595 Leitungen und vom Bundesgebiet in die DDR von 630 Leitungen auf 830 Leitungen.

— Damit Erhöhung des derzeit möglichen Gesprächsvolumens um ca. 30 %.

— Aus heutiger Sicht Erhöhung der Leitungszahlen bis Ende 1990 für die Verkehrsrichtung DDR-Bundesgebiet um insgesamt 787 auf 1182 Leitungen und für die Verkehrsrichtung Bundesgebiet-DDR von insgesamt 794 auf 1484 Leitungen realisierbar.

  Das Volumen für Gespräche in die DDR soll dann gegenüber dem heutigen Stand verdoppelt, für Gespräche aus der DDR in die Bundesrepublik Deutschland sogar vervierfacht sein.

Für viele Anwendungen kommt den Verbindungen nach und innerhalb von Berlin eine Schlüsselrolle zu; der Verbesserung dienen folgende Maßnahmen:

— Ausrüstung von weiteren 15 Glasfaserkanälen im bereits vorhandenen Glasfaserkabel Uelzen—Berlin (mit einer digitalen Übertragungskapazität von fast 30000 Telefonkanälen).

— Nutzung eines Richtfunkersatzkanals; Inbetriebnahme bis zum 1. 8. 1990.

— Auslegung von zwei zusätzlichen Kabeln zwischen Berlin (West) und Berlin (Ost) Anfang März; die Kabel wurden anläßlich der DDR-Wahlen am 18. 3. 1990 bereits erfolgreich genutzt.

— Verlegung eines weiteren 32-faserigen Glasfaserkanals innerhalb von Berlin (Kapazität im Endausbau: ca. 30000 Telefonkanäle); Inbetriebnahme für Ende Mai vorgesehen.

Für das in der DDR im Aufbau befindliche digitale Overlay-Netz wird eine nördliche und eine südliche Richtfunkanbindung in das Netz der Deutschen Bundespost vorgesehen; die Inbetriebnahme ist für April nächsten Jahres vorgeplant.

Ergänzend wird untersucht, ob kurzfristig zusätzliche digitale Richtfunkkapazität zwischen dem Bundesgebiet und Berlin (West) aufgebaut werden kann, um bis zur Fertigstellung der beiden neuen Transitkabel weitere Ersatzschaltmöglichkeiten zu schaffen.

Für kurzfristigen örtlichen Leitungsbedarf wurden und werden transportable digitale Richtfunkanlagen erfolgreich eingesetzt.

C-Netz-Versorgung

Zur Leipziger Messe wurde im Stadtgebiet Leipzig bereits der Betrieb von mobilen Funktelefonen am Funknetz C der Deutschen Bundespost TELEKOM ermöglicht.

Berlin (Ost) ist mit dem C-Funknetz der DBP TELEKOM erreichbar.

Ausdehnungen dieses Dienstes auf die Transitautobahn und die Ballungsgebiete Leipzig und Dresden.

C-Netz in Gesamt-Berlin („Kleinzellennetz-Gesamt-Berlin") soll Ende 1990 in Betrieb genommen werden.

Daten- und Mehrwertdienste

Das Angebot von Post- und Fernmeldediensten zur Leipziger Messe hat für die DDR neue Dienstleistungen gebracht (beispielsweise: Telefax, Videokonferenz). Dies war für die Wirtschaft ein wichtiges Zeichen und hat unter Beweis gestellt, wie rasch und wie umfassend Verbesserungen möglich sind.

Im Datenverkehr wird es in der zweiten Jahreshälfte auch möglich sein, Datenendeinrichtungen und Datenverarbeitungsrechnern direkten Zugang zu einem speziellen öffentlichen Datenübertragungsnetz der DBP TELEKOM zu verschaffen, das besonders für den Dialogverkehr kostengünstig arbeitet.

Noch Ende des Jahres wird es möglich sein, den Telefaxdienst in der DDR und von dort in die Bundesrepublik Deutschland einzuführen.

Die Vermehrung der Textverbindungsleitungen zwischen den automatischen Fernschreibwählnetzen beider Länder noch in der ersten Jahreshälfte wird dazu führen, daß der Geschäftsverkehr im Telexnetz ohne Einschränkung abgewickelt werden kann.

Rundfunk/Fernsehen

Im Bereich der Versorgung der DDR zumindest mit den deutschen Fernsehprogrammen ARD und ZDF verfolgt die Bundesregierung das Ziel, diese Programme noch im ersten Halbjahr 1990 über einen Satelliten zu übertragen, um so sämtlichen Bürgern der DDR die Möglichkeit des Empfangs dieser Programme zu bieten.

Die für die Realisierung notwendige Klärung der urheberrechtlichen Fragen wird bereits in besonderen Arbeitsgruppen herbeigeführt. Parallel dazu bestehen auch Planungen der Deutschen Post, einzelne Bereiche der DDR (z. B. Dresden) über eine Richtfunkheranführung und Ausstrahlung über terrestrische Sender kleiner Leistung vorab mit diesem Programm zu versorgen. Zeitpunkt ist der Herbst 1990.

COCOM

Zum Aufbau einer sozialen Martkwirtschaft ist es dringend erforderlich, die wechselseitige geschäftliche Information zu verstärken und auch hierzu die Mittel der Telekommunikation auszubauen und zu verbessern.

Dazu gehört auch, über Technologien verfügen zu können, die eine zeitgemäße Kommunikationsfähigkeit, Produktivität und Umweltverträglichkeit der Wirtschaft ermöglichen. Deshalb darf die Bereitschaft zum Technologietransfer nicht hinter den politischen und sicherheitspolitischen Entwicklungen zurückbleiben.

Unser Grundanliegen ist es, daß auf dem Gebiet der DDR eine Telekommunikationstechnik verfügbar sein muß, die sowohl mit der vorhandenen Technik in der Bundesrepublik Deutschland voll kompatibel ist, als auch die Gewähr dafür bietet, mit der schnellen Entwicklung dieser Technik in der Bundesrepublik Deutschland in der Zukunft mitzuhalten.

Schlußbemerkungen

Die auf friedliche Weise gewonnenen Demokratien in den verschiedenen Ländern Osteuropas und die damit verbundenen starken wirtschaftlichen und sozialen Reformbewegungen erweisen sich als Wegbereiter in eine neue und gute Epoche der Geschichte.

Ein freies und einiges Deutschland in einem freien Europa ist das Ziel der Menschen in beiden deutschen Staaten.

Deutschland hat jetzt die Chance, seine Trennung zu überwinden und sich zu einem Wirtschaftsraum zu entwickeln, der sich auf die ordnungspolitischen Überzeugungen der Sozialen Marktwirtschaft stützt. Zu diesem Weg gehören: Leistung und soziale Gerechtigkeit, Wettbewerb und Solidarität, wirtschaftliches Wachstum und Erhaltung der Umwelt.

Die deutschen Post- und Fernmeldeverwaltungen werden alles dafür tun, um die für eine soziale Marktwirtschaft notwendigen Telekommunikationsinfrastrukturen so schnell wie möglich zu schaffen.

Grußwort

Bayerischer Staatsminister für Wirtschaft und Verkehr August R. Lang

Sehr geehrter Herr Prof. Witte, liebe Gäste aus der DDR,
meine sehr verehrten Damen und Herren!

Ich bin Ihnen, Herr Prof. Witte, sehr dankbar, daß Sie mir heute die Gelegenheit geben, die Teilnehmer dieser wichtigen Fachkonferenz in Bayern, in der Landeshauptstadt München, sehr herzlich willkommen zu heißen. Dieser Willkommensgruß gilt natürlich in besonderem Maße für unsere Gäste aus der DDR.

Nachdem Ihnen der Herr Bundespostminister Schwarz-Schilling die Aktivitäten und Zielvorstellungen der Deutschen Bundespost TELEKOM vorgetragen hat, möchte ich die Gelegenheit wahrnehmen und Ihnen ganz kurz auch einige landesspezifische, speziell bayerische Aspekte vortragen.

Die veränderte politische Situation in der DDR hat für Bayern, nicht zuletzt wegen seiner geographischen Lage, neue Perspektiven und besondere Verantwortung zur Folge.

Wir geben uns alle Mühe, dieser Herausforderung im Rahmen unserer Möglichkeiten gerecht zu werden. Bereits im Januar dieses Jahres hat die Bayerische Staatsregierung im Dialog mit Vertretern der DDR im Rahmen einer Strukturkonferenz in Fürth das Feld der Veränderung einer ersten Sichtung unterzogen. Es folgten eine Vielzahl weiterer Aktivitäten, von denen ich beispielhaft herausstellen möchte:

— die bayerisch/thüringischen Unternehmertage in Würzburg am 18./19. April
— die bayerisch/sächsischen Unternehmertage in München am 24./25. April
— im Juli des Jahres werden wir DDR-Wirtschaftstage in Nürnberg veranstalten.

Es ist unsere Absicht, mit diesem Angebot die eigenständigen Initiativen vor allem der größeren Firmen zu ergänzen. Darüber hinaus unterstützen wir auch unsere Kammern und Verbände, die in den letzten Monaten insbesondere auf dem Gebiet der Information, Schulung und der Kooperationsvermittlung Großartiges geleistet haben.

Räumlich konzentrieren wir uns von seiten der Bayerischen Staatsregierung dabei bewußt auf Sachsen und Thüringen, denn für den Freistaat Bayern liegt es natürlich nahe, an die traditionell guten Wirtschaftsbeziehungen zu diesen Nachbarländern anzuknüpfen.

Ich will nicht verhehlen, daß es uns auch darum geht, die durch die Umwälzungen in Mittel- und Osteuropa ermöglichte historische Chance, aus der derzeitigen Randlage in der europäischen Gemeinschaft wieder in das Herz Europas zu rücken, entschlossen und konsequent zu nutzen.

Im Vertrauen darauf, daß die neue Führung in Ost-Berlin jetzt rasch die notwendigen Entscheidungen zur Einführung der sozialen Marktwirtschaft treffen wird, fördert die Bayerische Staatsregierung im Rahmen ihrer Möglichkeiten die Kooperation von Unternehmen zu Unternehmen durch eine Reihe staatsbegleitender Maßnahmen. Schon bei der von uns initiierten und durchgeführten Strukturkonferenz in Fürth versuchten wir herauszubekommen, wo wir den Hebel ansetzen müssen und wo der größte Bedarf besteht. Dabei ist uns sehr schnell klar geworden, daß dem Aufeinanderzubauen der Infrastrukturen für das Zusammenwachsen der beiden deutschen Staaten mit die größte Bedeutung beizumessen ist. Letztlich geht es darum, die DDR im internationalen Wettbewerb der Produktionsstandorte attraktiv zu machen und damit Arbeitsplätze zu schaffen und zu sichern. Dazu braucht man in der heutigen Zeit nicht nur leistungsfähige Schienen- und Straßenwege, sondern vor allem auch eine moderne Telekommunikations-Infrastruktur. Die Menschen müssen schließlich miteinander sprechen und kommunizieren können, wenn sie zusammenarbeiten und Gemeinsames aufbauen sollen. Ich begrüße es sehr, daß der Münchner Kreis mit dieser Fachkonferenz diese Aufgabe konkret in Angriff nimmt. Die Wirtschafts-, Währungs- und Sozial-Union ist mit dem jüngsten Angebot der Bundesregierung greifbar nahegerückt. Umso wichtiger ist es jetzt, das infrastrukturelle Defizit auszugleichen. Die Bayerische Staatsregierung möchte begleitend dazu den ihr angemessenen Beitrag leisten.

Am 27. März hat der Bayerische Ministerrat ein umfangreiches Hilfsmaßnahmepaket beschlossen und den Landtag gebeten, die im Nachtragshaushalt bereitgestellten Mittel nunmehr freizugeben.

Die bayerischen Hilfen zugunsten der DDR haben vorrangig folgende Ziele:

— Den Aufbau mittelständischer Strukturen über die Durchführung und Förderung von Informations- und Fortbildungsveranstaltungen sowie durch Bürgschaften und zinsverbilligte Darlehen.

— Die Errichtung einer leistungsfähigen dezentralen Verwaltung und rechtsstaatlichen Rechtspflege. Der Freistaat Bayern ist bereit, beim Aufbau funktionsfähiger Verwaltungsstrukturen mitzuhelfen.

— Schließlich soll die Brückenfunktion des bayerischen Grenzlandes im Bereich der Infrastruktur und der regionalen Wirtschaft durch Förderung notwendiger Investitionen gestärkt werden.

Der finanzielle Rahmen für das bayerische Engagement bewegt sich bei über 1,3 Mrd. DM in den nächsten drei Jahren.

Meine sehr verehrten Damen und Herren!

Wir wollen die deutsche Einheit. Aufgabe der Politiker muß es in diesem geschichtlichen Augenblick sein, Brücken zu schlagen zwischen den Epochen und den Menschen, die sich wieder aneinander gewöhnen müssen. Mit dieser Fachkonferenz leistet der Münchner Kreis einen unschätzbaren Beitrag hierzu. Auch dafür wollte ich Ihnen mit diesem Grußwort Dank sagen.

Vorstellungen zum beschleunigten Ausbau des Fernmeldenetzes der DP

Dietrich Buchheim

1. Einleitung

Mit einem atemberaubenden Tempo gehen die beiden deutschen Staaten aufeinander zu, verbunden mit der Tatsache, daß dabei die Telekommunikation in doppeltem Sinne eine große Bedeutung hat. Einerseits erzeugt und verstärkt der Prozeß des Zusammenwachsens Kommunikations*bedürfnisse* und andererseits befördert eine intensive Telekommunikation diesen Prozeß.

Alles hat sich noch viel schneller und intensiver entwickelt, als noch im Januar 1990 voraussehbar war. (Zu erinnern ist nur an die von März auf Mai vorgezogenen Volkskammerwahlen in der DDR, an die nunmehr kurz bevorstehende Währungsunion und daran, daß eine schnellere Vereinigung der beiden deutschen Staaten auf der Grundlage des Artikels 23 des Grundgesetzes das erklärte Ziel *beider* Regierungen ist).

Diese gesamtpolitische Entwicklung führte auch zu einer bedeutenden Intensivierung und zu einer beginnenden Institutionalisierung der Zusammenarbeit zwischen der „Deutschen Bundespost“ und der „Deutschen Post“. Dies beginnt auf der Ebene Ministerien, geht über die Ebene Telekom und hat auch schon auf der mittleren Amtsebene zu ausgedehnten Arbeitsbeziehungen geführt.

Die Überlegungen zum Ausbau unseres völlig unterentwickelten Fernmeldenetzes sind schon nicht mehr separate Angelegenheit der Deutschen Post, sondern vollziehen sich auf verschiedene Ebenen in direkter Abstimmung mit den Einrichtungen der Deutschen Bundespost TELEKOM. Ziel ist schon nicht mehr *nur* das Heranführen an das Niveau der Deutschen Bundespost und die Gewährleistung der Zusammenarbeit der beiden Netze, *sondern* die schrittweise Schaffung der Voraussetzungen zur Netzintegration in immer weiteren Teilbereichen und Aspekten der Telekommunikationsnetze und Dienste. (Man denke hier beispielsweise nur an Berlin. Ein zu erwartendes einheitliches Berlin wird ein einheitliches örtliches Telefonnetz verlangen und das ist der Vergangenheit geschuldet, technisch und bezüglich der Rufnummern gar nicht so einfach, wie dies auf den ersten Blick scheint.)

Anläßlich der Eröffnung der CeBIT 90 stellte der Bundesminister für Post und Telekommunikation unter anderem fest:

„Das primäre Ziel einer globalen Telekommunikationspolitik ist und bleibt die Schaffung einer weltweit harmonisierten Telekommunikations*infrastruktur*.
Nur so lassen sich die Ungleichgewichte in der wirtschaftlichen Entwicklung der Länder ausgleichen".

Es ist sicher selbstverständlich, daß das auch für die beiden Teile Deutschlands gilt. Wegen des vorgenannten beachtlichen Niveauunterschiedes in der Telekommunikation führt dies in der Bundesrepublik und auf dem Gebiet der heutigen DDR für eine begrenzte Zeit zu unterschiedlichen Prioritäten.

— Das gut ausgebaute Fernsprechnetz der *DBP TELEKOM* erlaubt und erfordert eine zunehmend bessere Ausnutzung und Vermarktung durch „Value added services". Es geht darum, den gewichtigen Grunddienst Fernsprechen zunehmend durch neue gleichgewichtige oder gar übergewichtige neue Dienste und Leistungen zu ergänzen.

— Auf dem Gebiet der DDR besitzt erste Priorität der Auf- und Ausbau des Grunddienstes Fernsprechen, und zwar so, daß die vorhandenen Betriebe und besonders die neu entstehenden mittleren und kleinen Produktions- und Dienstleistungsbetriebe möglichst schnell und qualitativ hochwertig versorgt werden. Letzteres soll insbesondere heißen, daß dem Telefaxdienst über das Fernsprechnetz eine kaum zu überschätzende Bedeutung für den Geschäftsverkehr zukommt.

Bevor auf weitere Ziele im Ausbau des Fernmeldenetzes auf dem Gebiet der DDR eingegangen wird, sind einige Bemerkungen zum Ausbauzustand zu machen.

2. Das derzeitige Fernmeldenetz der Deutschen Post

Die Deutsche Post unterhält aufbauend auf dem Übertragungswegenetz folgende dienstspezifische öffentliche Netze

— das Fernsprechnetz

— das Telexnetz

— das *handvermittelte* Datennetz

Darüber hinaus gibt es Mietleitungen.

Das Fernsprechnetz dominiert sowohl in der Zahl der Teilnehmer als auch in bezug auf den anfallenden Verkehr. Es umfaßt gegenwärtig ca. 1,8 Mio Hauptanschlüsse. Die darin enthaltene Anzahl an Wohnungsanschlüssen beträgt ca. 1,1 Millionen, allerdings mit einem hohen Anteil (60 %) an Zweieranschlüssen.

Bei solchen Zahlen ist es offensichtlich, daß von einer bedarfsgerechten Versorgung keine Rede sein kann. Der in Bild 1 dargestellte internationale Vergleich läßt diesen Sachverhalt deutlich werden.

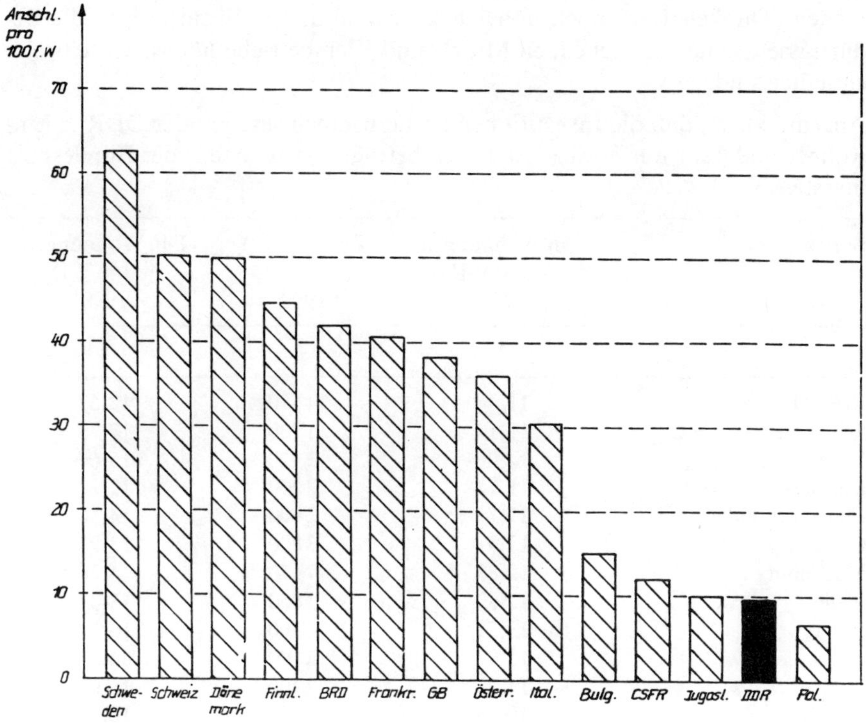

Bild 1: Internationale Vergleichswerte zum Niveau der Versorgung mit Fernsprechanschlüssen

Die Bevölkerung reagiert darauf seit Jahren mit einer zunehmend heftigeren Kritik und mit einer Flut von Eingaben. Es ist zum Beispiel völlig unzureichend, daß gegenwärtig in der DDR nur etwa jede 7. Wohnung mit einem Fernsprechanschluß ausgestattet ist.

Hierbei ist noch die differenzierte territoriale Verteilung zu beachten (Bild 2). Während zum Beispiel in Berlin fast jede zweite Wohnung über einen Fernsprechanschluß verfügt, ist es in solchen Bezirken wie Dresden und Rostock nur jede neunte Wohnung. In Berlin haben wir in den letzten Jahren je Einwohner und Jahr rund 200,— M investiert, während es in den übrigen Bezirken nur etwa 25,— M waren. Diese *Ungerechtigkeit* ist auch eine der Ursachen dafür, daß die Unzufriedenheit der Bevölkerung in den Bezirken besonders groß war.

In den zurückliegenden Jahren wuchs die Anzahl der Anträge etwa doppelt so schnell wie die Anzahl neuer Fernsprechanschlüsse. Zur Zeit liegen etwa 1,2 Mio. Anträge auf Einrichtung eines Fernsprechanschlusses vor. Es ist jedoch zu erwarten, daß der tatsächliche Bedarf aufgrund einer nicht zu quantifizierenden „Dunkelziffer“ noch höher liegt, zumal in den Ermittlungen die Bedürfnisse der neu entstehenden Mittel- und Kleinbetriebe höchstens teilweise enthalten sind.

Angemerkt sei, daß die Investitionen im Fernsprechwesen in der DDR je Einwohner und Jahr nur etwa 1/10 dessen betragen, was seitens der Bundespost investiert wird.

Bezirk	F in Wohnungen je 100 WE 1989	Zuwachs F[1]) 1990	F in Wohnungen je 100 WE 1990
1	2	3	4
Rostock	11,48	4570	12,67
Schwerin	17,14	1900	17,75
Neubrandenburg	14,06	3920	15,64
Potsdam	11,72	2200	12,20
Frankfurt/Oder	13,77	2600	14,56
Cottbus	12,91	3800	13,87
Magdeburg	12,83	7170	14,26
Halle	12,89	3850	13,37
Erfurt	13,37	4500	14,18
Gera	13,97	2100	14,61
Suhl	14,33	2400	16,62
Dresden	10,98	14450	12,89
Leipzig	17,04	11240	18,89
Karl-Marx-Stadt	11,68	7200	13,12
Berlin	43,35	28100	46,50
	15,72[2])	Su.: 100000	17,07[2])

1) Orientierungsgröße 2) DDR-Durchschnitt

Bild 2: Übersicht über die Entwicklung der Versorgung der Bevölkerung mit Fernsprechanschlüssen (F) ME: Stck

Struktur des Fernsprechnetzes

Das Fernsprechnetz der Deutschen Post hat drei Ebenen (Bild 3):

— eine Ortsnetzebene mit fast 1500 Ortsnetzen und ca. 2700 Ortsvermittlungsstellen,

— eine Knotennetzebene mit gegenwärtig 167 Knotenvermittlungsstellen (KVSt),

— eine Hauptnetzebene mit gegenwärtig 15 HVSt.

Die HVSt sind untereinander vermascht.

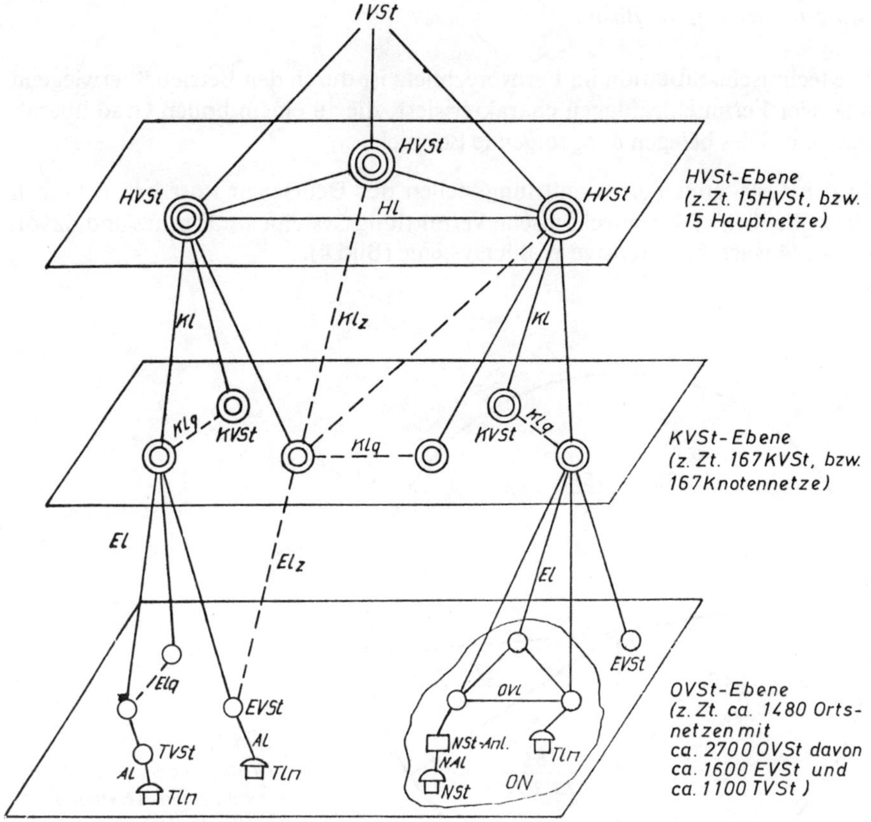

Bild 3: Hierarchie des automatischen Fernsprechnetzes der DP

Die KVSt sind im Prinzip sternförmig auf die HVSt und die EVSt sind ebenfalls sternförmig auf die KVSt abgestützt.

Die bisherigen Untersuchungen haben gezeigt, daß für die DDR diese Netzstruktur mit 3 Ebenen optimal ist. Diese Struktur soll deshalb grundsätzlich auch bei einer Digitalisierung beibehalten werden.

Hier sei angemerkt, daß nach unserer Auffassung diese dreistufige Netzstruktur auch bei einer künftigen Integration mit dem Netz der Bundespost beibehalten werden kann, obwohl dort noch eine zusätzliche Zentralamtsebene existiert, die aber beim heutigen Stand der vermittlungstechnischen Möglichkeiten ihre ursprüngliche Bedeutung verliert. Diese Frage bedarf natürlich weiterer Abstimmungen.

Materiell-technische Basis

Die technische Situation im Fernsprechnetz ist durch den Betrieb überwiegend analoger Fernmeldeanlagen charakterisiert, die zu einem hohen Grad überaltert sind. Dies belegen u. a. folgende Beispiele:

In den Orts- und Fernvermittlungsstellen der Deutschen Post befinden sich ausschließlich elektromechanische Vermittlungssysteme im Einsatz und davon etwa 3/4 wartungsintensive Wählersysteme (Bild 4).

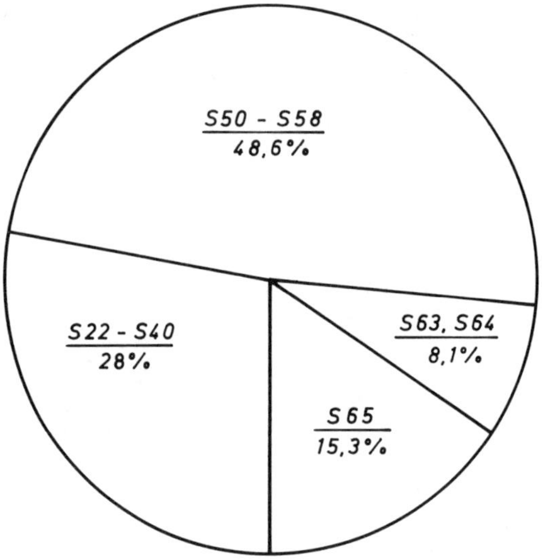

Bild 4: Prozentualer Anteil der installierten AE in den OVSt der DP, bezogen auf die in der DDR eingesetzten Vermittlungssysteme

Obwohl seit etwa 2 Jahrzehnten vorwiegend Koordinatenschaltertechnik zum Einsatz kommt, beträgt ihr Anteil z. Z. nur etwa 25 %. Besonders kritisch ist der hohe Anteil an Vermittlungseinrichtungen mit einem Entwicklungsstand aus den 20er und 30er Jahren. Diese Einrichtungen bedürfen dringend einer Abwechslung.

Die Fernvermittlungstechnik zeigt in der Altersstruktur eine ähnliche Situation (Bild 5).

Aufgrund der überalterten Technik und der teilweise zweidrähtigen Durchschaltung ist die Qualität unbefriedigend und Dienste wie Telefax und Datenübertragung sind im Fernsprechnetz nur mit Einschränkungen und nicht ohne Probleme realisierbar.

Ein weiteres Problem ist die zum Teil zu geringe Bemessung von Bündeln. Dies betrifft u. a. auch die Bündel zur BRD und Westberlin.

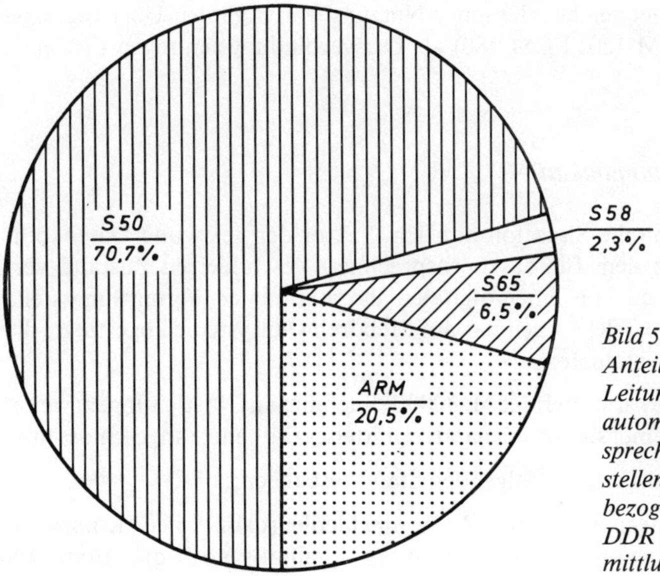

Bild 5: Anteil der installierten Leitungspunkte in den automatischen Fernsprech-Fernvermittlungsstellen (KVSt + HVSt), bezogen auf die in der DDR eingesetzten Vermittlungssysteme

Übertragungstechnik

Hier ist die Situation etwas günstiger als auf dem Gebiet der Vermittlungstechnik. Seit Mitte der 70er Jahre werden die Systeme PCM 30, PCM 120 und PCM 480 eingesetzt. Eine Übersicht dazu ist im Bild 6 dargestellt.

Trotzdem überwiegen analoge NF- und TF-Systeme, die auf symmetrischen und koaxialen Kupferkabeln sowie auf Richtfunkstrecken betrieben werden.

Lichtwellenleiterkabel werden im Netz der Deutschen Post seit Anfang der 80er Jahre installiert. Es wurden vorwiegend in den großen Ortsnetzen insgesamt 1000 km LWL-Kabel verlegt. Dabei wurden ausschließlich Multimode-

System	Übertragungsgeschwindigkeit (Mbit/s)	Anzahl der eingesetzten Systeme
PCM 30	2	1400
PCM 120	8	150
PCM 480	34	20
PCM 1920	144	in Vorbereitung

Bild 6: Stand des Einsatzes digitaler Übertragungstechnik

Gradientenfasern verwendet, die unter Nutzung von digitalen Übertragungseinrichtungen (PCM 120, PCM 480) als Ortsverbindungsleitungen betrieben werden.

Text- und Datenkommunikation

Die materiell-technische Situation auf dem Sektor der Text- und Datenkommunikation ist mit dem für das Fernsprechnetz geschilderten Zustand vergleichbar. Abgesehen von einer digitalen internationalen Vermittlungsstelle sind die rund 20000 Telexteilnehmer auf Hebdrehwählsysteme abgestützt, die aus den 50er Jahren stammen.

Die Datenkommunikation erfolgt für 3000 Teilnehmer auf Mietleitungen, weitere rund 1500 Teilnehmer sind an ein handvermitteltes Datennetz angeschlossen.

Zusammenfassend kann man folgenden Stand feststellen:

— Die Anforderungen an bestehende Fernmeldedienste bzw. neue Kommunikationsformen werden gegenwärtig weder qualitativ noch quantitativ erfüllt.
— Es ist kein auf die Nachfrage der Bürger und Wirtschaftseinheiten reaktionsfähiges Fernsprechnetz vorhanden.
— Die technischen Ausrüstungen des Fernmeldenetzes sind überaltert und im hohen Maße verschlissen.
— Der internationale Fernsprechverkehr und besonders der Verkehr zwischen beiden deutschen Staaten ist durch fehlende Kapazitäten erheblich behindert.
— Die Text- und Datenkommunikationen entsprechen nicht den Anforderungen.
— Ein *öffentliches* Funktelefonnetz ist nicht vorhanden.

Die Bilanz ist bedrückend, und es wird klar, wie groß die Aufgabe ist, diesen mangelhaften Zustand zu überwinden. Dabei wird es sehr darauf ankommen, die richtige Strategie zu wählen und vernünftige Prioritäten zu setzen.

3. Hauptziele zum weiteren Ausbau

Der weitere Ausbau des Fernmeldenetzes der DP geht von folgenden Hauptzielen aus:

1. Das Telefon ist und bleibt in überschaubarer Zeit das bestimmende Element im Fernmeldenetz. Das Ausbau*tempo* und die Qualität in der Versorgung von Bevölkerung und Wirtschaft ist deutlich zu erhöhen. Zu diesem Zweck ist besonders eine beschleunigte Auswechslung überalterter technischer Einrichtungen zu sichern.

2. Neben dem begrenzten weiteren Ausbau des analogen Fernsprechnetzes ist kurzfristig mit dem schrittweisen Aufbau eines überlagerten, flächendeckenden, digitalen Fernsprechnetzes zu beginnen. Es soll in der *ersten Etappe* vordringlich den Fernsprechverkehr zwischen der BRD und der DDR verbessern und darüber hinaus innerhalb der DDR Geschäftsteilnehmern einen qualitativ besseren Fernsprechverkehr mit der Erschließung neuer Dienste und Leistungsmerkmale (Fernkopieren) ermöglichen.
3. Die Schaffung eines ISDN ist *kein* unmittelbares Nahziel, soll aber beim Ausbau des digitalen Fernsprechnetzes als Option erhalten werden.
4. Neben dem Fernsprechnetz — und unabhängig davon — ist beginnend 1990 ein paketvermitteltes Datennetz aufzubauen.
5. Die Errichtung eines flächendeckenden mobilen D-Funknetzes ist eine mittelfristige Zielstellung. Die Einsatzplanung muß zeitlich mit dem Ausbau des digitalen Overlay-Netzes unter der dort realisierten Nutzung des zentralen Zeichengabekanals (ZZK Nr. 7) synchronisiert werden.

   In einer ersten Phase wird, abgestimmt mit der DBP TELEKOM, die Nutzung und der begrenzte Aufbau eines C-Funknetzes in Berlin und entlang der Transit-Autobahnstrecken angestrebt.
6. Die Digitalisierung des Fernmeldenetzes der DP sollte die großen Erfahrungen der DBP auf diesem Gebiet hinreichend stark berücksichtigen und benutzen. Die möglichst weitgehende Übernahme oder Verwendung von technischem, technologischem und logistischem Know-how ist anzustreben.
7. Bei Auswahl grundlegender technischer Systeme und Einrichtungen ist kein Widerspruch zum erfolgten oder vorgesehenen Ausbau des Netzes der Bundespost zuzulassen.
8. Breitbandverteildienste für Hör- und Fernsehrundfunk sind auch als Leistungen der Deutschen Post anzubieten.

4. Ausbauetappen des Fernsprechnetzes

Im Dezember vorigen Jahres und danach kam es auf verschiedenen politischen Ebenen zu Kontakten, bei denen auch Fragen zur schnellen Verbesserung des Telefonverkehrs eine Rolle spielten. So wurden beispielsweise zwischen den beiden Postministerien kurzfristige Leitungsschaltungen vereinbart und realisiert. Darüber hinaus stellt die Bundespost durch Auswechslung verfügbare Einrichtungen wie Fernsprech-Containerämter, Münzfernsprecher u. a. für schnell wirksame Maßnahmen der Deutschen Post zur Verfügung. Dem gleichen Zweck diente und dient auch die für 1990 vereinbarte Lieferung von Containern des Systems Nr. 12 der Firma SEL.

Es ist völlig klar, daß solche punktuellen Lösungen einen systematischen Netzausbau nicht ersetzen können.

Erste Etappe zur Schaffung eines überlagerten digitalen Netzes

Wie schon kurz dargelegt, verfolgt diese erste Etappe das Ziel, den Fernsprechverkehr zwischen beiden deutschen Staaten wirksam zu verbessern und das gleiche insbesondere für Wirtschaftsteilnehmer innerhalb der DDR anzustreben.

Bild 7 zeigt den konzipierten Erstausbau. Hiernach werden bis 1991 rund 100000 Teilnehmer (vorwiegend Geschäftsteilnehmer) daran angeschaltet sein. Darüber hinaus werden über die Strecken
Berlin Ost—Berlin West
Erfurt—Kassel
Rostock—Schwerin—Hamburg
rund 3000 zusätzliche Fernsprechleitungen geschaltet werden.

Dieser systematische erste Schritt wird m. E. positive Wirkungen zeigen, aber zwischenzeitlich, auch darüber muß man sich klar sein, werden Wünsche offen bleiben.

An der Realisierung der Vermittlungsknoten sind die Firmen Siemens und SEL und an den Richtfunk- und Übertragungseinrichtungen darüber hinaus die Firmen PKI und ANT beteiligt. Augenblicklich liegen für die Knoten und Strecken nach einer vereinfachten Ausschreibung die Angebote der Firmen vor. Sie werden von uns unter konsultativer Beteiligung von Experten der DBP TELEKOM geprüft, und noch im Mai soll es zu den Vertragsabschlüssen kommen.

Diese erste Etappe des „Overlay-Netzes“ ist für uns das „Pilotnetz“, das mit 100000 Teilnehmern sofort in den heißen Betrieb gehen soll.

Ohne technische Unterstützung, die wir hierbei durch das FTZ Darmstadt erhalten, wäre das vorgesehene Entwicklungstempo undenkbar. Wir, d. h. das IPF, arbeiten seit Wochen in 7 gemeinsamen Arbeitsgruppen mit dem FTZ Darmstadt an der Lösung anstehender technischer Aufgaben.

Zweite Etappe zur Schaffung des digitalen „Overlay-Netzes“

Noch im Januar gingen wir davon aus, den beschleunigten Ausbau des Fernmeldenetzes auf unserem Gebiet im wesentlichen mit eigenen finanziellen Mitteln realisieren zu müssen. Damit hätten wir mit Bezug auf die Anzahl der Telefonanschlüsse ein jährliches Wachstum von maximal 8 % realisieren können.

Heute wird von den Verantwortlichen für TELEKOM auf beiden Seiten gefordert, in der Telekommunikation bei der Deutschen Post schon schneller ein vergleichbares Niveau zur Deutschen Bundespost zu erreichen. Im Bild 8 sind zwei Grundkurven dargestellt, die das vorgenannte Ziel, bezogen auf Dichte der Telefonanschlüsse, darstellt.

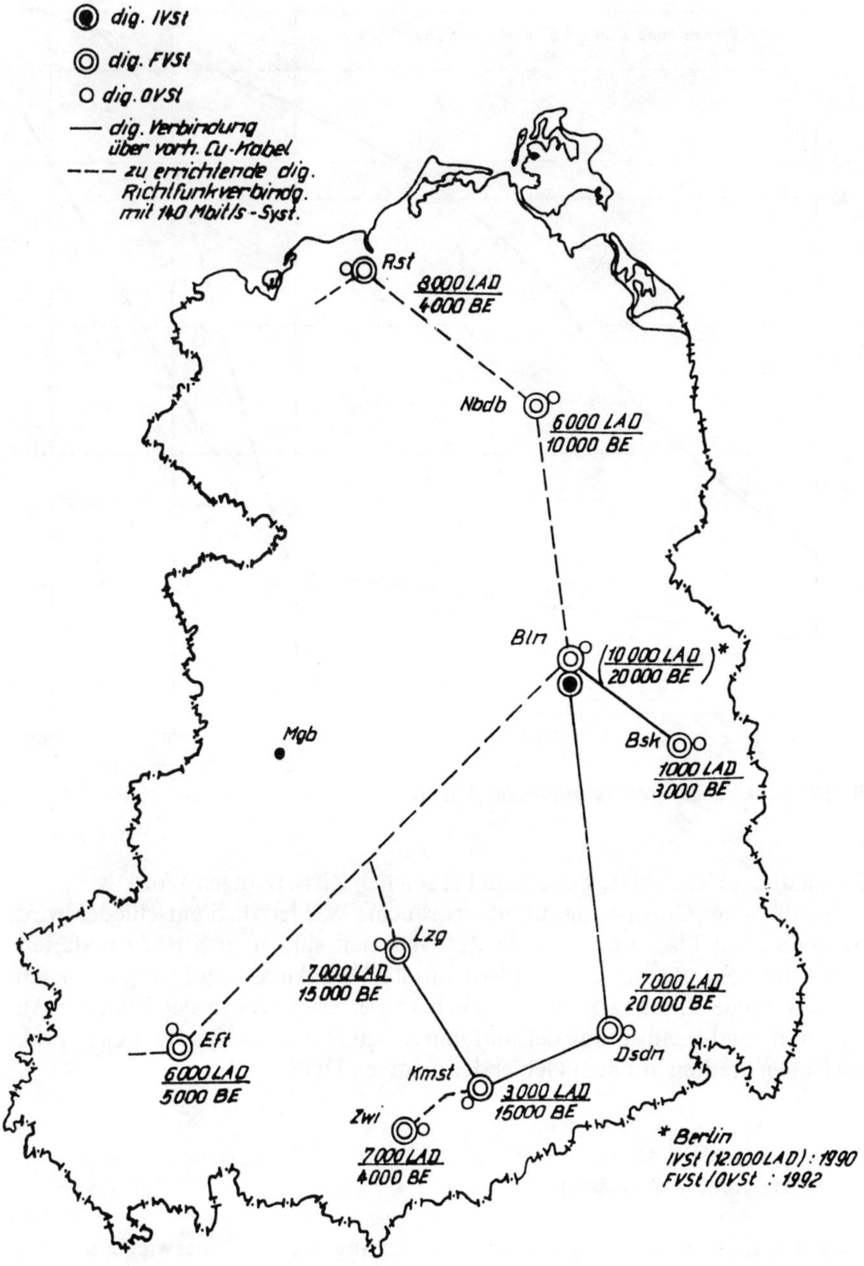

Bild 7: Erstausbau des digitalen Overlay-Netzes 1991

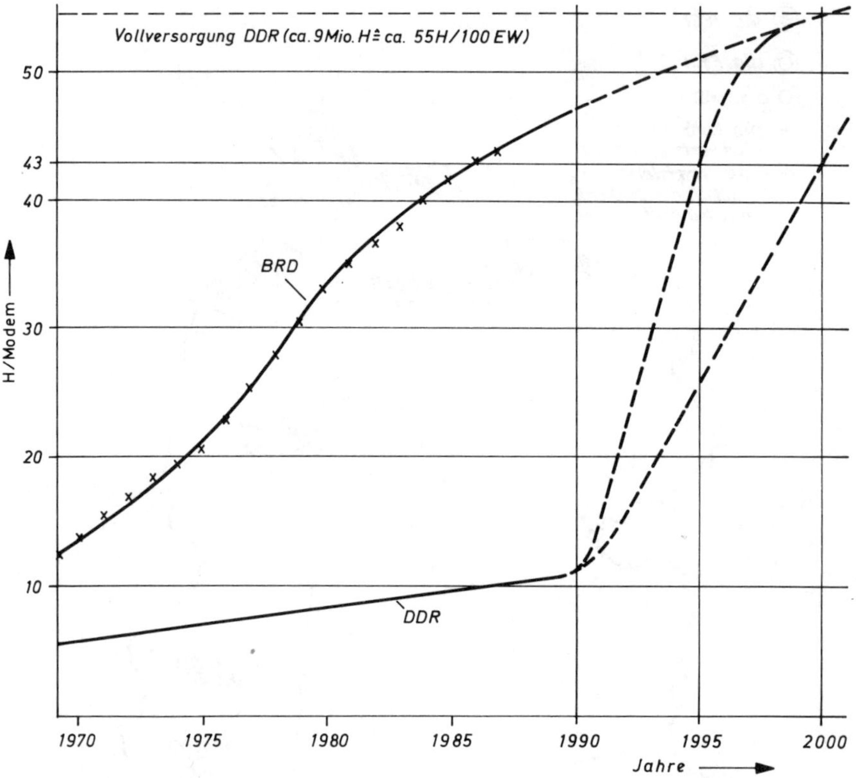

Bild 8: Entwicklung der Hauptanschlußdichte

Ich glaube, es ist richtig, wenn man bei solchen Zielsetzungen Worte wie „Aufholjagd“ oder „Crash-Programm“ gebraucht. Wie letztlich entschieden wird, ist noch nicht klar. Begrenzende Restriktionen sind jedoch *nicht* materielle und finanzielle Resourcen, sondern unsere Fähigkeiten und Möglichkeiten, die technische Planung zu beherrschen sowie besonders in der Planung Abstimmung und Realisierung der umfangreichen Hoch- und Tiefbauten in praktisch allen Städten auf dem Gebiet der heutigen DDR.

5. Einsatz von LWL-Kabeln

Im Fernnetz beabsichtigen wir, als Übertragungsmedium überwiegend LWL-Kabel mit Monomodefasern einzusetzen. Solche Kabel standen uns bisher nicht zur Verfügung. Der vorgesehene Ausbau bis 1995 ist in Bild 9 dargestellt.

Im Bild 10 sind ergänzend die Richtfunk- und Kupferkabeltrassen gezeigt, die digital betrieben werden sollen.

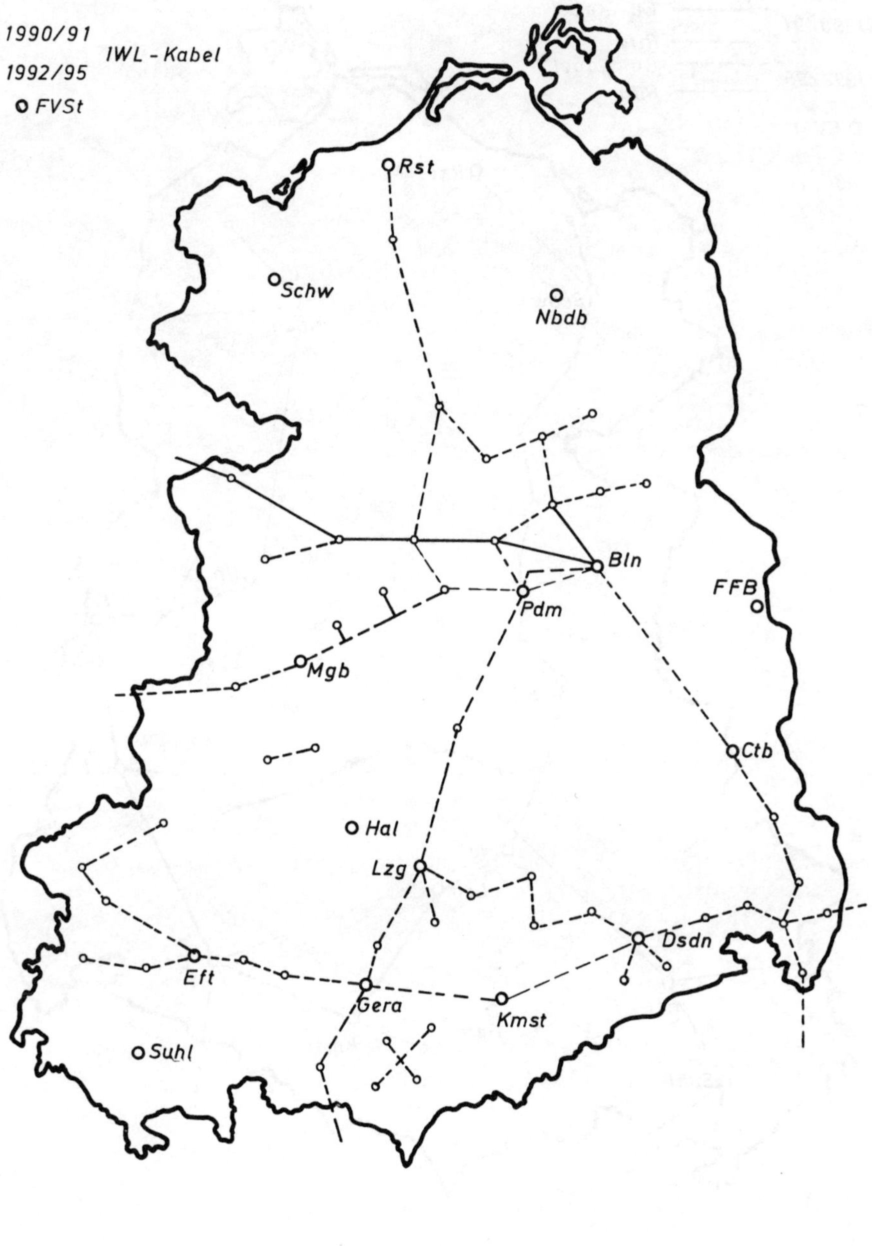

Bild 9: Digitales Overlay-Netz 1990 – 95

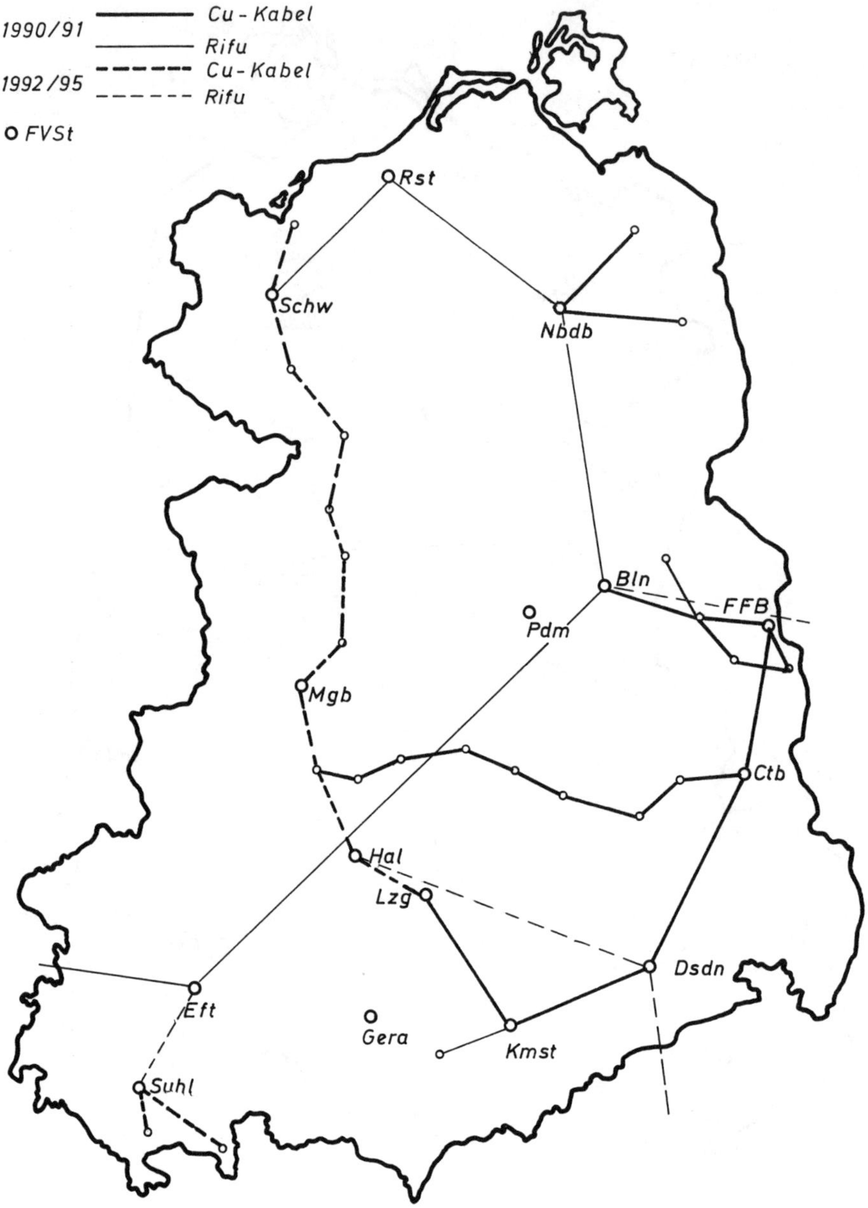

Bild 10: Digitales Overlay-Netz 1990 – 95

Über den Einsatz von LWL-Kabeln als Orts*verbindungs*kabel habe ich bereits gesprochen. Wir werden das im notwendigen Umfang weiterführen.

Problembehaftet erscheint mir der Einsatz von LWL-Kabeln im Teilnehmeranschlußbereich (fibre to the home). Ich meine, hier sind technische, betriebstechnische (Speisung) und nutzungsmäßige Fragen noch nicht soweit geklärt, um eine so tiefgreifende Entscheidung zu treffen. Nur ein hinreichend großer, sorgfältig vorbereiteter und durchgeführter Betriebsversuch kann m. E. zu entscheidungsreifen Vorschlägen führen. Er sollte schnell durchgeführt werden, aber bis dahin muß der Ausbau im Teilnehmeranschlußbereich mit Kupferkabeln erfolgen.

6. Einige wichtige Dienste

Zur Sicherung der Grundfunktion eines *Datendienstes* ist der Aufbau eines automatisierten Datennetzes vorgesehen.

Die Grundstruktur ist im Bild 11 dargestellt. Die notwendigen Importverträge wurden schon 1988 abgeschlossen, scheiterten aber bisher an den COCOM-Bestimmungen. Wir bleiben natürlich bei diesem Konzept, müssen jedoch heute mit der Bundespost Abstimmungen und Modifizierungen in Richtung eines einheitlichen deutschen Datennetzes vornehmen.

Was den *Mobilfunk* betrifft, wurde schon kurz dargelegt, daß ein künftiges D-Funknetz ein stationäres Netz unter Anwendung des Zentralen Zeichengabekanals Nr. 7 (ZZK 7) voraussetzt. Die erste Etappe des Overlay-Netzes beinhaltet den ZKK 7 noch nicht, da es ebenfalls noch den COCOM-Bestimmungen unterliegt.

Der Mobilfunk kann deshalb anfänglich nur im C-Funknetz realisiert werden. Bild 12 zeigt den derzeit vorgesehenen Ausbau des C-Funknetzes bis 1991 entlang der Autobahn unter Einbeziehung wichtiger Bezirksstädte.

Den *Btx-Dienst* betreffend bestehen Arbeitsbeziehungen zum FTZ. Als Ausgangssituation ist folgendes festzustellen:

— im Bereich der Deutschen Post gibt es keine Btx-Zentralen
— im Bereich der Bundespost gibt es noch freie Kapazitäten (Ports)
— die Bundespost beabsichtigt, 1992 die Btx-Zentralen auf ein neues Rechnersystem umzustellen.

Bei dieser Sachlage bietet es sich an, bei der Deutschen Post vorübergehend die freien Kapazitäten der Btx-Zentralen im Sinne eines „Fremdteilnehmerverhältnisses" zu nutzen. Technisch erscheint dies realisierbar, mit der Währungsreform dürfte die Gebührenfrage unproblematisch werden und Übergangsregelungen sind denkbar. In diesem Sinne gibt es zwischen dem FTZ und dem IPF terminliche und inhaltliche Vorabstimmungen.

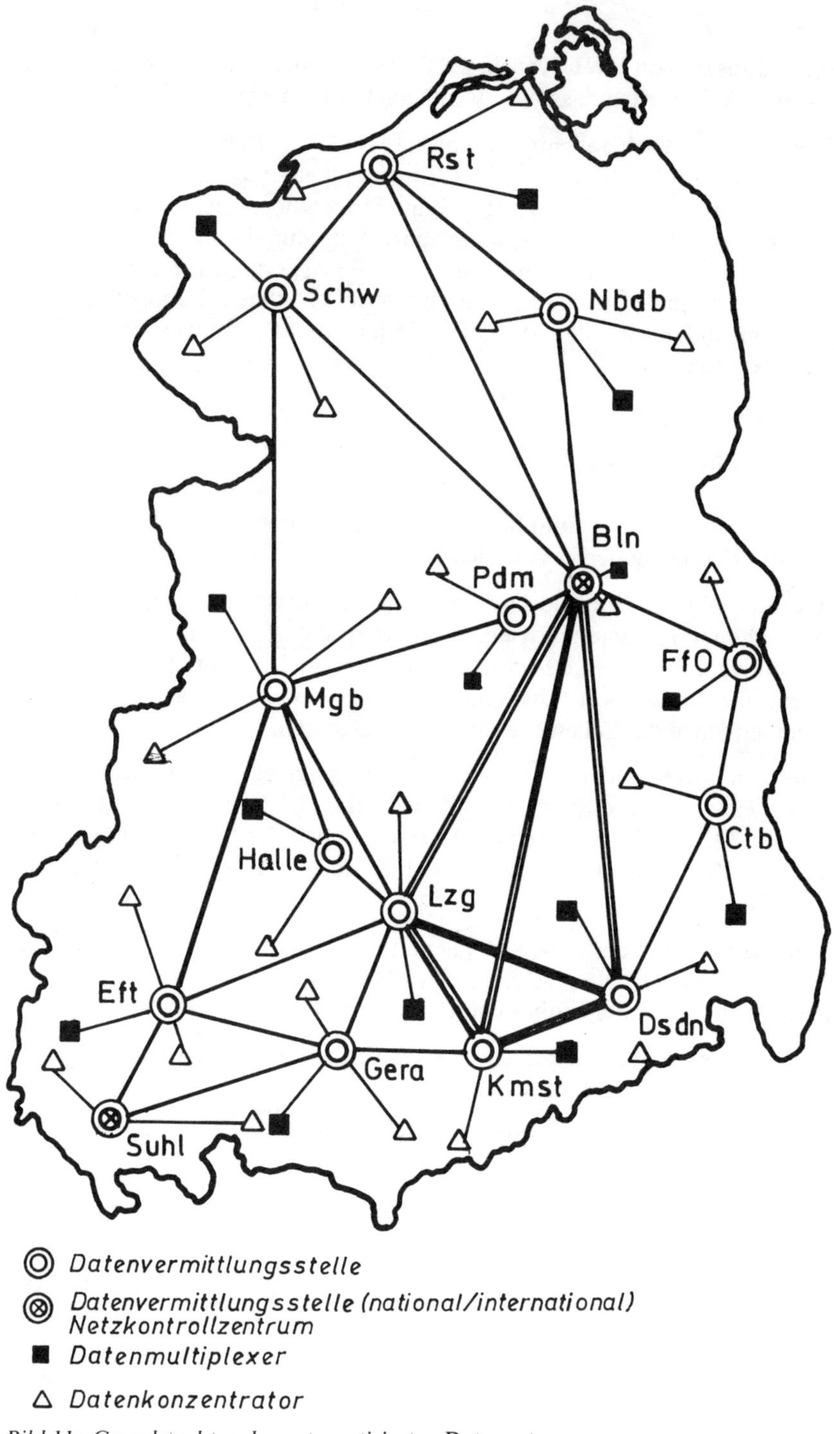

Bild 11: Grundstruktur des automatisierten Datennetzes

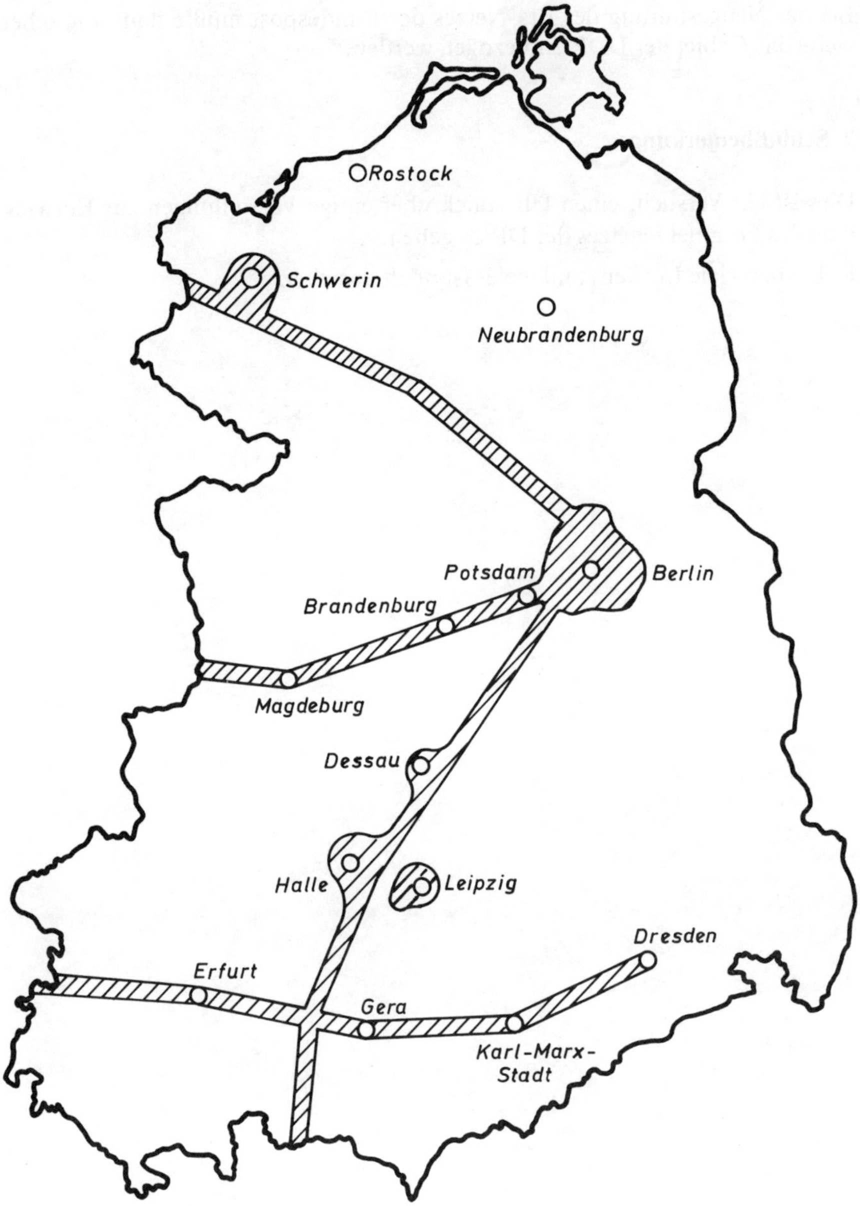

Bild 12: C-Netz-Versorgung auf dem Territorium der DDR

Bei der Neugestaltung des Btx-Netzes der Bundespost müßte dann logischerweise das Gebiet der DDR einbezogen werden.

7. Schlußbemerkung

Dies ist ein Versuch, einen Überblick über einige Vorstellungen zur Entwicklung des Fernmeldenetzes der DP zu geben.

Es bleiben viele Lücken, und vieles ist noch unsicher.

Telekommunikation als verbindende Infrastruktur

Gerd Tenzer

Die jüngste Entwicklung des Zusammengehens der beiden Teile Deutschlands und damit auch der beiden Telekommunikations (TK)-Organisationen hat gezeigt, daß dieser Prozeß noch viel schneller abläuft, als er ursprünglich im Januar von beiden Seiten prognostiziert wurde. Dieses rasante politische Tempo zur Vereinigung der beiden deutschen Staaten — weitere Meilensteine auf diesem Weg sind die Währungsunion im Juli und geplante gesamtdeutsche Wahlen schon im nächsten Jahr — erfordert auch verstärkte Anstrengungen zur Überwindung der großen quantitativen und qualitativen Niveauunterschiede zwischen beiden Teilen Deutschlands auf dem Gebiet der Telekommunikation. So wie das politische Ziel die Einheit Deutschlands ist, ist es das Ziel der beiden TK-Unternehmen, ihre Organisationen schrittweise zu einem TELEKOM-Unternehmen zu vereinigen.

Die Vorstände der beiden Unternehmen vereinbarten daher auf einer gemeinsamen Vorstandssitzung am 7. April 90 in Ost-Berlin zunächst eine Kooperationsgemeinschaft. Hauptzielsetzung ist u. a., die anstehenden gemeinsamen Aufgaben zum beschleunigten Ausbau des Telekommunikationsnetzes in engster Abstimmung effektiv zu lösen.

Gut ausgebaute Netze sind nicht nur die Voraussetzung zum Betrieb der traditionellen Telekommunikationsdienste; sie sind auch die Grundlage für die Entwicklung neuer innovativer Dienste und Nutzungsformen. Sie stellen somit das Rückgrat für eine marktwirtschaftlich organisierte Volkswirtschaft dar und sind der Schlüssel für Prosperität. Schnelle Erfolge auf diesem Gebiet tragen daher wesentlich dazu bei, das wirtschaftliche Gefälle zwischen beiden Teilen Deutschlands abzubauen.

Eine ausreichende Versorgung mit Telekommunikationsdienstleistungen ist darüber hinaus auch von hoher gesellschaftspolitischer Bedeutung. Eine funktionierende Demokratie lebt vom Gedanken- und Meinungsaustausch der Menschen und Gesellschaftsgruppen. Technischer Träger dieses Kommunikationsbedürfnisses ist ein qualitativ und quantitativ gut ausgebautes Telekommunikationsnetz.

Um zukünftig in beiden Teilen Deutschlands vergleichbare Lebensbedingungen zu schaffen, ist eine schnelle Niveauangleichung der Netze zwingend erforderlich. Hierbei gehen wir bei allen Überlegungen davon aus, daß sich die Ordnungspolitik in beiden Teilen Deutschlands auf eine gleiche Linie einstellen wird. Das schließt nicht aus, daß in einem Übergangszeitraum auch unterschiedliche ordnungspolitische Regelungen bestehen können.

Netzausbau in der BRD

In der BRD hat man schon frühzeitig die hohe volkswirtschaftliche Bedeutung der Telekommunikation erkannt. Dementsprechend investiert die DBP TELEKOM jährlich erhebliche Beträge in den Ausbau der Netze. Die Investitionen betrugen 1988 ca. 90 % der Gesamtinvestitionen von fast 17 Mrd. DM.

Die von der DBP TELEKOM angebotenen TK-Dienste werden gegenwärtig überwiegend in vier getrennten Netzen abgewickelt:

1. Das Telefonnetz mit ca. 30 Mio. Anschlüssen.
2. Das Integrierte Text- und Datennetz in digitaler Technik mit fast 600000 Anschlüssen.
3. Das BK-Netz mit rd. 6,8 Mio. angeschlossenen Haushalten.
4. Funk- und Satellitennetz.

Kernpunkte für die weitere Entwicklung der Telekommunikationsinfrastruktur in der BRD sind:

— die zügige Fortführung der Digitalisierung des Fernsprechnetzes zu einem ISDN-Netz, in dem alle Dienste bis 64 kbit/s übertragen werden können. Hierfür wurden 1988 rd. 1,1 Mrd. DM für digitale Vermittlungstechnik ausgegeben und 940000 Beschaltungseinheiten aufgebaut.
— der Aufbau eines breitbandigen Glasfasernetzes für breitbandige Individualkommunikation. Zu diesem Zweck wird das Glasfaser-Overlaynetz in 29 Städten der BRD weiter ausgebaut und untereinander durch Glasfaserfernstrecken verbunden.
— die Erprobung eines wirtschaftlich optimalen Einsatzes der Gf-Technologie im Asl-Netz.
— Seit 1987 werden im Fernnetz nur noch Einmoden-Glasfasern eingesetzt, wodurch auch höherkanalige Übertragungssysteme verwendet werden können, die größere Zukunftssicherheit und Flexibilität sowie geringere Kosten im Liniennetz bedeuten.
— Endziel ist der Aufbau eines breitbandigen Glasfasernetzes für die Integration aller Dienste in einem einzigen Netz.

Strategisches Konzept zur Fusion beider Netze

Das Hauptziel der DP-TELEKOM ist hingegen der schnelle quantitative und qualitative Ausbau des völlig überalterten Fernmeldenetzes in der DDR, um die Versorgung der Bevölkerung und der Wirtschaft mit TK-Basisdiensten deutlich zu erhöhen. Die kurz- und mittelfristigen Ziele beider Organisationen divergieren daher zwangsläufig sehr stark. Da jedoch das Ziel die Fusion beider Netzinfrastrukturen ist, muß das Netz der DDR sowohl qualitativ wie quantitativ erheblich verbessert und beide Netze in ihren Strukturen angepaßt werden. Hierfür ist ein langfristig angelegtes strategisches Konzept notwendig, in das dann die kurz- und mittelfristigen Maßnahmen zur Behebung des akuten Mangels an Endstellen und TK-Diensten eingebettet sein müssen.

Der Aufbau einer neuen TK-Infrastruktur ist für die DP-TELEKOM und für ihren Kooperationspartner eine Herausforderung und eine Chance zugleich. Die Investitionen in die Infrastruktur bedeuten ein hohes Geldrisiko, da TK-Netze kapitalintensiv sind und lange Abschreibungszeiträume haben. Daher findet man in einem bestehenden, kontinuierlich ausgebauten Netz immer mehrere Generationen technischer Einrichtungen. Der Nachteil des überalterten DDR-Netzes ist in der jetzigen Situation zugleich ein Vorteil. Die Umstellung des gesamten DDR-Netzes auf die neueste Technologie innerhalb eines Innovationszyklusses bedeutet langfristig einen erheblichen Kosten- und Wettbewerbsvorteil, indem z. B. Anpassungskosten an unterschiedliche Technologien im Netz vermieden und verschiedenste Dienste flexibel angeboten werden können.

Unsere Schätzungen für den Auf- und Ausbau einer Infrastruktur gehen davon aus, daß mehr als 30 Mrd. DM Investitionen erforderlich sind, um den Netzausbau zu realisieren. Die erforderlichen Mittel für Hochbauten, Vermittlungs-, Übertragungs- und Richtfunktechnik sowie Kabelkanalanlagen können nur in einem Zeitraum von 5—7 Jahren betriebswirtschaftlich optimiert eingesetzt werden. Ich möchte daher davor warnen, aus kurzsichtigem Erfolgszwang heraus, nicht durchgeplante und auf unterschiedliche Techniken nicht abgestimmte Ausbaumaßnahmen durchzuführen.

Auch in der BRD bestanden in den 60er und Anfang der 70er Jahre lange Wartelisten. Trotzdem haben wir einen geplanten und betriebswirtschaftlich optimierten Ausbau vorangetrieben, von dem unsere Kunden und wir heute profitieren.

Dieses langfristig geplante Vorgehen ist nicht ohne Risiko, da damit zu rechnen ist, daß der Erwartungsdruck der Kunden auf einen Anschluß zunimmt und der bisher zurückgehaltene und verdeckte Bedarf sich in einer steigenden Warteliste niederschlagen wird. Trotzdem gebe ich den Rat, koordiniert und geplant vorzugehen und Fehlinvestitionen zu vermeiden.

Von diesem Grundsatz kann vorübergehend dann abgewichen werden, wenn die Notwendigkeit besteht, die Betriebe der DDR schnell in die Lage zu versetzen, erfolgreich am prosperierenden Markt teilzunehmen. Das heißt, in der bestehenden Ausnahmesituation sind schnelle Maßnahmen zu befürworten, jedoch nicht ohne langfristige Strategie.

Kurzfristige Maßnahmen

Das langfristige Ausbaukonzept sollte der Verbesserung der TK-Infrastruktur

— zwischen beiden Teilen und den internationalen Verbindungen Berlins sowie

— innerhalb der DDR

dienen. Im Rahmen dieser Strategie wurden für eine schnelle Verbesserung der gegenwärtigen Situation bisher folgende kurzfristigen Maßnahmen ergriffen:

1. Zur Verbesserung der innerstädtischen Verbindungen in Berlin wurden
   - zwei zusätzliche Kabelanlagen in Betrieb genommen, die schon zu den DDR-Wahlen erfolgreich genutzt werden konnten.
   - Der Bau eines Gf-Kabels mit einer Kapazität im Endausbau von 30000 Telefonkanälen verläuft planmäßig. Die Inbetriebnahme soll auf Ende Mai vorgezogen werden.
2. Die internationale Anbindung Berlins wird durch eine Reihe von Maßnahmen ausgebaut. Das sind
   - der Abschluß der Vollbestückung des bereits vorhandenen Gf-Kabels zwischen Uelzen und West-Berlin. Fast 30000 Telefonkanäle stehen damit zur Nutzung bereit. Eine weitere 140 Mbit/s — Grundleitung wurde durch Nutzung eines Gf-Ersatzkanals realisiert.
   - Zwei weitere leistungsfähige GF-Kabel und zwar
     - eine Westtrasse über Magdeburg und
     - eine Südtrasse über Gera und Leipzig

     können nach dem gegenwärtigen Arbeitsstand im 1. Halbjahr 1993 in Betrieb genommen werden. Die Möglichkeiten für eine frühere Bereitstellung werden untersucht. Bei der Trassenführung wurde auch der längerfristige Aspekt eines Verbundes beider Netze berücksichtigt.
   - Die Anbindung des Overlay-Netzes der DP-TELEKOM an das Netz der DBP TELEKOM mit Richtfunkverbindungen soll bis Anfang 1991 realisiert werden. Entsprechende Industrieaufträge werden in Kürze erteilt.
   - Ergänzend wird untersucht, ob kurzfristig (Mitte 91) zusätzliche digitale Richtfunkkapazität zwischen dem Bundesgebiet und Berlin (West) aufgebaut werden kann.
   - Für kurzfristigen örtlichen Leitungsbedarf wurden und werden transportable digitale Richtfunkanlagen (186 MHz) erfolgreich eingesetzt.
3. Die TK-Mangelsituation innerhalb der DDR wird schnell gemildert durch
   - die Inbetriebnahme eines digitalen Overlay-Netzes bis 1991 in 9 Großstädten. Die Ausrüstung erfolgt mit digitalen Orts- und Fernvermittlungsstellen, die untereinander vermascht werden. Es ist mit unserem Netz kompatibel (Systeme EWSD und S 12). Das Zusammenwachsen beider Netze ist somit künftig möglich.

     Dieses Netz versorgt kurzfristig wichtige Teilnehmer und dient somit vor allem dem Aufbau der DDR-Wirtschaft. Die umfangreichen und vielschichtigen Probleme sollen durch Entsendung von Fachleuten der DBP TELEKOM in gemeinsame Arbeitsgruppen gelöst werden.

— Zur Minderung des akuten Telefonmangels werden in einer „Feuerwehraktion“ 18 mobile Vermittlungsstellen dieses Jahr und in den nächsten beiden Jahren jeweils nochmals weitere 13 Stück bereitgestellt.

— Bis zu einer flächendeckenden Versorgung sind noch einige Übergangslösungen erforderlich. Engpässe bestehen z. Z. besonders bei Mietleitungen. Hier bietet sich der Einsatz von Satellitenkapazität an. Erste Versuche anläßlich der Leipziger Messe und der CeBIT waren erfolgreich.

— Unter dem Sichwort „grenznahe Verkehrsbeziehungen“ werden derzeit einige Konzepte erarbeitet, wie z. B.

- die Prüfung der Möglichkeit, Anschlüsse aus Vermittlungsstellen der DBP TELEKOM über die Grenze hinweg in den grenznahen Bereich der DP-TELEKOM zu verlängern oder
- die Fernvermittlungsstellen der oberen Netzebene direkt zu verknüpfen. Das würde bedeuten, daß direkte Verkehrsbeziehungen der beiden grenznahen Gebiete möglich wären.

Mittel- und langfristige Maßnahmen

Im mittel- und langfristigen Zeitraum sind, um Fehlinvestitionen zu vermeiden, alle operativen Maßnahmen in ein langfristiges Netzkonzept einzubinden. Kernpunkte dieser Strategie sind

— der rasche Ausbau der oberen Netzebene und gleichzeitig schwerpunktmäßiger Ausbau der mittleren und unteren Netzebenen. Hierbei sollten nur neueste Technologien internationalen Standards eingesetzt werden. Hierdurch wird eine erhebliche Produktivitätssteigerung erreicht und die Wettbewerbsfähigkeit der DDR-Wirtschaft verbessert.

— Die Entwicklungspläne für alle drei Netzebenen sind nach den bewährten Planungsverfahren der DBP TELEKOM zu erstellen.

— Die Anschluß- und Prognosedaten müssen bereitgestellt und zwischen beiden Unternehmen koordiniert werden.

— Die Mitarbeiter der DP-TELEKOM sind durch Fortbildungslehrgänge auf den neuesten technischen Stand weiterzubilden.

Zur Koordinierung all dieser Aktivitäten haben die beiden Unternehmensleitungen auf ihrer ersten gemeinsamen Sitzung verabredet, zehn Arbeitsgruppen auf Unternehmensleitungsebene einzurichten, die die gesamten Arbeitsfelder der TK abdecken. Auf beiden Seiten werden die Arbeitsgruppen zum Netzausbau und zur Ausbauplanung als besonders vordringlich und bedeutend angesehen. Hier müssen die Arbeitsverfahren und Vorgehensweisen bei den kurz-, mittel- und langfristigen Maßnahmen auf Orts- und Fernnetzebene abgestimmt werden.

Wie konkret sich unsere Kooperationsbereitschaft bereits entwickelt hat, kann an zwei verabredeten Maßnahmen gezeigt werden:

1. Frage des Gf-Kabels im Ortsnetz

Wir sind optimistisch, daß das Gf-Kabel in den nächsten Jahren auch im Ortsnetz das Kupferkabel substituiert. Es ist naheliegend, in der DDR sofort mit dem Gf-Ausbau im Asl-Netz zu beginnen. Wir würden es daher begrüßen, wenn es weltweit einsatzreife Systeme der Optoelektronik und der Gf-Kabel für den Ortsnetzausbau gäbe. Wirtschaftlich einsetzbare Systeme stehen gegenwärtig noch nicht bereit, so daß in den wichtigsten Industrienationen im Augenblick Pilotprojekte durchgeführt werden, um in wenigen Jahren mit dem Gf-Ausbau beginnen zu können.

Auch wir werden im Laufe des nächsten Monats ein erstes Pilotprojekt in Köln in Betrieb nehmen. Außerdem läuft im Augenblick ein internationaler Wettbewerb über weitere Pilotprojekte. Ich habe der DP-TELEKOM angeboten, eines dieser Projekte in der DDR zu realisieren. Wir sind übereingekommen, nach Möglichkeit noch in diesem Jahr in Leipzig ein weiteres Gf-System im Ortsnetz zu testen.

2. Investitionsbedarf in der DDR

Die hohen Investitionen in die Infrastruktur sind aus Einnahmen der DP-TELEKOM alleine nicht zu finanzieren. Die DBP TELEKOM hat daher der DP-TELEKOM die finanzielle Unterstützung beim Auf- und Ausbau des TK-Netzes der DDR angeboten. Für 1990 wird der DP-TELEKOM ein Darlehen in Höhe von 240 Mio. DM und für 1991 von 2 Mrd. DM zur Verfügung gestellt.

Ausblick

Der Vorstand der DBP TELEKOM hat am 1. Januar 1990 die Herausforderung für die Umgestaltung der DBP zu einem marktorientierten und im Markt erfolgreichen Unternehmen angenommen.

Mit gleicher Überzeugung und mit gleichem Einsatzwillen nehmen wir die Herausforderung zur Integration beider Unternehmen — der DP TELEKOM und der DBP TELEKOM — und der TK-Infrastrukturen gemeinsam mit der Unternehmensleitung der DP TELEKOM an.

Wir brauchen für diese Aufgabe das Verständnis und die Unterstützung der Sozialpartner, der Industrie und der Politik.

Dieses vorausgesetzt, bin ich vom Erfolg unserer Bemühungen im Interesse der Bürger in beiden Teilen Deutschlands überzeugt.

Daten- und Mehrwertdienste in der Bundesrepublik Deutschland

Jürgen Bohm

Neben der Sprachkommunikation, die weltweit von allen Kommunikationsarten an der Spitze steht, hat sich die Text- und Datenkommunikation zu einem nicht mehr wegzudenkenden Strukturfaktor für die Wirtschaft entwickelt. Über die Datendienste und die Mehrwertdienste in der Bundesrepublik Deutschland soll hier berichtet werden.

Der Beginn in der Datenfernverarbeitung in der Bundesrepublik ist Anfang der 60er Jahre zu suchen. Sie fand entsprechend den ersten Anwendungen und möglichen technischen Bedingungen in einem Gebäude, auf einem Grundstück, zwischen bestimmten Organisationseinheiten einer Firma statt.

Als die Datenfernverarbeitung über das Grundstück hinweg nach außen drang, wurden Anforderungen an die Deutsche Bundespost gestellt, Übertragungswege für diese Datenübertragung zur Verfügung zu stellen. Zu diesem Zweck „vermietete" die Deutsche Bundespost festgeschaltete Übertragungswege in Fernsprechbandbreite als sogenannte Stromwege. Die Datenfernverarbeitung fand in sogenannten privaten Drahtfernmeldeanlagen statt.

Zeitlich kurz danach kamen die ersten Anforderungen nach Datenübertragung über Wählverbindungen. Die Deutsche Bundespost öffnete ihre öffentlichen Netze für die Mitbenutzung zur Datenübertragung. Zum Einsatz kamen sogenannte Modems, die die Mitbenutzung des analogen Fernsprechnetzes für die digitale Datenübertragung gestatteten und mit deren Standardisierung der CCITT bereits Ende der 50er Jahre begonnen hatte. Ebenfalls durfte der Telexdienst zur Datenübertragung mitbenutzt werden, wenn sich die angeschalteten Datenendeinrichtungen wie „Fernschreibmaschinen" verhielten. Da diese Art der Datenübertragung nur mit 50 bit/s möglich war, bemühte sich die Deutsche Bundespost, über das digitale Telexnetz auch Dienste mit höheren Datenübertragungsgeschwindigkeiten anzubieten. Es entstand der erste leitungsvermittelte digitale Datex-Dienst, der Geschwindigkeiten von 50—200 bit/s anzubieten vermochte.

Nach alten Statistiken existierten 1967 folgende Anschlüsse an den öffentlichen Netzen, über die Datenfernverarbeitung gemacht wurde:

Am Datex-Netz wurden 50 Anschlüsse betrieben, im öffentlichen Fernsprechnetz waren 170 Anschlüsse mit Modems ausgerüstet und im Rahmen von privaten Drahtfernmeldeanlagen wurden 97 Stromwege mit Fernsprechbandbreite für die Datenfernverarbeitung eingesetzt. Insgesamt existierten 1967 also etwa

400 Anschlüsse für die Datenfernverarbeitung in der Bundesrepublik Deutschland. Diese Zahlen hatten sich 1970 auf insgesamt 4250 erhöht (Faktor 10). Es dauerte dann immerhin noch sechs Jahre bis 1976, bis sich diese Zahl wieder verzehnfacht hatte. Ende 1976 wurden ca. 44.800 Datenübertragungsanschlüsse an den Netzen der Deutschen Bundespost gezählt.

Auf Anforderung des Marktes hatte die Deutsche Bundespost zwischenzeitlich den Hauptanschluß für Direktruf entwickelt, der die Datenfernverarbeitung von den Restriktionen der Stromwege in privaten Drahtfernmeldeanlagen befreite und datenfernverarbeitungsgerechte Konditionen einschließlich der auf 50 v. H. begrenzten Vermittlung für Dritte bot.

Da die Deutsche Bundespost auf dem Markt für Datenfernverarbeitung keine Anwendungsentwicklung betrieb und keine Datenterminals anbot, hatte sie seit 1972 begonnen, im sogenannten Arbeitsausschuß für Fragen der Datenfernverarbeitung mit den Anwendern und der Datenverarbeitungs-Industrie zu kooperieren mit dem Ziel, marktgerechte, preiswerte Datenübertragungsdienste zeitgerecht auf dem Markt anzubieten, die die Belange der Datenfernverarbeitung auch trafen. Dazu war ein weiteres Ziel dieser Zusammenarbeit, die Planungs- und Investitionsunsicherheit aller Beteiligten wesentlich zu mindern.

Vom Ende der 60er Jahre bis heute hat sich so in der Bundesrepublik Deutschland ein breites Angebot von Datenübertragungs- und Datenübermittlungsdiensten, zusätzlich in den letzten Jahren noch die sogenannten Mehrwertdienste, entwickelt, die jeweils bestimmten Anforderungen des Marktes entsprechen.

Diesen Dienstleistungsangeboten ist dabei gemeinsam, daß

— sie internationalen Empfehlungen entsprechen,
— sie an international standardisierten Schnittstellen angeboten werden und
— sie international kompatibel sind.

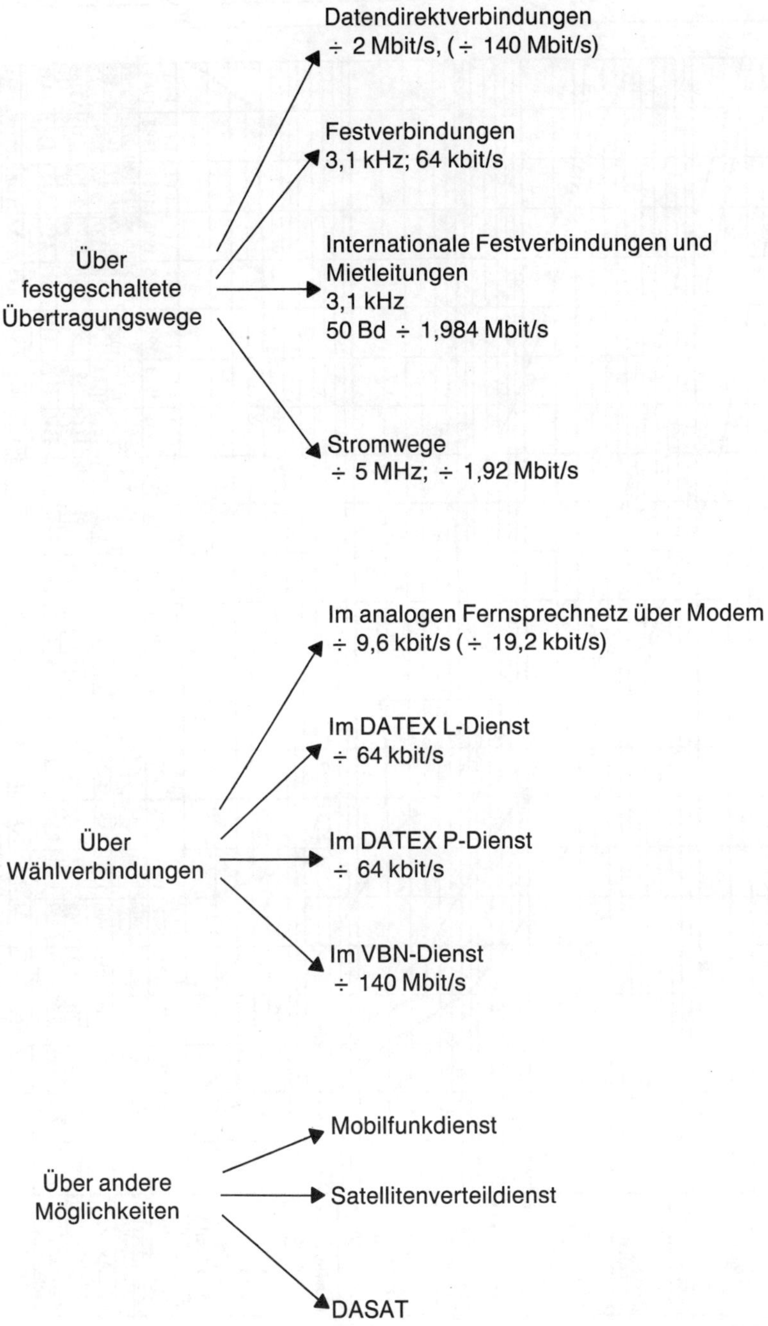

Übersicht 1: Datenübertragungsmöglichkeiten im Bereich der Deutschen Bundespost TELEKOM

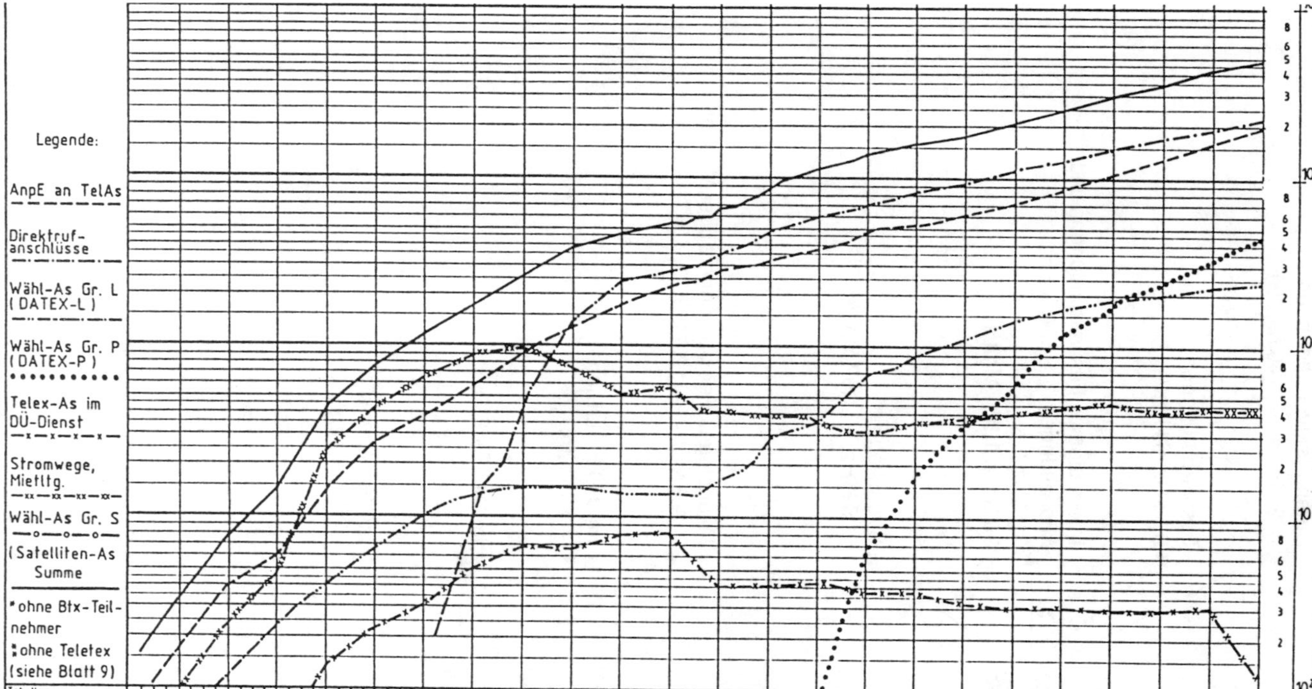

Tabelle jeweils 31 Dez. Jahr	1967	1968	1969	1970	1971	1972	1973	1974	1975	1976	1977
AnpE an TelAs*	170	403	599	1 407	2 570	3 607	5 936	8 463	13 989	17 650	21 562
Direktrufanschlüsse	—	—	—	—	—	—	1 028	4 382	14 168	20 321	26 826
Wähl-As Gr. L**	60	117	234	404	644	1 007	1 350	1 422	1 419	1 351	1 367
Wähl-As Gr. P	—	—	—	—	—	—	—	—	—	—	—
Telex-As im DÜ-Dienst	—	—	—	131	228	308	538	682	649	792	805
Stromwege, Mietltg.	97	240	440	2 316	4 245	6 430	8 701	9 486	7 121	5 148	5 914
Wähl-As Gr. S	—	—	—	—	—	—	—	—	—	—	—
Summe	327	760	1 273	4 258	7 687	11 352	17 553	24 435	37 346	45 262	56 474

Tabelle jeweils 31 Dez. Jahr	1978	1979	1980	1981	1982	1983	1984	1985	1986	1987	1988	1989
AnpE an TelAs*	25 334	31 646	37 745	46 351	54 651	60 884	71 221	86 453	105 563	129 166	160 759	195 962
Direktrufanschlüsse	34 105	47 551	60 562	72 875	82 460	94 488	108 631	128 975	146 409	164 397	184 742	204 555
Wähl-As Gr. L**	1 547	2 619	3 548	6 598	9 061	11 544	14 534	16 810	18 371	19 942	21 894	23 242
Wähl-As Gr. P	—	—	61	635	1 720	3 401	6 952	11 476	16 971	23 250	33 135	43 266
Telex-As im DÜ-Dienst	414	411	412	384	384	338	328	323	299	297	305	121
Stromwege, Mietltg.	4 155	3 951	3 761	3 203	3 540	3 795	4 111	4 267	4 593	4 229	4 363	4 418
Wähl-As Gr. S	—	—	—	—	—	—	—	—	—	2	20	—
Summe	65 555	86 178	106 089	130 046	151 816	174 450	205 777	248 304	292 206	341 283	405 218	471 564

Blatt 1

Datenübertragungseinrichtungen im Telekommunikationsnetz der DBP

Übersicht 2: Akzeptanz der von der DBP TELEKOM angebotenen Dienste
Stand: 31. 12. 1989

Die Zahl der Netzendpunkte für die Datenübertragung hat die Anzahl von 500000 erreicht (nach 1980 ungefähr 100000), wobei ca. 45 v.H. an festgeschalteten Übertragungswegen und ca. 55 v.H. auf Wählverbindungsdiensten arbeiten. Verkehrsmengenmäßig betrachtet liegt das größere Volumen des Datenverkehrs auf den festgeschalteten Übertragungswegen.

Nun zu den Mehrwertdiensten, d. h. zu den Dienstangeboten, die aus dem Zusammenwirken von Telekommunikation und Datenverarbeitung einen zusätzlichen Mehrwert zu dem Telekommunikationsgrundangebot schaffen: Vereinfacht zeigt dies die Übersicht 3. Es liegt in einer solchen Definition begründet, daß Mehrwertdienste selbst wieder die Basis für weitere Mehrwertdienste sein können. Man kommt damit praktisch zu einem „Schichtenmodell". Die erste Schicht stellt die reine Übertragungsleistung eines übertragenden Mediums dar. Die zweite Schicht ergibt die Vermittlung, die auf diesem Übertragungsdienst aufgesetzt wird, so daß insgesamt als Dienst die Übermittlung, also das Übertragen und Vermitteln einer Nachricht, angeboten wird. Die dritte Schicht stellt dann z. B. das Angebot eines paketvermittelten Dienstes dar, die vierte Schicht benutzt diesen Dienst wieder selbst, um ein eigenes Dienstangebot zu machen, z. B. den Bildschirmtextdienst, die fünfte Schicht sind dann Dienstangebote über den Bildschirmtextdienst selbst.

Vor einigen Jahren wurde die Liberalisierung eines Telekommunikationsmarktes eines Landes daran gemessen, wieviel Innovation im Markt für Mehrwert-

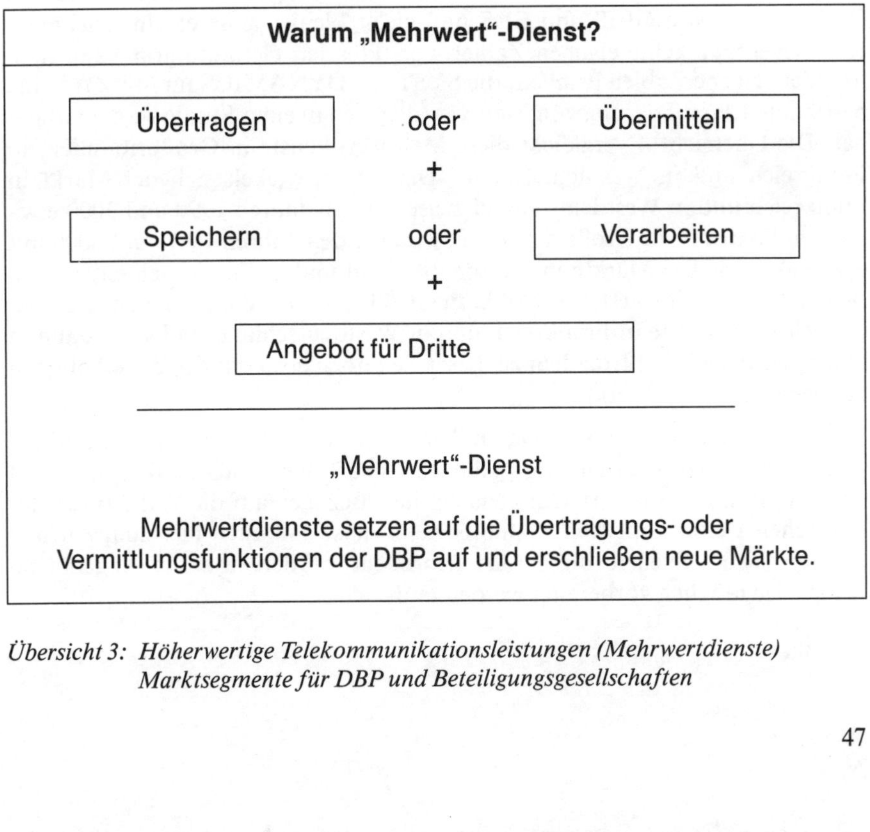

Übersicht 3: Höherwertige Telekommunikationsleistungen (Mehrwertdienste) Marktsegmente für DBP und Beteiligungsgesellschaften

dienste möglich war. Als diese Debatte die Bundesrepublik Deutschland erreichte, konnte man hierzulande über Zahlen keine Auskunft geben, da die Deutsche Bundespost nicht nach dem Verwendungszweck der überlassenen festgeschalteten Übertragungswege und der überlassenen Anschlüsse zu bestimmten Datenübertragungsdiensten fragte. Erst eine in Auftrag gegebene Studie brachte das Ergebnis, daß einige hundert Mehrwertdienste schon 1986 in den verschiedensten Branchen existierten. Solche Dienste benutzten als Trägerdienste die

— Datenübertragung im Fernsprechnetz,
— die besonderen Datenübermittlungsdienste DATEX L und DATEX P,
— den Bildschirmtextdienst,
— Mailboxdienste,
— Datenbankdienste.

Heute bietet die Deutsche Bundespost TELEKOM schon selbst „VANS", sogenannte Mehrwertdienste an. Beispiele sind die Produktnamen Bildschirmtext, TEMEX, TELEBOX; aber auch die Konformitätsdienste sind als Mehrwertdienste anzusprechen.

Seit dem Inkrafttreten des Poststrukturgesetzes am 1. Juli 1989 bieten neben der Deutschen Bundespost TELEKOM auch eine Reihe weiterer Dienstanbieter ihre Dienste im Bereich der Datenkommunikation an, wie zum Beispiel MEGANET, INFO, VASCOM. Diese treten neben die Dienste, die bereits langjährig im Bereich der Deutschen Bundespost tätig sind, wie z. B. INS von IBM, Dienste von GEIS und EDS und vieler kleiner anderer Unternehmen. Hier liegen gar keine eigenen Zahlen vor. Für den Gesamtmarkt kann man trotzdem eigene Zahlen bringen, die SYSTEM DYNAMICS im März für eine bestimmte Klassifizierung von Mehrwertdiensten in einer Studie veröffentlicht hat. Die Übersicht 4 vergleicht diese Mehrwertdienste in Großbritannien, in Frankreich und in Westdeutschland. Danach entwickelt sich der Markt in Frankreich und in Westdeutschland zwischen den Jahren 1990 und 2000 etwa um den Faktor 5, in Großbritannien zwischen den Jahren 1990 und 2000 mit dem Faktor 4. Die Märkte in Westdeutschland und in Frankreich entwickeln sich in etwa gleich stark. Der Markt in Großbritannien dagegen ist heute etwa doppelt so groß wie in Frankreich und in Westdeutschland und sinkt dann in seinem Anteil ab, hat trotzdem zu dieser Zeit noch etwa das doppelte Volumen der beiden anderen Märkte.

Wertet man alle Zahlen von Datenübertragungsdiensten und Mehrwertdiensten, so muß man feststellen, daß die Wirtschaft diese Dienste akzeptiert und sie heute zu ihrer Infrastruktur gemacht hat. Bezogen auf die Verhältnisse der Deutschen Demokratischen Republik heißt dies, daß auch hier zum Aufbau der Wirtschaft Dienste dieser Art gebraucht werden und ihr Angebot so schnell wie möglich vorbereitet werden muß.

Großbritannien	**1988**	**1989**	**1990**	**1991**	**1992**	**1993**	**1994**	**1995**	**2000**
Informationsdienste	680	755	838	922	1014	1115	1216	1325	2039
Datenverarbeitung	163	206	262	321	386	452	530	605	1195
Mitteilungsübermittlung	64	87	123	160	194	243	302	374	1105
MNS	65	104	166	250	374	449	539	620	1247
andere	20	27	36	49	62	77	96	120	150
Gesamt	992	1179	1425	1702	2030	2336	2682	3044	5735

Frankreich	**1988**	**1989**	**1990**	**1991**	**1992**	**1993**	**1994**	**1995**	**2000**
Informationsdienste	225	250	277	308	342	379	421	467	787
Datenverarbeitung	168	205	247	300	359	423	489	556	1054
Mitteilungsübermittlung	27	37	53	75	100	136	174	222	739
MNS	13	20	30	45	67	84	105	131	399
andere	31	40	52	68	82	98	118	141	177
Gesamt	464	552	659	796	949	1119	1307	1516	3156

Bundesrepublik	**1988**	**1989**	**1990**	**1991**	**1992**	**1993**	**1994**	**1995**	**2000**
Informationsdienste	240	288	346	415	498	597	681	776	1494
Datenverarbeitung	159	203	254	315	381	448	519	587	1096
Mitteilungsübermittlung	26	35	50	72	96	131	168	215	752
MNS	13	20	31	46	69	86	108	135	412
andere	13	18	25	36	46	60	78	102	127
Gesamt	451	565	706	884	1090	1323	1554	1816	3882

Übersicht 4: Mehrwertdienste (VANS)-Markt in Großbritannien, Frankreich und der Bundesrepublik Deutschland (in Mio US $)

Konzept zur Datenkommunikation der Deutschen Post

Dieter Köhler

1. Vorbemerkung

Die gravierenden politischen Veränderungen in den vergangenen Wochen und Monaten sowie die zu erwartenden strukturellen Wandlungen der Gesellschaft erfordern eine neue Bewertung der technischen Lösungskonzepte für die Befriedigung des außerordentlich hohen Bedarfs an Telekommunikationsdiensten und der daraus resultierenden Gestaltung und Planung der Kommunikationsinfrastruktur.

Die Ausführungen beschränken sich auf die Datenkommunikation, und die damit verbundenen Mehrwertdienste werden in diesem Zusammenhang nur gestreift.

2. Analyse

Analyse und Standortbestimmung ist Wegbeschreibung. Mit ca. 5000 Datenanschlüssen nimmt die DDR in der Länderbewertung die 40. Position in der Welt ein.

Die Versorgung mit Datenanschlüssen erfolgt gegenwärtig über das völlig überalterte handvermittelte Daten- bzw. Fernsprech- und Telexnetz sowie über Mietleitungen für Direktverbindungen. Aktuell liegen ca. 13000 Anträge zur Bereitstellung eines Datenanschlusses bei der Deutschen Post vor, die nicht realisiert werden können. Es wird aber eingeschätzt, daß der tatsächliche Bedarf aufgrund einer nicht zu quantifizierenden Dunkelziffer höher liegt. Ein qualifizierter Datenverkehr zwischen den beiden deutschen Staaten findet praktisch nicht statt. Von einer bedarfsgerechten Versorgung der Kunden und Anwender kann keine Rede sein.

Als Folge dessen nimmt gegenwärtig der Druck der Öffentlichkeit auf die Deutsche Post zur Bereitstellung eines flexiblen sowie qualitativ und quantitativ guten Datenübertragungsdienstes, einschließlich der darin angelagerten Teledienste, unter den aktuellen politischen und wirtschaftlichen Veränderungen dramatisch zu.

Bereits in den achtziger Jahren wurde durch das Kombinat Robotron in Kooperation mit der Akademie der Wissenschaften und unserem Institut ein experimentelles Datennetz als Forschungsnetz mit 3 territorial verteilten Netzknoten und einem Netzkontrollzentrum erfolgreich abgeschlossen (Bild 1).

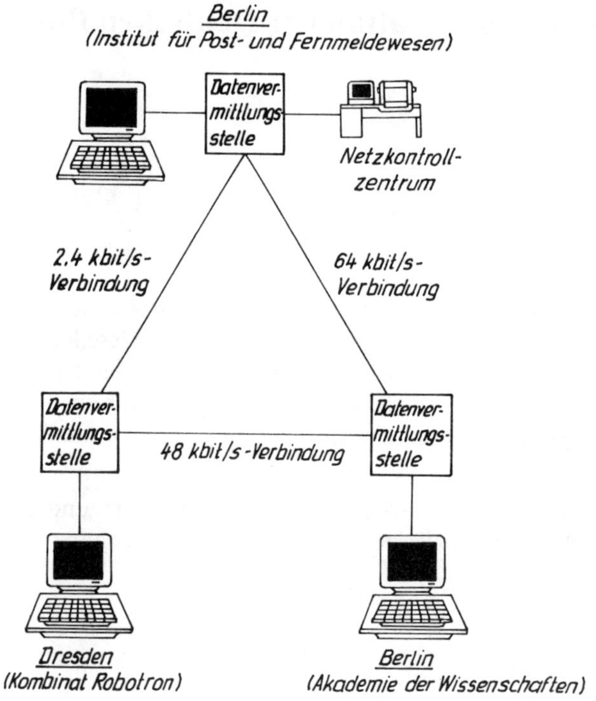

Bild 1: Grundstruktur des Experimentellen Datennetzes (Forschungsnetz)

Die Leistungsfähigkeit der im RGW verfügbaren Rechner der 8-bit-Technik ließen einen für die Deutsche Post wirtschaftlich vertretbaren und einen für die Nutzer akzeptablen Einsatz des Systems nicht zu.

Eine Alternative zu diesem Forschungsnetz wurde im Import eines Paketvermittlungssystems für den Aufbau eines Datenpaketnetzes aus der BRD gesehen. Die Realisierung des Vertrages zur Lieferung des Systems scheiterte bis zum heutigen Tage an der noch ausstehenden COCOM-Freigabe. In Kenntnis der Embargobestimmungen wurde ein Datenfestleitungsnetz für den dringendsten Bedarf an Datenanschlüssen konzipiert, das noch in diesem Jahr den Nutzern zur Verfügung stehen wird und darüber hinaus eine gewisse übertragungstechnische Grundlage für das geplante automatisierte Datennetz darstellt.

Hinzuzufügen ist, daß 1988 durch das Kombinat Robotron in Verbindung mit den vorgenannten Institutionen auf der Grundlage der nunmehr verfügbaren 16-bit-Technik die Entwicklung eines leistungsfähigen Paketvermittlungssystems fortgesetzt wurde. Diese Entwicklung war jedoch nur im Sinne eines zweiten „Standbeines“ bei einem eventuellen endgültigen Scheitern des Importvertrages durch die COCOM-Behörde zu verstehen.

Aus heutiger Sicht muß man feststellen, daß unter dem Konkurrenzdruck der Marktwirtschaft weder die Realisierungszeiten noch die zu erwartenden

Stückzahlen die steigenden Forschungs- und Entwicklungsaufwendungen für dieses System rechtfertigen würden.

Nach dieser zugegebenermaßen holzschnittartigen Analyse sollen im folgenden Aussagen zum Aufbau eines leistungsfähigen Datendienstes auf dem Territorium der DDR und den damit verbundenen Aufgaben gemacht werden.

3. Hauptziele zur Datenkommunikation

Ausgehend von den zu erwartenden Bedürfnissen und unter Berücksichtigung internationaler Tendenzen zeichnet sich die Entwicklung der Datenanschlüsse im Fernmeldenetz der Deutschen Post durch relativ hohe Zuwachsraten aus (Bild 2).

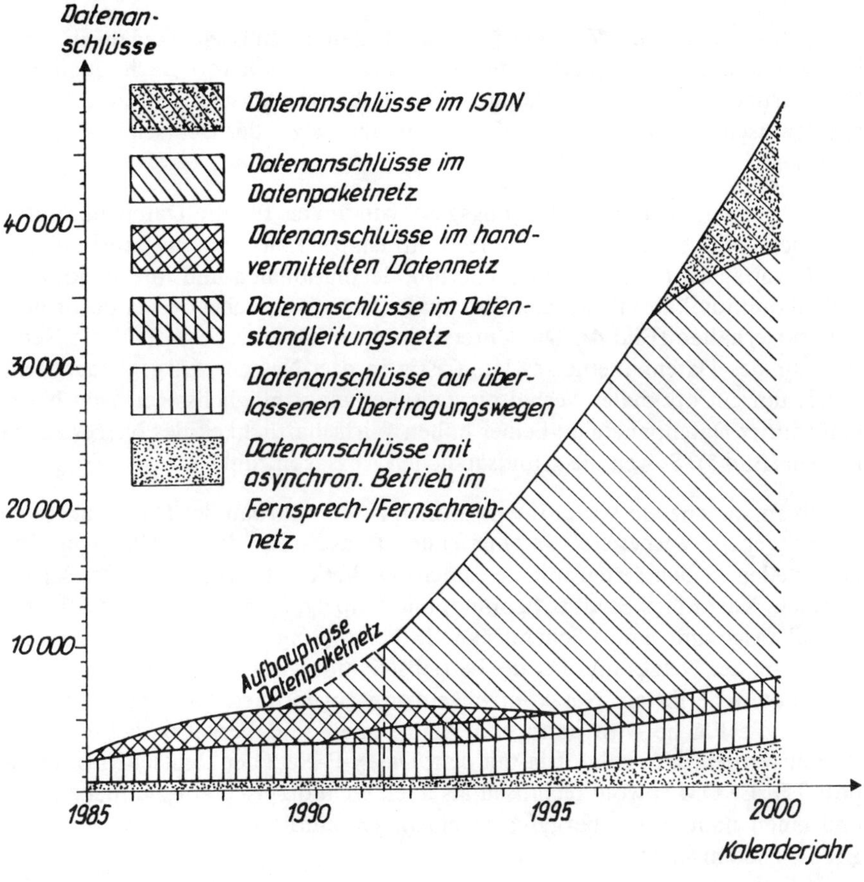

Bild 2: Eingeschätzte Realisierung von Datenanschlüssen im Fernmeldenetz der Deutschen Post

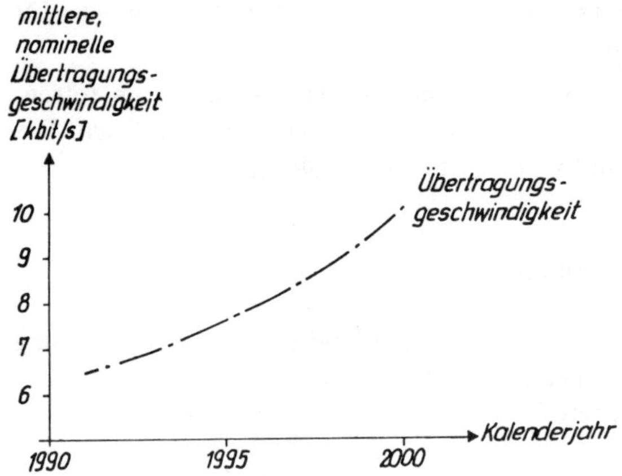

Bild 3:
Entwicklung der mittleren nominellen Übertragungsgeschwindigkeit des Datenpaketnetzes

Die außerordentlichen Zuwachsraten an Datenanschlüssen werden ab 1991 insbesondere mit der Zielsetzung erwartet, das Bedürfnis nach qualitativ hochwertigen und leistungsfähigen Datenübertragungsdiensten durch den schrittweisen Auf- und Ausbau des Datenpaketnetzes der Deutschen Post abzudecken.

Der Schwerpunkt der Übertragungsgeschwindigkeit für die Datenanschlüsse wird sich von 6,5 kbit/s im Jahre 1991 auf ca. 9,6 kbit/s um die Jahrhundertwende verlagern (Bild 3). Zur Sicherung der nationalen und internationalen Datenkommunikation wird das Datenpaketnetz eine flächendeckende Grundstruktur erhalten (Bild 4). Die Untersuchungen haben gezeigt, daß die Netzstruktur des Datenpaketnetzes langfristig in drei Netzebenen gegliedert sein sollte, um ein optimales Verhältnis zwischen einer möglichst geringen Netzlaufzeit der Datenpakete und einer hohen Wirtschaftlichkeit des Netzes zu erreichen (Bild 5). Soweit die grundsätzlichen Aussagen zum Netz.

Durch entsprechende Vorlaufinvestitionen ist der Aufbau des Datenpaketnetzes weitgehend vorbereitet. In einer ersten Phase sollen 1991 4 Datenvermittlungsstellen in den Orten mit den höchsten Verkehrsaufkommen, in Berlin, Dresden, Karl-Marx-Stadt (Chemnitz) und Leipzig, installiert werden (Bild 6), so daß insgesamt eine flächendeckende Versorgung gesichert wird. Für die Steuerung des Netzes und für die betriebstechnologischen Prozesse wird dem Netzknoten Berlin ein Netzkontrollzentrum zugeordnet. Die weitere Verteilung in die Fläche wird dann vom Teilnehmer- und Verkehrswachstum bestimmt werden. Um zukünftig mit dem Datex-P-Netz der Deutschen Bundespost TELEKOM sowohl technisch als auch technologisch kompatibel zu sein und einen nahtlosen Übergang zu einem Gesamtnetz zu sichern, wird das EWSP-System eingesetzt.

Es muß wohl nicht besonders betont werden, daß insbesondere in der Prognose des Bedarfs an Datenanschlüssen unter den gegenwärtig stattfindenden po-

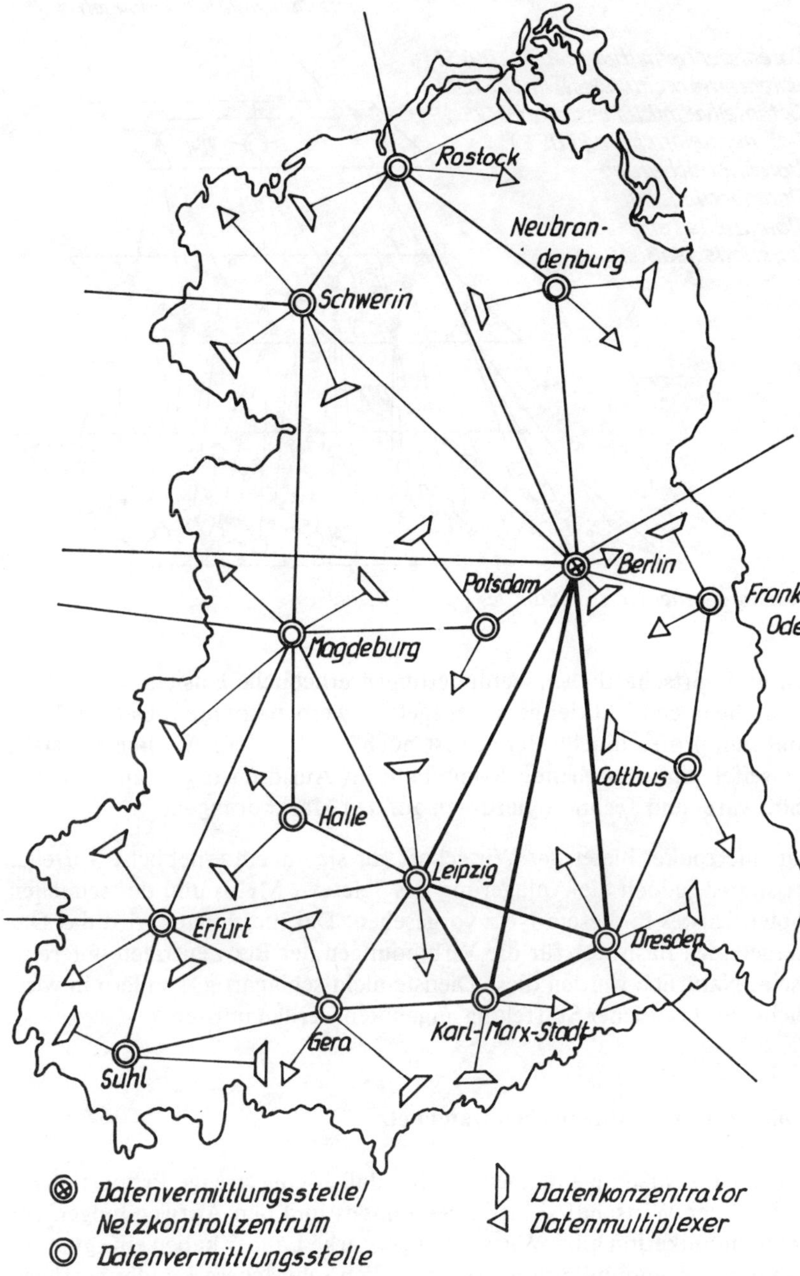

Bild 4: Grundstruktur des Datenpaketnetzes

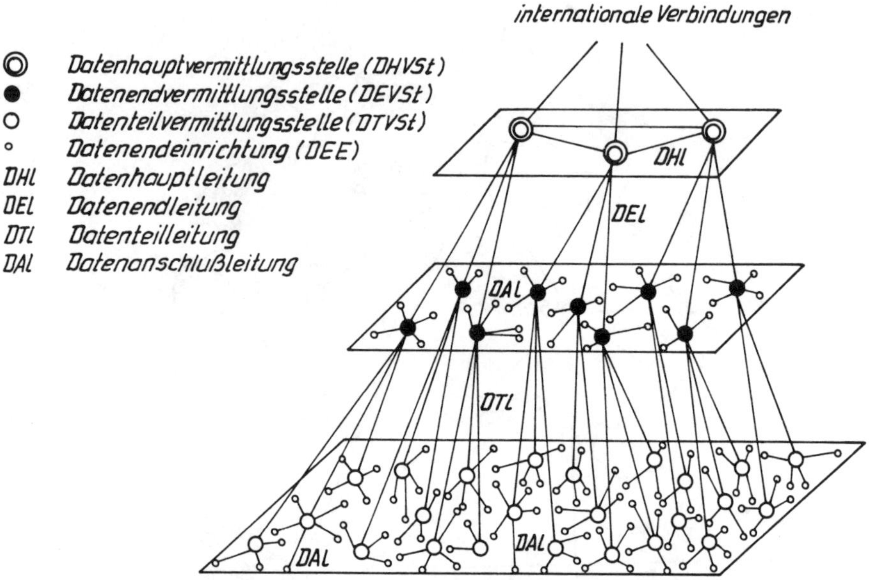

Bild 5: Hierarchie der Netzstruktur des Datenpaketnetzes

litischen und wirtschaftlichen Veränderungen erhebliche Unsicherheitsfaktoren liegen, die noch nicht tief genug ausgelotet werden konnten. Der geschäftliche und semiprofessionelle Bereich ist noch völlig offen. Als Beispiel steht außer Zweifel, daß bestehende Kombinate im Auflösen begriffen sind und junge Software- und Technologiefirmen auf den Markt drängen.

Das Datennetzpaket bietet der Wirtschaft für sich allein erhebliche Vorteile. Mittelfristig ist jedoch die Anlagerung des Teletex-, MHS- und des schnellen Fernkopierdienstes in diesem Netz vorgesehen. Darüber hinaus wird das Datenpaketnetz das Basisnetz für die Verbindungen der Btx-Zentralen untereinander sein. Natürlich werden diese Dienste nicht schlagartig, sondern in wirtschaftlicher und zeitlicher Staffelung angeboten werden müssen.

4. Ausblick zum gesamtdeutschen Datennetz

Statistische Untersuchungen haben gezeigt, daß es eine strenge Proportionalität zwischen der Wirtschaftskraft eines Landes und den Aufwendungen für die Telekommunikation gibt. Wirtschaftlich starke Länder haben eine gute Infrastruktur der Kommunikation, wirtschaftlich schwächere Länder verfügen über entsprechend weniger gut ausgebaute Telekommunikationsnetze und -dienste. Aus diesem Sachverhalt heraus bietet die Deutsche Bundespost TELEKOM folgerichtig eine breite Palette gut ausgebauter Datenübertragungs- bzw. Teledienste an.

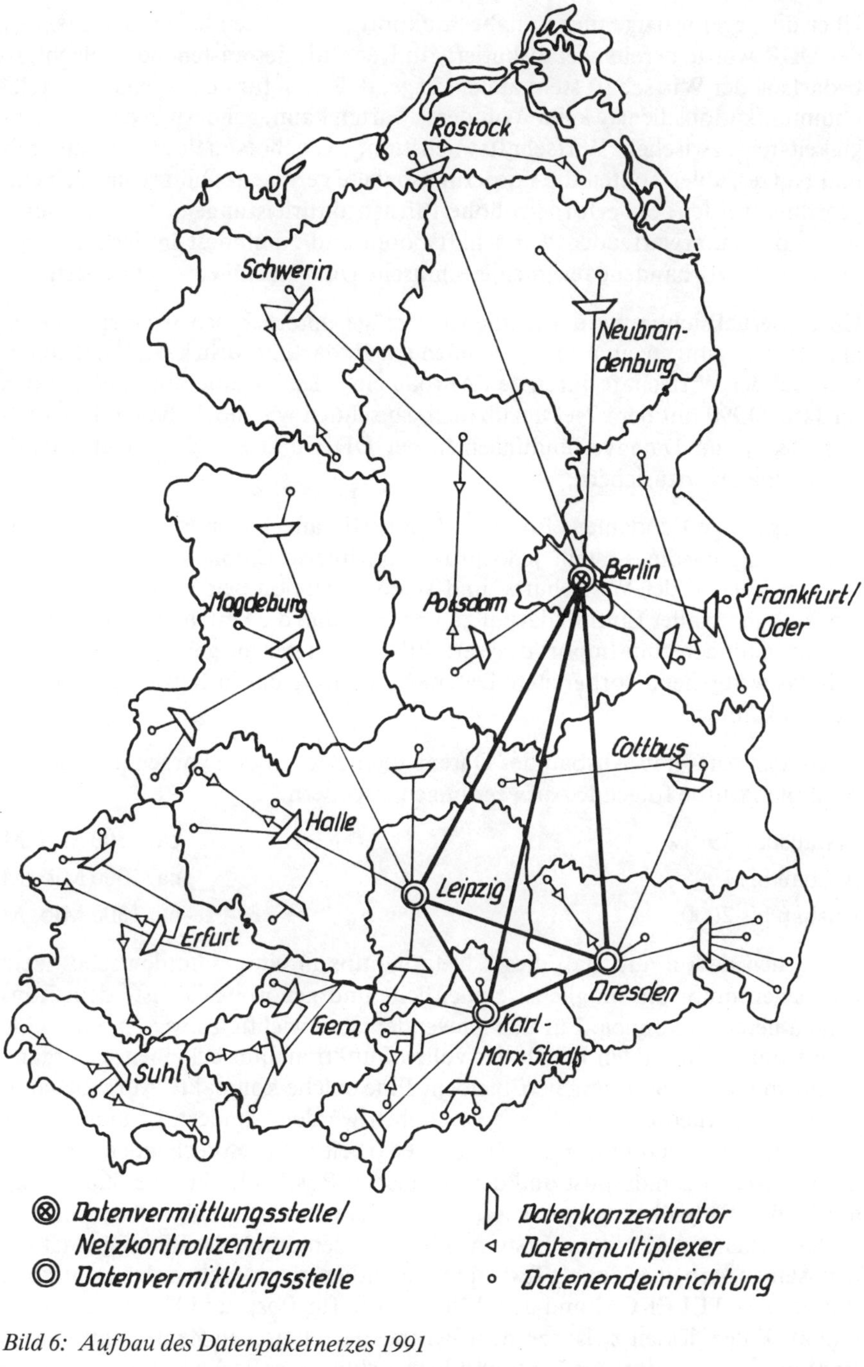

Bild 6: Aufbau des Datenpaketnetzes 1991

Über die gegenwärtige und in naher Zukunft zu erwartende Wirtschaftskraft der DDR wurde bereits viel diskutiert. In Kenntnis des anstehenden Nachholbedarfs in der Wirtschaft steht außer Frage, daß man für den Ausbau der Telekommunikationsdienste keine Wunder erwarten kann, sondern in dem Abhängigkeitsfeld zwischen Wirtschaftswachstum, Angebotsqualität, Gerätepreis und Nutzerzahlen sollten die Forderungspakete gerade deshalb realistisch eingeordnet werden. Sie erfordern hohe Infrastrukturleistungen, d. h., sie müssen in den zu erwartenden Wirtschaftsboom und zumindest in der Anfangsphase in die vorhandene fernmeldetechnische Umwelt eingeordnet werden.

Unter Berücksichtigung der zeitlichen Bezüge unternehmen wir gegenwärtig alle Anstrengungen, um den zunehmenden Erwartungsdruck der Öffentlichkeit und der Wirtschaft durch den Aufbau eines Datenfestleitungsnetzes noch im Jahre 1990 mit dem Ziel abzubauen, so schnell wie möglich den dringendsten Bedarf an Datenverbindungen in der DDR und zwischen beiden deutschen Staaten abzusichern.

Das tragfähige Fundament für einen langfristig angelegten und flexiblen Datenübertragungsdienst stellt jedoch das konzipierte Datenpaketnetz dar. Bereits im Vorfeld der Wirtschafts- und Währungsunion beider deutscher Staaten ist deshalb aller Einfluß darauf zu nehmen, daß die bestehenden COCOM-Beschränkungen zum Import des Vermittlungssystems aufgehoben werden, so daß das weitgehend vorbereitete Datennetz unmittelbar in Betrieb genommen werden kann.

Allein der Auf- und Ausbau des Datenpaketnetzes in den vorgenannten Proportionen würde folgende Aufwendungen erfordern:

Erstausbau 1991	ca. 500 Mio. M
Ausbau bis 1995	ca. 1000 Mio. M
Ausbau bis 2000	ca. 1300 Mio. M

Wir gehen davon aus, daß dieses Netz nahtlos in ein gesamtdeutsches Netz übergehen muß, um möglichst einheitliche und genormte Dienste dem Kunden anbieten zu können. Für den Anwender ist es wichtig zu wissen, daß seine Investitionen durch den Erhalt der vollen Funktionalität bei einem Übergang zu einem Gesamtnetz gesichert bleiben. Eine solche kompakte Aufgabe kann nicht in eine theoretische „Ecke“ geschoben werden, sondern ist unmittelbar durch eine enge und praktische Zusammenarbeit der entsprechenden Gremien der Deutschen Bundespost und der Deutschen Post zu lösen. Die Stärke liegt auf beiden Seiten bei der wissenschaftlich-technischen Intelligenz und in dem vorhandenen guten Willen. Erste Ansätze wurden durch die Bildung einer gemeinsamen Arbeitsgruppe „Text- und Datendienste“ zwischen der Deutschen Bundespost TELEKOM und dem Ministerium für Post- und Fernmeldewesen und als Folge dessen zwischen dem Fernmeldetechnischen Zentralamt Darmstadt und dem Institut für Post- und Fernmeldewesen Berlin zur Abstimmung von Fragen zum Daten- und Btx-Dienst gemacht.

Ohne Zweifel sollten dabei die großen Erfahrungen und der Vorlauf der Deutschen Bundespost TELEKOM durch die umfassende Abstimmung oder Verwendung technischer, technologischer, betrieblicher und organisatorischer Verfahren genutzt werden. Angesichts der positiven Seiten der Zusammenarbeit sollte man gleichwohl die vor uns liegenden technischen und organisatorischen Aufgaben nicht unterschätzen. Aus der Zielstellung eines einheitlichen Gesamtnetzes bietet sich eine Palette von Abstimmungs- und Mitwirkungshandlungen an. Als Stichworte werden hier nur die Bildung neuer Länderstrukturen in der DDR, die Anpassung der Systeme und Verfahren bei einem vernünftigen Aufwand, die Gebührenstrukturen, die Zulassung von Endgeräten und die Öffentlichkeitsarbeit genannt. Gemeinsame Überlegungen dazu können durchaus produktiv und nützlich sein. Unter dem Zeitdruck, unter dem wir stehen, dürfte der Erfolg weniger in einer ausgefeilten Methodik als in einer koordinierten Vorgehensweise bei der DBP TELEKOM und der Deutschen Post liegen.

Zusammenfassend möchte ich feststellen, daß die Deutsche Post bezüglich des Aufbaues eines leistungsfähigen Datenübertragungsdienstes, der gleichzeitig die Grundlage für weitere Teledienste darstellt, konzeptionell gut vorbereitet war und ist. In enger Zusammenarbeit mit der DBP TELEKOM ist unter den neuen politischen und wirtschaftlichen Bedingungen der nahtlose Übergang zu einheitlichen Netzen und Diensten abzustimmen und zu realisieren. Die Mitarbeiter der Deutschen Post sehen dies als eine große Herausforderung an, wenn unser Wirtschaftszweig im Rahmen einer modernen Industriegesellschaft bestehen will.

Nebenstellentechnik — Stand und Aufgaben in der DDR

Heinz Stürz

Dieser Beitrag soll auf den Stand und mögliche Perspektiven des Anschlußleitungsbereiches des Fernmeldenetzes der DDR eingehen und insbesondere die Probleme der Nebenstellenanlagen hervorheben. Es soll nicht Gegenstand der Ausführungen sein, die technisch rasante internationale Entwicklung in diesem Bereich darzustellen oder zu bewerten.

Um die aktuellen Probleme und Aufgaben der fernmeldetechnischen Versorgung der Bevölkerung und Wirtschaft zu verstehen, ist ein Blick auf die Gesamtsituation und die Einordnung im internationalen Maßstab dienlich. Die Tabelle 1 bzw. das Bild 2 geben die Anzahl der Fernsprechanschlüsse je 100 Einwohner ausgewählter europäischer Staaten wieder.

Staat	Hauptanschlüsse je 100 Einwohner
Schweden	65,7
Schweiz	53,5
BRD	45,1
Frankreich	44,0
Großbritannien	40,9
Österreich	38,4
Italien	33,3
DDR	10,2
Ungarn	7,7
Polen	7,4

Tabelle 1: Hauptanschlußdichte ausgewählter europäischer Staaten (Stand: 1988)

Das Bild 3 zeigt den entsprechenden Vergleich bezüglich der Nebenstellendichte, wobei zu beachten ist, daß die internationale statistische Erfassung letztmalig 1984 durchgeführt wurde.

Es ist klar zu erkennen, daß die europäischen RGW(Rat für gegenseitige Wirtschaftshilfe)-Staaten weit zurückliegen und damit die Wirtschaft nicht über die notwendige fernmeldetechnische Versorgung verfügen. Dies trifft in vollem Maße auch auf die Verhältnisse in der DDR zu. Natürlich ist zu beachten, daß der Regierung, den Ministerien, Sicherheitsorganen u. a. ein mit großem Aufwand realisiertes Sondernetz zur Verfügung stand.

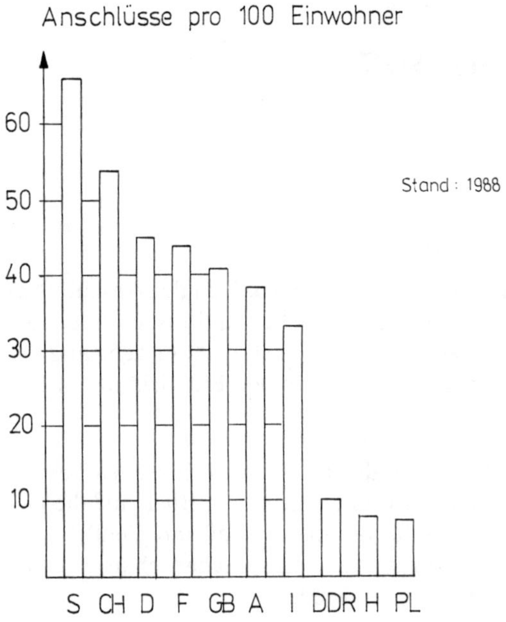

Bild 2:
Hauptanschlußdichte ausgewählter europäischer Staaten

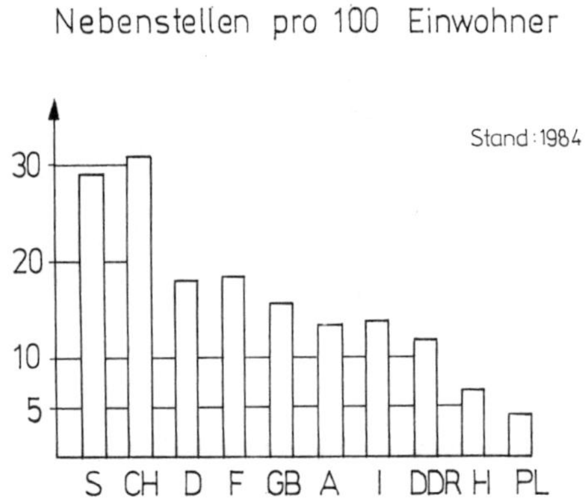

Bild 3:
Nebenstellendichte ausgewählter europäischer Staaten

Diese Dienststellen merkten nichts von den Behinderungen, die der Wirtschaft und der Bevölkerung auferlegt waren. Die vermittlungstechnische Basis für dieses Sondernetz stellte eine Spezialentwicklung dar, die im wesentlichen auf dem Koordinatenschaltersystem ATZ 65 aufbaute. Die Betriebe versuchten selbstverständlich im Rahmen ihrer finanziellen Möglichkeiten und der Bereitstellung von Einrichtungen durch die nachrichtentechnische Industrie im Nebenstellenbereich die Zahl ihrer Anschlüsse zu erhöhen und damit die innerbetriebliche Versorgung zu sichern. Das führte zu dem Ergebnis, daß in der DDR die Anschlußdichte im Nebenstellenbereich größer ist als im öffentlichen Netz (Bild 4). Ein Blick auf Ungarn und Polen zeigt, daß auch dort ähnliche „Gesetze“ wirkten.

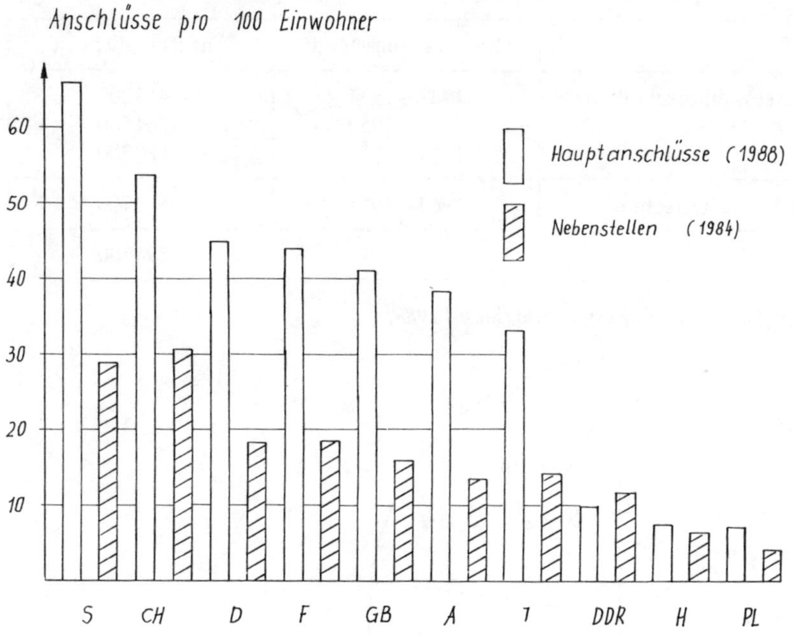

Bild 4: Vergleich: Hauptanschluß- und Nebenstellendichte

Diesen Stand der fernmeldetechnischen Versorgung darf man jedoch nicht gleichsetzen mit der Leistungsfähigkeit der nachrichtentechnischen Industrie. Mit ihrer Produktionskapazität, die einen Stand von ca. 500000 Anschlußeinheiten pro Jahr erreichte, wäre eine international gesehen ausreichende Versorgung sowohl bezüglich der Hauptanschlüsse als auch der Nebenstellen möglich gewesen.

Zentrale Festlegungen bezüglich des Exportes, die Realisierung des erwähnten Sondernetzes u. ä. verhinderten jedoch den gewünschten Ausbau des Netzes der Deutschen Post (DP). Die vermittlungstechnischen Systeme der nachrichtentechnischen Industrie ließen sich jahrelang gut verkaufen. Das zeigt als Beispiel die Tatsache, daß bereits vor einigen Jahren 1 Mio. Anschlußeinheiten an Griechenland verkauft wurden. Dieser Widerspruch zwischen grundsätzlicher Leistungsfähigkeit der Industrie und dem Stand der fernmeldetechnischen Versorgung in der DDR ist nur zu verstehen, wenn man die bisherigen Bedingungen der zentralistisch geleiteten Wirtschaft der DDR beachtet.

Ähnlich ist auch die Situation, wenn man den technischen Zustand bzw. die Altersstruktur der Einrichtungen betrachtet. Die Tabelle 5 gibt eine Übersicht über die eingesetzte Technik in den Ortsvermittlungsstellen. Das Bild 6 zeigt die Verteilung der Anschlußmöglichkeiten bezogen auf die unterschiedlichen Systeme.

Art	Entwicklungsstand	Anrufmöglichkeit
Hebdrehwählertechnik	1922—1934 1950 1953—1958	415200 764500 110300
Koord.-schaltertechnik	1963—1965	504700
Insges.		1794700

Tabelle 5: Ortsvermittlungssysteme (Stand 1988)

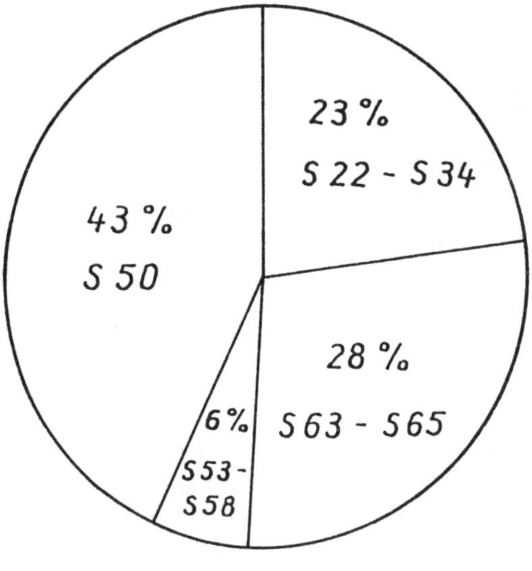

Bild 6: Prozentuale Verteilung der Fernsprechortsvermittlungssysteme

Bezüglich des Anschlußleitungsnetzes ist aber zu beachten, daß die Anzahl der Anschlußmöglichkeiten zum großen Teil über Zweieranschlüsse realisiert wurde. Der Stand an Zweieranschlüssen am Gesamtumfang der Teilnehmer beträgt über 65%. So sind z. B. Handwerksmeister mit hohem Verkehrsaufkommen und einer 1/5-Nebenstellenanlage als Zweier geschaltet.

Aus dieser Situation heraus sind auch die in den letzten Jahren zum Einsatz gekommenen Viereranschlüsse zu verstehen. Ihr Einsatz ist jedoch noch nicht sehr verbreitet. Eine weitere Notlösung sind die Zeitgemeinschaftsanschlüsse. Das sind Hauptanschlüsse, die nur zwischen 17.00 und 6.00 Uhr in beiden Richtungen voll funktionsfähig sind (ankommend ganztägig). Man muß den Einfallsreichtum der Ingenieure der DP anerkennen, sie haben aus der Not eine Tugend gemacht.

Die Analyse soll deutlich machen: im Anschlußleitungsbereich — vom Anschlußkabelnetz bis zur Anschaltmöglichkeit in den Vermittlungsstellen — ist alles voll. Daraus ergeben sich beträchtliche Probleme und Aufgaben bei der Umstellung auf digitale Vermittlungsstellen. Allein durch den Wegfall der Zweieranschlüsse ist fast mit einer Verdoppelung der Anschlußleitungen zu rechnen. Ich glaube, dieses Problem ist schwieriger zu lösen als die Substitution veralteter elektromechanischer Systeme durch neue digitale. Es ergeben sich jedoch große Möglichkeiten, wenn in den gut ausgebauten Kanalnetzen die überwiegend überalterten niederpaarigen Kabel durch hochpaarige ersetzt werden. Wie ist nun die Situation auf dem Nebenstellensektor, der ebenfalls in diesem Bereich angeordnet ist?

Tabelle 7 beinhaltet die gebräuchlichsten Nebenstellenanlagen und ihre Anschlußdaten.

Typ	HAl	NS	Sprechaderndurchschaltung
R 1/1	1	1	Relais
R 1/5	1	5	Relais
TE 1/5	1	5	Schutzrohrkontakt
PK 2/9	2	9	Relais
W 2/10	2	10	Drehwähler
W 3/15	3	15	Drehwähler
W 5/25	5	25	Drehwähler
P 10	3	9	Relais
P 40	5	20/30/40	Koordinatenschalter
P 50	8	50	Koordinatenschalter
P 200	7	100	Koordinatenschalter
	14	150	
	21	200	
MSN 70	7	70	Koordinatenschalter
SK 350	7	70	Wähler
	20	200	
ESK 400 E	20—40	200—400	ESK-Relais
GWN ab	5	50	Wähler
ATZ 65 N ab	5	50	Koordinatenschalter

Tabelle 7: Gebräuchliche Nebenstellenanlagen

Die Übersicht spiegelt auch die vor Jahren abgestimmten Kooperationsbeziehungen im RGW wider. Die Anlagen P10—P200 (Pentacross, Bell-Antwerpen-Lizenz) und ESK 400 E (Siemens-Lizenz) wurden aus Rumänien bzw. Bulgarien importiert. Das hat auch dazu geführt, daß jahrelang in dem notwendigen breiten Spektrum keine eigenen Entwicklungen durchgeführt wurden. Aus der DDR-Produktion stehen die Anlagen MSN70 und ATZ65 zur Verfügung.

Die Tabelle 8 gibt eine Übersicht der Nebenstellenanlagen, geordnet nach der Amtsleitungszahl (1 Al und größer 1 Al). Alle Nebenstellenanlagen sind Eigentum der Teilnehmer. Der Typ 1 wird durch die DP, der Typ II wird durch die Teilnehmer gewartet.

1 Al	71 258	Typ I (einschl. Reihenanl.)
	1 750	Typ II
	73 008	
>1 Al	29 500	Typ I
	7 756	Typ II
	37 256	
Gesamt:	110 264	
Typ I	Wartung DP	
Typ II	Wartung Teilnehmer	

Tabelle 8: Nebenstellenanlagen der DDR (Stand 1988)

Die 29 500 Nebenstellenanlagen vom Typ 1 mit mehr als einer Amtsleitung sind in der Tabelle 9 hinsichtlich ihrer Größe und Typ genauer untersetzt.

Größe	Typ	Anzahl
	W	7 517
	PK	8 824
5—20 N	SK 350 4—20 N	66
	P 10	2 642
	Eigengewart. Anl.	1 750
		20 799
	SK 350	2 466
	UHS 60	239
	MNS 70	3 515
	SK 109	115
-70 N	P 40/P50	600
	Sonstige	22
	Eigengewart. Anl.	1 136
		8 093
	GWN	2 416
	ENS	55
	P 200	463
>70 N	ESK	158
	ATZ 65 N	29
	Eigengewart. Anl.	4 870
		7 991

Tabelle 9: Aufgliederung der Nebenstellenanlagen (Stand 1988)

Moderne elektronische Nebenstellenanlagen westlicher Produktion — jedoch weiterhin mit analoger Durchschaltung — sind nur in sehr geringer Stückzahl zum Einsatz gekommen.

So kann man hinsichtlich der eingesetzten Technik feststellen, daß sie einerseits eine Überalterung aufweist und andererseits keinen Anforderungen moderner Bürokommunikation standhält.

Was hat die DDR-Industrie getan? Welchen Stand hatte sie zum Zeitpunkt der Wende erreicht und was waren die Entwicklungsabsichten?

In den letzten Jahren wurden beträchtliche Anstrengungen auf dem Gebiet der Entwicklung digitaler Vermittlungssysteme unternommen. Das betrifft sowohl die öffentliche Technik als auch den Nebenstellenbereich.

Das führte dazu, daß seit 1989 zwei Typen von Nebenstellenanlagen zur Verfügung stehen. (Tabelle 10)

Typ	Nebenstellen	Amtsleitungen
NZ 96 D	96	16
N 400 D/ 96	64	8
/128	128	16
/256	256	32
/384	384	48

Tabelle 10: Digitale Nebenstellenanlagen der DDR-Industrie

Die Anlage NZ 96 wurde aus der digitalen Ortszentrale OZ 100 D abgeleitet und wird im Betrieb Nachrichtenelektronik Leipzig produziert. Die Anlage NZ 400 besitzt ein modernes modulares Konzept und wird im Fernmeldewerk Neustadt-Glewe hergestellt. Beide Systeme gestatten nur die Anschaltung analoger Teilnehmer. Ergänzende Entwicklungen für einen breiteren Einsatz im Sinne moderner Bürokommunikation waren teilweise vorgesehen, jedoch noch nicht abgeschlossen. Die gefertigten Stückzahlen sind gering. Größere Einsatzerfahrungen liegen nicht vor, so daß davon ausgegangen werden kann, daß beide Systeme künftig keine Bedeutung haben werden. Dennoch ist mit diesen Systemen die Tatsache zu verzeichnen, daß ein auf dem Gebiet der Hard- und Software-Entwicklung qualifizierter Mitarbeiterstamm entstanden ist, der im wesentlichen in den Bereichen NEL (Nachrichtenelektronik Leipzig) und ZFTN (Zentrum für Forschung und Technologie Nachrichtenelektronik Berlin) konzentriert ist. Wie könnte es sich nun in den nächsten Jahren weiterentwickeln?

Zuerst ein Versuch zur möglichen quantitativen Entwicklung.

Die Tabelle 11 zeigt die Entwicklung der Gesamtanzahl der Nebenstellenanlagen der letzten Jahrzehnte in der DDR unabhängig von ihrer Größe. Die durchschnittliche Wachstumsrate liegt bei 2 %.

1962	1967	1984	1988
68073	73417	93614	110264

Tabelle 11: Entwicklung der Anzahl der Nebenstellenanlagen

Aus der Übersicht bis 1984 (Tabelle 12) erkennt man die höhere Wachstumsrate (ca. 4 %) bei den größeren Anlagen gegenüber den 1,4 % der Anlagen bis 100 Nebenstellen.

Typ	1967	1984	
1/5—2/10	60556	74112	
3/15—5/25	7270	8232	
5/30—10/100	3702	7647	
Σ_1	71528	89991	$W_{kl} = 1{,}4$ %
101—300 N	1453	2810	
301—500 N	266	480	
501—1000 N	122	216	
>1000 N	48	117	
Σ_2	1889	3623	$W_{gr} = 3{,}9$ %
$\Sigma_1 + \Sigma_2$	73417	93614	

Tabelle 12: Entwicklung der Anzahl von Nebenstellenanlagen unterschiedlicher Größe

Hier spiegelt sich die wirtschaftliche Entwicklung wider, die durch Unterentwicklung und Stagnation mittelständischer Betriebe und durch Konzentration und Herausbildung von Großbetrieben bzw. deren bevorzugte Behandlung gekennzeichnet war.

Die Unterentwicklung der mittelständischen Betriebe zeigt die Tabelle 13. Aus dem statistischen Jahrbuch 1989 wurde der Bereich der Handwerker, Genossenschaften (PGH Produktionsgenossenschaften des Handwerks) und Landwirtschaft (LPG Landwirtschaftliche Produktionsgenossenschaften) übernommen. Die Entwicklung der privaten Handwerksbetriebe war u. a. durch Gesetze über die maximale Anzahl von Beschäftigten stark behindert.

Für die künftige Entwicklung wäre es falsch, nur diese Zahlen bzw. bisherige Wachstumsrate zugrunde zu legen.

	Betriebe	Berufstätige je Betrieb
Handwerker	82234	3,2
Genossenschaften (PGH)	2719	61,0
Landwirtschaft (LPG)	3855	238,0

Tabelle 13: Ausgewählte nichtstaatliche Betriebe (Statistisches Jahrbuch DDR 1989)

Die neuen wirtschaftspolitischen Bedingungen werden eine stürmische Entwicklung des Mittelstandes mit sich bringen. Tausende von Anträgen zur Firmenneugründung liegen vor. Eine Reihe von Großbetrieben gliedert sich in kleinere Struktureinheiten auf. Selbständige Betriebe spalten sich ab. Völlig unterentwickelte Branchen werden sich stürmisch entwickeln (Rechtsanwaltsbüros, Arztpraxen u. a.). Ein Vergleich soll das verdeutlichen: Frankfurt/Main hat 3000 Rechtsanwaltsbüros, Dresden dagegen ganze 30. Die Problematik von Prognosen ist aus der Tabelle 14 (Quelle SEL) zu erkennen.

	Stand '84	Prognose '89	Stand '89
Fernsprecher HA	23000000	25000000	28000000
Fernsprecher PABX	9000000	11000000	11000000
Telex	160000	170000	170000
Teletex	7600	72000	18000
Bildschirmtext	35000	1750000	150000
Telekopierer	22000	50000	200000

Tabelle 14: Ausgewählte Dienste Prognose-Stand

Man sieht, daß in den etablierten Bereichen Fernsprechen und Telex prognostische Aussagen ziemlich sicher getroffen werden können. Bei neuen Diensten kann man jedoch sehr danebenliegen.

Was den interessierenden Bereich der Nebenstellentechnik angeht, ergibt sich eine Wachstumsrate von 4,1 %.

Bezüglich des Gebietes der DDR kann man bei Berücksichtigung der niedrigen Ausgangssituation und der verstärkten Neugründung mittelständischer Betriebe von überdurchschnittlichen Wachstumsraten ausgehen. Hinsichtlich der Anzahl benötigter Nebenstellenanlagen würde bei einer Wachstumsrate von 10 % sich das 1,6fache, bei 15 % das 2fache bis 1995 ergeben. Bei einer Gesamtanzahl von 110000 Anlagen würden 66000 bis 111000 neue Anlagen erforderlich sein. Dazu kommt noch eine beträchtliche Anzahl zu erneuernder Einrichtungen.

Setzt man dafür an, daß dies für 25 % der bestehenden Einrichtungen erfolgen wird, so entsteht ein Gesamtbedarf von ca. 93 500 bis 137 500 neuer Anlagen.

In einem Beitrag, anläßlich eines Seminars zur Bürokommunikation in Dresden, kam Prof. Kleinau zu ähnlichen Einschätzungen. Soweit zur möglichen quantitativen Einschätzung. Noch einige Bemerkungen zur qualitativen Seite. Vorrangig sind die Ortsnetze in Ordnung zu bringen und den zu erwartenden Zuwachsraten und dem Verkehrsaufkommen der Haupt- und Nebenstellenanschlüsse anzupassen. Die Situation im Anschlußleitungsnetz wurde bereits geschildert.

Vorrang hat bestimmt das Fernsprechen. Daraus ergibt sich auch der gegenwärtig häufig getätigte Ausspruch „Erst mal das Netz in Ordnung bringen und später dann ans ISDN rangehen“.

Beachtet man jedoch die ehrgeizigen Zuwachsraten der DP (es sind bis 1995/96 Zielvorstellungen von 6 Mio. neuzuerrichtender Fernsprechanschlüsse im Gespräch: Bestand 1990: 1,8 Mio.), zugegebenermaßen mit Unsicherheiten verbunden, so stellt man fest, daß in wenigen Jahren ein beträchtliches — prinzipiell ISDN-fähiges — Digitalnetz existieren wird.

Diese Entwicklung sollte bei der Neugestaltung des Teilnehmerbereiches berücksichtigt werden und zwar durch ein entsprechend frühzeitiges Anschalten der Nebenstellen an das digitale Netz und durch entsprechende Nutzung der modernen Mittel zur Büroautomatisierung (Inhouse communication). Wenn wir schon unsere Städte und Gemeinden wegen des dringenden Bedarfs an Anschlußleitungen umgraben müssen, sollte der eventuelle Einsatz der Lichtwellenleitertechnik gründlich durchdacht werden. Auf diesem Gebiet muß man nicht unbedingt den gleichen Weg wie in der Bundesrepublik mit ihren gut ausgebauten Ortsnetzen gehen.

Es liegt ein enormes Interesse der verschiedensten Nutzer an neuer leistungsfähiger Nebenstellentechnik vor.

Das kürzlich an der Hochschule für Verkehrswesen in Dresden durchgeführte Seminar „Büroautomatisierung“ hatte einen die Erwartungen weit übertreffenden Zuspruch: Mit ca. 100 Teilnehmern wurde gerechnet, angemeldet hatten sich dann 350, so daß wegen der Raumgröße ca. 100 Absagen erteilt werden mußten. Dabei ist zu beachten, daß nur wenige Wochen zur Vorbereitung zur Verfügung standen.

Das Seminar zeigte jedoch auch, daß ein großer Nachholbedarf bei den Nutzern im Kenntnisstand moderner Technik und perspektivischer Entwicklung vorhanden ist.

Da sich die Hochschule für Verkehrswesen Dresden dem Gedanken der Förderung und Entwicklung des Nachrichtenwesens besonders verpflichtet fühlt, werden ähnliche Seminare auch künftig durchgeführt.

Aus diesem Grunde ist beabsichtigt, ein Zentrum einzurichten, in dem nach Möglichkeit an konkreten Anlagen Konsultationen, Beratungen, Qualifizierungen durchgeführt werden.

Gleichzeitig sollen auch Impulse für die studentische Ausbildung gegeben werden. Dabei wird auf eine förderliche Unterstützung sowohl durch die neuen deutsch-deutschen Gemeinschaftsunternehmen der Nachrichtentechnik auf dem Gebiet der jetzigen DDR als auch durch traditionelle Firmen der BRD gehofft.

Erste Gespräche mit den Firmen zeigen, daß dies ein möglicher Schritt in die richtige Richtung sein kann zum Wohle der Förderung der Wirtschaft und der Befriedigung der Bedürfnisse der Menschen nach verbesserter Kommunikation.

Die Nutzung der Telekommunikation im Handwerk — Ein Anwenderbericht —

Johannes Reuß

1. Organisationsstrukturen der Wirtschaftsgruppe Handwerk

Nutzungsformen und -arten neuer Technologien kann man nur richtig beurteilen, wenn man sich auch ein einigermaßen passendes Bild über die rechtlichen und wirtschaftlichen Strukturen der Nutzer selbst oder derjenigen, die es werden sollen, machen kann. Aus diesem Grund erscheint es zweckmäßig, den eigentlichen Ausführungen über den Einsatz von Telekommunikationseinrichtungen einige Erläuterungen über die Wirtschaftsgruppe Handwerk vorausgehen zu lassen.

1.1 Gesetzliche Grundlage

Rechtsgrundlage der Handwerkswirtschaft ist **„Das Gesetz zur Ordnung des Handwerks“**, kurz die Handwerksordnung vom 28. Dezember 1965.

Mit diesem Gesetz wurde nach Jahren einer schrankenlosen Gewerbefreiheit wieder eine einheitliche gesetzliche Grundlage für das gesamte deutsche Handwerk geschaffen.

Wesentliche Eckpfeiler dieses Gesetzeswerkes sind:
- die gewerberechtliche Sicherung des handwerklichen Befähigungsnachweises
- die Festlegung des Umfangs der Handwerkerwirtschaft in 125 Berufe, die handwerksmäßig, und 40 Berufe, die handwerksähnlich betrieben werden können
- die Anerkennung der handwerklichen Berufsaus- und fortbildung
- die Neugestaltung der Organisation des Handwerks mit ihren tragenden Grundformen
  - den Handwerkskammern und
  - den Handwerksinnungen und Fachverbänden.

1.2 Gewerbliche Unternehmen

Handwerksbetrieb ist nach der Handwerksordnung ein Gewerbebetrieb, wenn er handwerksmäßig betrieben wird und vollständig oder im wesentlichen Tätigkeiten eines der 165 Gewerbe umfaßt, die in den Positivlisten der Anlagen A und B zum Gesetz enthalten sind.

Enthalten sind in dieser Liste, wie bereits angeführt, 125 handwerkliche Berufsbilder und 40 Gewerbe, die handwerksähnlich betrieben werden können. Die handwerklichen Berufsbilder sind dabei in sieben Gruppen, und zwar

- Gruppe 1 — Bau- und Ausbaugewerbe
- Gruppe 2 — Metallgewerbe
- Gruppe 3 — Holzgewerbe
- Gruppe 4 — Bekleidungs-, Textil- und Ledergewerbe
- Gruppe 5 — Nahrungsmittelgewerbe
- Gruppe 6 — Gewerbe der Gesundheit- und Körperpflege sowie der chemischen Reinigung
- Gruppe 7 — Glas-, Papier-, keramisches und sonstiges Gewerbe

untergliedert.

Zu dieser Wirtschaftsgruppe Handwerk gehören in der Bundesrepublik Deutschland rund 600000 Betriebe. Das sind ca. 28 % aller mittelständischen Betriebe und 25 % aller Unternehmungen überhaupt.

In diesen Betrieben gibt es

4 Millionen Beschäftigte und
630000 Auszubildende.

Die durchschnittliche Beschäftigtenzahl liegt bei 6,6 Personen je Betrieb und der Anteil am Bruttosozialprodukt beträgt gegenwärtig etwa 9 %.

1.3 Organisationseinheiten der Wirtschaftsgruppe

Die Organisationseinheiten der Wirtschaftsgruppe Handwerk unterteilen sich in

- eine überfachliche Organisation, den Handwerkskammern, mit Pflichtmitgliedschaft und
- eine fachliche Organisation, den Innungen, mit freiwilliger Mitgliedschaft.

Aufgabe der Kammern ist es insbesondere, die Interessen des Handwerks zu fördern und für einen gerechten Ausgleich der einzelnen Handwerke und ihrer fachlichen Organisationen zu sorgen.

Den Innungen obliegt es, die gemeinsamen gewerblichen Interessen ihrer Mitglieder zu fördern. In ihnen können sich selbständige Handwerker des gleichen Handwerks eines bestimmten Bezirks zusammenschließen. Innungen eines Stadt- oder Landkreises bilden dabei die Kreishandwerkerschaft. Ein Landesverband ist dagegen ein vereinsrechtlicher Zusammenschluß gleicher Innungen im Bezirk eines Landes.

2. Das Anwenderprofil

2.1 Rechtsstrukturen und Eigentumsverhältnisse

Der eigentliche unmittelbare und mittelbare Anwender von Telekommunikationseinrichtungen, über deren Nutzungsformen im folgenden gesprochen werden soll, ist die ODAV Datenverarbeitung GmbH in Straubing.

Dieses Unternehmen wurde vor rund 20 Jahren gegründet. Alleiniger Gesellschafter ist die Handwerkskammer Niederbayern-Oberpfalz. Gründungszweck war und ist es, sowohl die Betriebe des Handwerks als auch die Organisationen in allen Formen der Informationsverarbeitung zu unterstützen.

2.2 Tätigkeitsfelder

Zur Erfüllung des Unternehmenszweckes betreibt die ODAV GmbH vier Geschäftsbereiche, und zwar

- eine Unternehmensberatung mit Schwerpunkt Informatik
- eine Softwareentwicklung
- ein Dialog-Servicerechenzentrum und
- ein Lehrinstitut für Informatik.

2.3 Technische Ausstattung

Das Dialog-Servicerechenzentrum der ODAV ist mit zwei Siemensrechnern, und zwar einem System 7580 und C40, ausgestattet. Beide Rechner verfügen zusammen über 64 MB internen Arbeitsspeicher.

Die Plattenkapazität beträgt 12 Gigabyte. Für die Datenkommunikation werden eigene Vorrechner eingesetzt. Die externen Anwender verfügen in der Regel über unintelligente Endgeräte, ergänzt durch Mehrplatzsysteme der Serien Siemens MX2/300/500 (Betriebssystem Sinix) und PCs unter dem Betriebssystem MSDOS.

Die Lehrsäle des Lehrinstituts sind teils mit mehrplatzfähigen Anlagen unter dem Betriebssystem Sinix-Unix, teils mit grafikfähigen MSDOS-Systemen ausgestattet.

2.4 Zielgruppen

Betreut werden von der ODAV GmbH sowohl

- die Betriebe des Handwerks als auch
- die Organisationseinheiten wie Kammern, Innungen, Kreishandwerkerschaften, Verbände.

So sind z. B. von 42 existenten Handwerkskammern im Bundesgebiet 22 unmittelbar im Dialog an das Rechenzentrum angeschlossen, während sechs weitere mit der Gesellschaft im Batchbetrieb in Verbindung mit Stapel-DFÜ zusammenarbeiten (Bild 1).

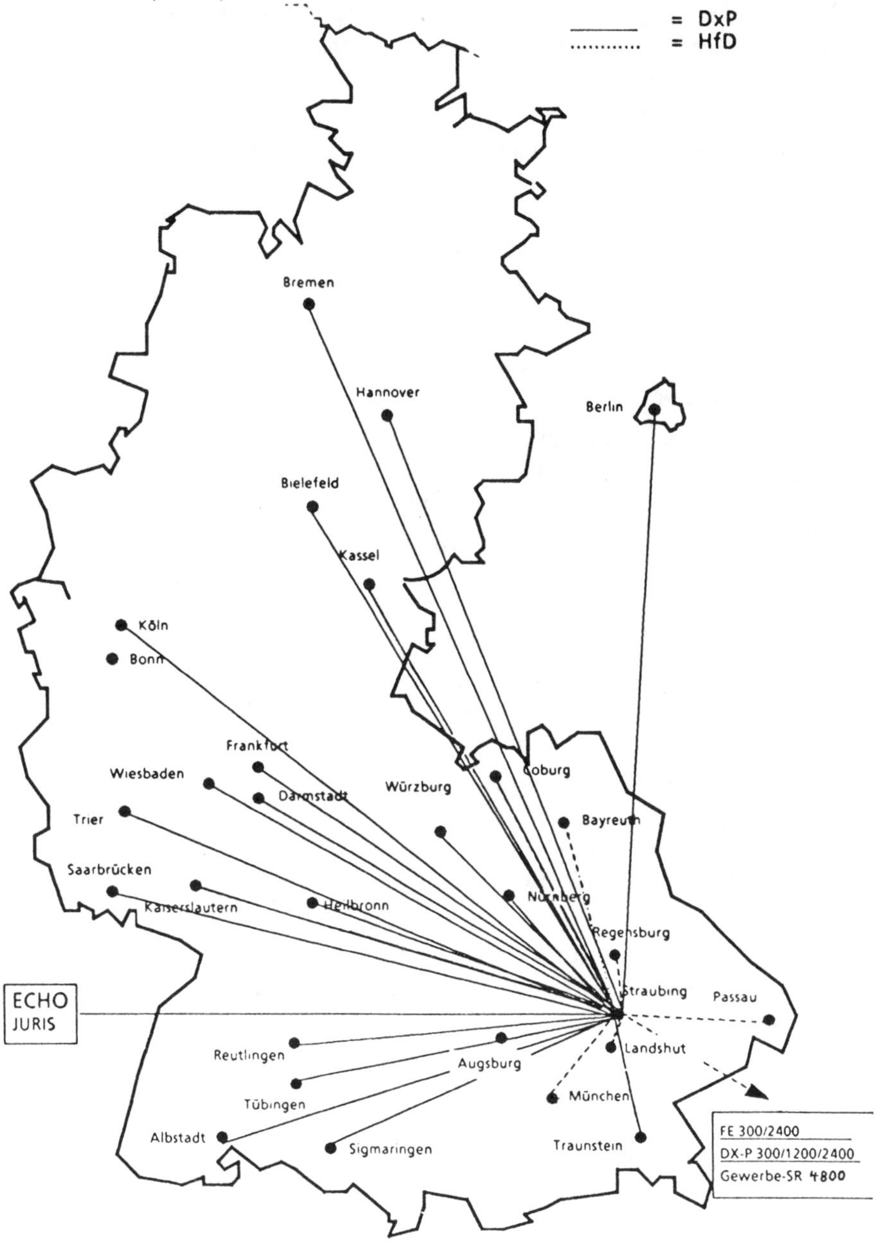

Bild 1: ODAV-Datennetz Stand: 04/1990

3. Nutzungsformen von Telekommunikationseinrichtungen im Handwerk

Nach diesen einführenden strukturellen Erläuterungen soll nun auf die eigentliche Themenstellung eingegangen und versucht werden, die Frage zu beantworten, wie diese Wirtschaftsgruppe Handwerk Telekommunikationseinrichtungen nutzt. Schwerpunktmäßig soll dabei unser spezifisches Anwenderproblem, die Datenübertragung, dargestellt werden, da sie auch die größte und interessanteste Problematik implementiert.

Telefonieren ist heute nicht nur bereits in gewerblichen Unternehmen, sondern auch in privaten Haushalten zur Selbstverständlichkeit geworden. Es gehört schlichtweg substantiell zum täglichen Leben und kann nur noch verfahrenstechnisch (z. B. durch Nummernspeicher, Wahlwiederholungseinrichtungen u. ä.) verfeinert werden.

Teletex hat sich nach unseren Beobachtungen im Handwerk nie richtig etablieren können. Die Handhabung war vor allem in Verbindung mit qualifizierten Textverarbeitungssystemen auch zu komplex. Zudem ist sehr frühzeitig ein Substitutionseffekt durch das einfachere Telefax eingetreten.

Dieses letztere scheint im Gewerbe langsam dem Selbstverständlichkeitsgrad des Telefonierens zuzustreben. Im Prinzip handelt es sich ja auch nur um ein technisch anders gestaltetes Endgerät für den gleichen Übertragungsvorgang.

3.1 Nutzung durch die Handwerkskammern

28 Handwerkskammern in der Bundesrepublik Deutschland lassen ihre sämtlichen administrativen Aufgaben bei der ODAV Datenverarbeitung GmbH in Straubing auf einem zentralen Rechnersystem abwickeln. Bei diesen Aufgaben handelt es sich global um

— die Führung der Handwerksrolle, also dem Mitgliederverzeichnis, mit der Durchführung der Beitragsveranlagung
— die Führung der Lehrlingsrolle mit der Abwicklung des Prüfungswesens
— die gesamte Kameralistik mit der Abrechnung der Berufsbildungszentren
— die gesamte Gebührenabrechnung aus allen Verwaltungsbereichen und
— die Steuerung der beruflichen Fortbildung.

Dabei sind rund 350000 Betriebs- und rund 450000 Lehrlingsstammdaten zu verwalten.

Die EDV-technische Speicherung erfolgt in relationaler Form mit entsprechend variablen Zugriffsmechanismen. Häufig wiederkehrende Arbeiten werden über speziell entwickelte Programmroutinen gesteuert.

Die Kammern als Systemnutzer verfügen sowohl über unintelligente Endgeräte als auch über intelligente Arbeitsplatz- oder Abteilungsrechner. Die Arbeitsplatzrechner laufen dabei unter dem Betriebssystem MSDOS, während die Abteilungsrechner unter UNIX arbeiten. Die intelligenten Endgeräte werden dabei fast ausschließlich für Textverarbeitungsprobleme eingesetzt, während die eigentlichen Datenbestände im Zentralrechner verwaltet und bei Bedarf mittels file transfer übertragen werden (Bild 2).

390	Datensichtstationen (Siemens 97XX, PC-Emulation 9750)
126	Drucker (Hardcopy, Bypaß, Systemdrucker)
23	Mehrplatzsysteme (SINIX) (SINIX MX 2, MX 300, MX 500)
39	PC (MS-DOS) (MSDOS, SINIX)

Bild 2: Angeschlossene Dialoggeräte ODA V-RZ
Stand: 04/1990

Darüber hinaus besteht zwischen dem Datenbankrechner der ODAV und Juris-Data Saarbrücken sowie dem ECHO-Host in Luxemburg eine Rechnerkoppelung, wodurch den Endnutzern zusätzlich die Leistungen dieser Datenbankrechner verfügbar gemacht werden.

Für die Kommunikation zwischen Datenbankrechner und Endbenutzer werden zu rund 80 % Datex-P-Leitungen im Synchronbetrieb verwendet. Der Zugang zum Datex-P-Netz erfolgt dabei durch sogenannte Protokollkonverter, die das Herstellerprotokoll in die X25 Schnittstelle und rückwärts umsetzen. Darüber hinaus werden vereinzelt auch noch HfD-Leitungen eingesetzt. Beispiele für solche Netzstrecken sind Straubing—Passau, Straubing-Regensburg, Straubing-Landshut oder auch Straubing—München. Es handelt sich im Vergleich zum gesamten Bundesgebiet vorwiegend um Anschlußpunkte im Nahbereich (Bilder 3, 4, 5).

Man kann aus dieser Konstellation ableiten, daß die Entscheidung für ein bestimmtes Netzkonzept von uns nicht aus technologischen, sondern aus rein ökonomischen Erwägungen getroffen wird. Dabei kann man als Faustregel annehmen:

— *je kürzer die Übertragungsstrecke und je kleiner das Mengengerüst des Anwenders, desto wirtschaftlicher ist eine HfD-Leitung zu betreiben und umgekehrt.*

Da die Übertragungsdichte darüber hinaus aber auch von der Arbeitsintensität des Anwenders bestimmt wird, kann ein endgültiges Netzkonzept nur nach einer längerfristigen Netzbeobachtung fixiert werden. Da in der Regel die Arbeitsintensität mit der Dauer der Kooperation zunimmt, werden deshalb schon frühzeitig Neukonfigurationen ins Auge gefaßt.

I. Handwerkskammer	Netz	DÜ-Geschw.
Augsburg Berlin Bielefeld Bremen Hannover Kassel Kaiserslautern Köln Nürnberg Saarbrücken Trier Wiesbaden Würzburg Reutlingen	**DxP**	**9600 bit/s**
Sigmaringen (GFA) Albstadt (AdH) Darmstadt Weiterstadt (BBZ) Frankfurt Heilbronn Traunstein	**DxP**	**4800 bit/s**
Kassel (BBZ) Kaiserslautern (BBZ) München Passau Regensburg	**HfD**	**9600 bit/s**
Bayreuth Landshut (BBZ) München (BBZ) Tübingen (BBZ)	**HfD**	**4800 bit/s**
II. Sonstige-Netzzugänge		
STRAMA DB-GOLEM DB-GOLEM u. DEMO Ferndiagnose	HfD DxP FE FE	4800 bit/s 300/1200/2400 bit/s 300 bit/s 1200/2400 bit/s

Bild 3: DFÜ-Hauptanschlüsse ODAV-RZ Stand: 04/1990

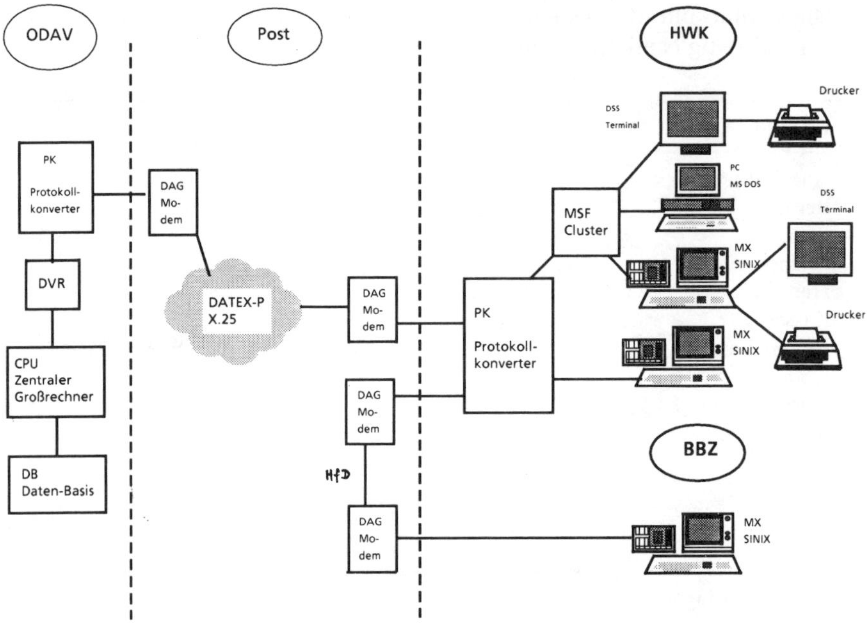

Bild 4: Dialoganschluß einer HWK mit DATEX-P (P10H) Stand: 04/1990

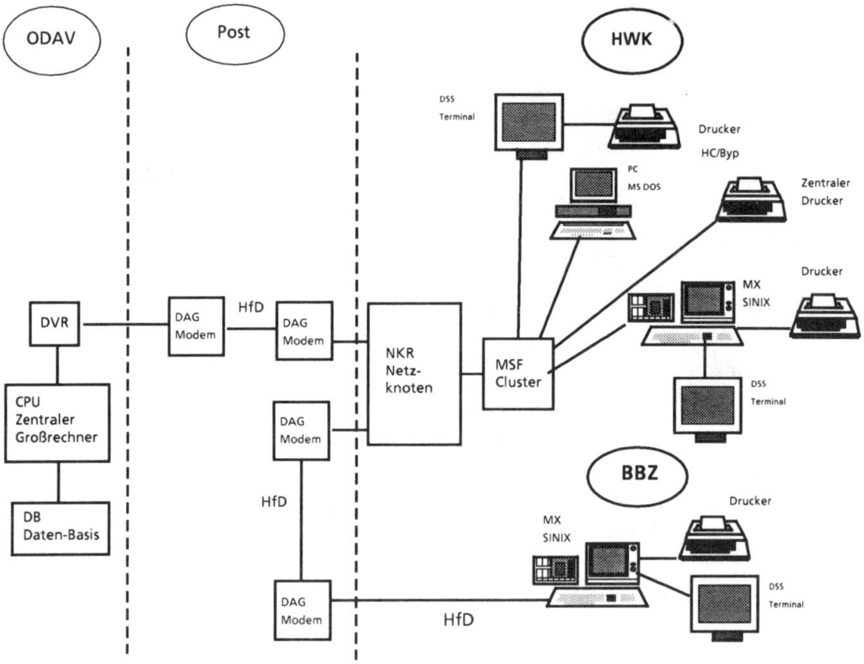

Bild 5: Dialoganschluß einer HWK mit Standleitung (HfD) Stand: 04/1990

3.2 Nutzung durch die fachliche Handwerksorganisation (Innungen und Betriebe)

Die fachlichen Handwerksorganisationen, also vorwiegend die Innungen und die Betriebe, arbeiten mit uns nicht im Servicedialog, sondern setzen fast ausschließlich eigene kleine Rechnersysteme ein. Dabei nutzen sie Datenübertragungseinrichtungen auf zwei Arten, und zwar in aktiver Form und in passiver Form.

Eine aktive Nutzungsform sehen wir, wenn der Nutzer von sich aus den Netzzugang aktiviert. Dies ist in der Praxis vor allem dann der Fall, wenn direkt oder über Informationsvermittler in öffentlich zugänglichen Informationsdatenbanken recherchiert wird oder auch, wenn sogenannte Verbundlösungen zwischen eigenen DV-Systemen und Servicerechenzentren genutzt werden. Netzzugänge und Nutzungsarten können dabei unterschiedlicher Natur sein (Bild 6).

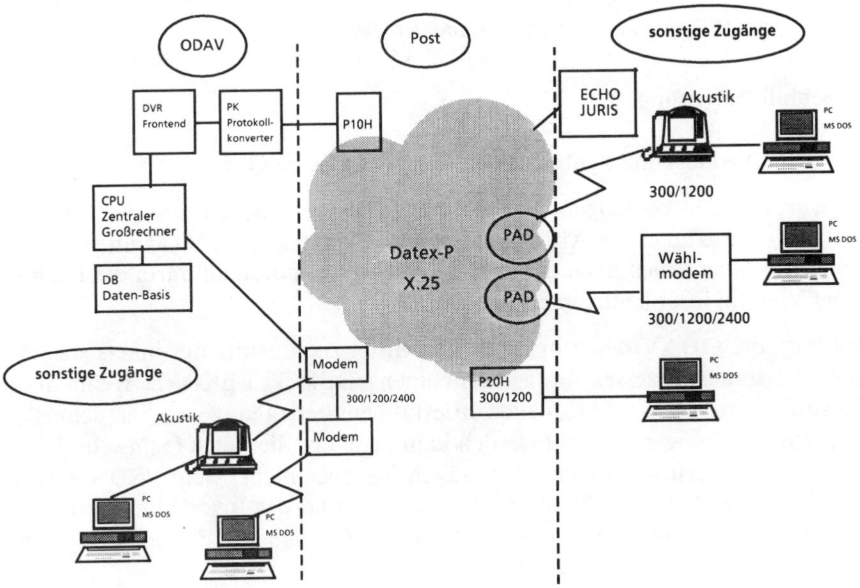

Bild 6: Zugangsmöglichkeiten zum ODAV-Host für Datenbankbenutzer Stand 04/1990

Bei der passiven Nutzungsform aktivieren dagegen wir als Servicedienstleistungsunternehmen das Netz. Meistens geschieht dies im Rahmen des sogenannten Teleservices, über den wir die kundeneigenen Anlagen betreuen, seltener im Rahmen des bereits erwähnten Verbundsystems zur Steuerung eines file transfers (Bild 7).

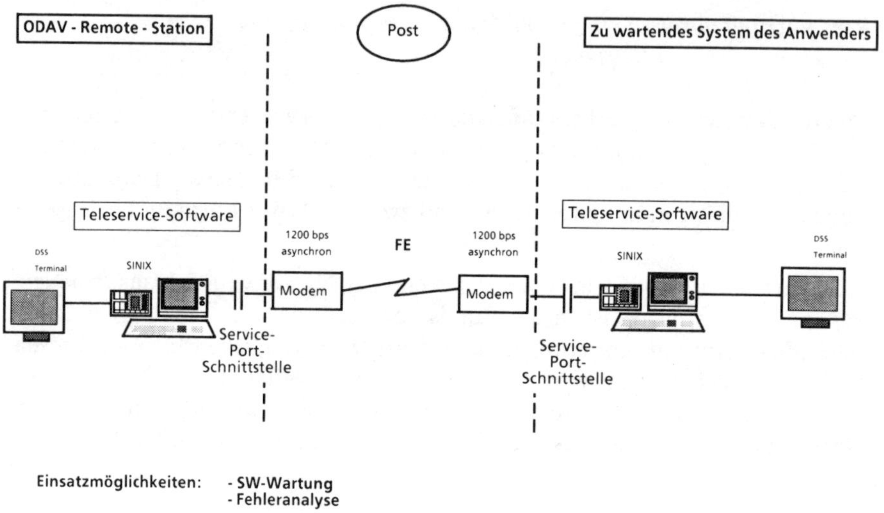

Bild 7: ODAV-Teleservice (SINIX) Stand: 04/1990

4. Schlußbemerkung

Die Schlußbemerkung richtet sich an die DBP TELEKOM.

Es wurde in der Vergangenheit viel über ISDN gesprochen und geschrieben. Dabei wurde es zu einem Art Wunderheilmittel hochgelobt. Viele mittelständische Anwender sehen nach unseren Beobachtungen deshalb darin die Lösung einer Vielzahl ihrer heutigen Probleme.

Wir von der ODAV sehen in ISDN ein Mittel zur Lösung des innerbetrieblichen Leistungsprozesses des Unternehmens DBP TELEKOM. Wenn diese Leistung mittels der traditionellen Brieftaubenübertragung sicherer, schneller und kostengünstiger erbracht werden kann, soll uns dies auch recht sein. Es ist Ihr betriebsinternes Problem. Nur sagen Sie bitte nicht, wenn ISDN einmal flächendeckend zur Verfügung steht und aufgrund der Investitionen für mittelständische Unternehmer aus Kostengründen nicht mehr nutzbar ist, die Wirtschaft hätte es unbedingt gewollt.

Telekommunikationsforschung im Rahmen der Europäischen Gemeinschaft — Status und Ausblick des Programms RACE —

Roland Hüber

Hintergrund

An der Schwelle des Jahres 2000 zählt der Dienstleistungssektor zu den wichtigsten Faktoren, die sowohl weltweite als auch europäische Entwicklungen maßgebend beeinflussen.

Das breite Spektrum von Möglichkeiten, die der Einsatz neuer Kommunikationstechnologien und integrierter Dienste bietet, wird weltweit intensiv geprüft. Die USA und Japan haben sich auf den Märkten für Informationstechnologie bzw. Unterhaltungselektronik eine führende Stellung erobert. Obwohl sich Europa traditionell im Bereich der Telekommunikation gut behauptet, ist seine Wettbewerbsfähigkeit mittlerweile in Frage gestellt, da außereuropäische Märkte bei der Einführung moderner Kommunikationstechnologien und Dienste mehr und mehr die Führung übernehmen. Angesichts ihres Einflusses auf sämtliche Wirtschafts- und Sozialbereiche bieten moderne Kommunikationsdienste nicht nur wirtschaftliche Vorteile, sie sind vielmehr Voraussetzung für die künftigen politischen, wirtschaftlichen und sozialen Optionen Europas.

Vor diesem Hintergrund arbeiten Netzbetreiber, Telematikindustrie und führende Anwender aus zahlreichen Wirtschaftszweigen gemeinsam an der Entwicklung fortgeschrittener Kommunikationstechnologien, die zur Bereitstellung kostengünstiger und innovativer Dienste erforderlich sind. Das Programm RACE hat ein in dieser Form einzigartiges Forum für die Zusammenarbeit und für die Konzertierung der Maßnahmen zur Entwicklung moderner Kommunikationsdienste in Europa geschaffen.

Das Programm RACE (*R*esearch and Development in *A*dvanced *C*ommunications technologies in *E*urope — Forschung und Entwicklung im Bereich der fortgeschrittenen Kommunikationstechnologien für Europa) wurde am 14. Dezember 1987 zunächst für die Dauer von fünf Jahren, beginnend am 1. Juni 1987, vom Rat verabschiedet. RACE hat zum Ziel, „die Wettbewerbsfähigkeit der Telekommunikationsindustrie, Netzbetreiber und Anbieter von Diensten zu fördern, um den Endbenutzern diejenigen Dienste zur Verfügung zu stellen, die zum Erhalt der internationalen Wettbewerbsfähigkeit der europäischen Wirtschaft und zur Schaffung von Arbeitsplätzen in der Gemeinschaft beitragen“.

Die Beteiligung am Programm RACE bietet den europäischen Telekommunikationsunternehmen und Diensteanbietern strategische Wettbewerbsvorteile. Industrie und Handel erwerben auf breiter Basis die Voraussetzungen für eine frühzeitige Wahrnehmung der Vorteile und Marktchancen, die sich aus der Einführung fortgeschrittener Kommunikationstechnologien in Europa ergeben können. Gleichzeitig trägt das Programm dazu bei, die Benutzer über die Wettbewerbsvorteile aufzuklären, die sich aus dem Einsatz neuer Kommunikationsdienste ableiten lassen. RACE nutzt die Vorteile der europaweiten Zusammenarbeit in der vorwettbewerblichen und pränormativen FuE, um innovative Systementwürfe auf den Weltmarkt zu bringen. Innerhalb Europas schafft das Programm die Voraussetzungen, um den gemeinsamen Bedarf an modernen Kommunikationsdiensten zu decken und unabhängig von der Größe oder Herkunft der beteiligten Organisationen den besten Lösungsansätzen den Weg zu bereiten. RACE entwickelt unter anderem alternative Einführungs- und Übergangsstrategien, die es den weniger entwickelten Regionen ermöglichen sollen, unter Umgehung von Zwischenstufen direkt an der Einführung der nächsten Generation zu arbeiten. Diese Strategien bauen auf eine Synergie mit der gemeinschaftlichen Strukturpolitik.

Die Bedeutung und der Beitrag zur Konsensbildung ergibt sich aus der Qualität und Breite der Beteiligung an der Durchführung und Orientierung von RACE-Arbeiten. 70 % der Teilnehmer sind kleine und mittlere Unternehmen oder Hochschulen, und 28 % sind führende Anwender. Ferner wirken sämtliche Netzbetreiber der Gemeinschaft und der EFTA-Länder an dem Programm mit. Somit kann RACE als ein weitgehend repräsentatives Forum der europäischen Zusammenarbeit in der Entwicklung der nächsten Generation der Telekomsysteme und -dienste gelten. RACE wird von der strikten Anwendung des Subsidiaritätsprinzips geprägt, das eine aus der Sache begründete Arbeitsteilung auf der Ebene der Mitgliedsstaaten und transnationaler Zusammenarbeit vorsieht. Dies bringt die Arbeiten auf Gemeinschaftsebene in direkten Zusammenhang mit solchen auf der Ebene der Mitgliedsstaaten. In diesem Sinne besteht auch eine direkte Zusammenarbeit mit ETSI (dem Europäischen Standardisierungsinstitut) und CEPT.

Im Rahmen der in der Entscheidung (2) vorgesehenen „Überprüfung nach 30 Monaten Laufzeit“ (11) wurden mehrere unabhängige Audits des Programms RACE durchgeführt, die die strategische Orientierung und technischen Leistungen sowie die Programmabwicklung beurteilt haben. Das Resultat der Überprüfung hat bestätigt, daß das RACE zugrunde liegende Konzept gültig und die Zusammenarbeit auf Gemeinschaftsebene erfolgreich ist.

Die in diesem Dokument beschriebenen Zielvorstellungen für die Weiterführung der Arbeiten im Bereich der Kommunikationstechnologien (des Programms RACE) basieren auf den Empfehlungen des strategischen Audits (6) sowie des Requirements Board „Telecom 2000“ (7).

Die technischen Inhalte sind das Resultat einer engen Zusammenarbeit mit den beteiligten Kreisen bei der Ermittlung der europäischen Anforderungen und Optionen im Bereich der modernen Kommunikationstechnologien (8).

Der Rat hat in seiner Entscheidung zum Rahmenprogramm für Forschungs- und Entwicklungszusammenarbeit 1990—94 die bisher für RACE bereitgestellten Mittel von 550 Millionen MECU um weitere 489 Millionen ECU aufgestockt. Die Verwendung dieser Mittel wird vom Rat und vom Europäischen Parlament im Rahmen der Entscheidung zum Spezifischen Programm für Telekommunikationstechnologie voraussichtlich noch vor Ende 1990 festgelegt. Bei einer durchschnittlichen Finanzbeteiligung von unter 50 % entsprechen diese Mittel einem Gesamtaufwand von etwa 7000 Mannjahren. Die nächste Überprüfung des Rahmenprogrammes wird 1992 stattfinden.

1. Einleitung

Die Aufgaben, die Europa auf dem Gebiet der Telekommunikation zu bewältigen hat, sind eng verbunden mit dem strukturellen Wandel des Weltwirtschaftssystems insgesamt und der damit zusammenhängenden zunehmenden Bedeutung der Informationsverarbeitung und Telekommunikation. Dieser strukturelle Wandel wird oft als Übergang zum Informationszeitalter[1] bezeichnet.

Information zählt neben Rohstoffen, Arbeitskraft, Kapital und Energie zu den wichtigsten Faktoren der Wirtschaft. Die Verwaltung und Verarbeitung von Informationen wird die künftige Entwicklung in Industrie und Wirtschaft maßgeblich beeinflussen und sich damit direkt und indirekt auch auf das tägliche Leben auswirken. Die Möglichkeiten, die sich aus der zunehmenden Verknüpfung von hochentwickelten EDV-Technologien und modernen Kommunikationsdiensten ergeben, schaffen einen in seinem vollen Ausmaß noch schwer vorstellbaren Freiraum für Innovation.

Der wirtschaftliche Wert von Verarbeitung, Speicherung, Austausch, Übermittlung und Verteilung von Informationen ist bereits heute beeindruckend. Die jährlichen Einnahmen des Informationssektors weltweit betragen derzeit annähernd 800 Mrd. ECU, die zu 50 % aus industriellen und zu 50 % aus dienstebezogenen Tätigkeiten stammen. Nahezu die Hälfte der Einnahmen entfallen auf den Telekommunikationssektor, die übrigen auf die Bereiche Datenverarbeitung und Unterhaltungselektronik. Schätzungen zufolge dürfte das Marktvolumen für Informationstechnologien und -dienste bis zur Jahrhundertwende 2000 Mrd. ECU erreichen. 30 % der Telekommunikationserträge könnten bis dahin durch Mehrwertdienste erbracht werden (12).

---

1 Telekommunikationsnetze vermitteln derzeit weltweit mehr handelsfähige Güter als alle Supertanker der Welt zusammen.

Was aus den Zahlen jedoch nicht hervorgeht, ist die Tatsache, daß sich die Kommunikationsdienste, abgesehen vom reinen Wachstum, in ihren Kosten- und Leistungsmerkmalen entscheidend ändern. Hier erfolgt eine grundlegende Umstellung von leitungsvermittelten Sprechverbindungen (Telefon), wie sie über nahezu ein Jahrhundert benutzt werden, auf den multimedialen Verkehr mit intelligenter Steuerung, bei dem Daten, Grafiken, Bild- und Sprachübertragung digital vereinigt über ein und dieselbe Kommunikationsverbindung laufen können. Der technologische Fortschritt verändert das Kosten/Leistungsverhältnis von elementaren Kommunikationsfunktionen, zum Beispiel der Übertragung, um mehrere Größenordnungen. Gleichzeitig ermöglichen bahnbrechende Netzsteuerungstechniken das Angebot flexibler Dienste, d. h. von Diensten, die sich den Benutzeranforderungen dynamisch anpassen, eine weitgehende Steuerung durch den Benutzer gestatten und die benutzerfreundlich sind. Allerdings haben auch diese neuen Möglichkeiten ihren Preis. Systeme und Dienste werden komplizierter und damit auch die im Telekombereich im gemeinsamen Interesse unumgängliche internationale Standardisierung. Wenn die Definition allgemein akzeptierter Standards, und darüber hinaus grundlegender Spezifikationen, nicht gelingt, wird so mancher attraktiver Dienst das Laborstadium auf längere Zeit nicht verlassen.

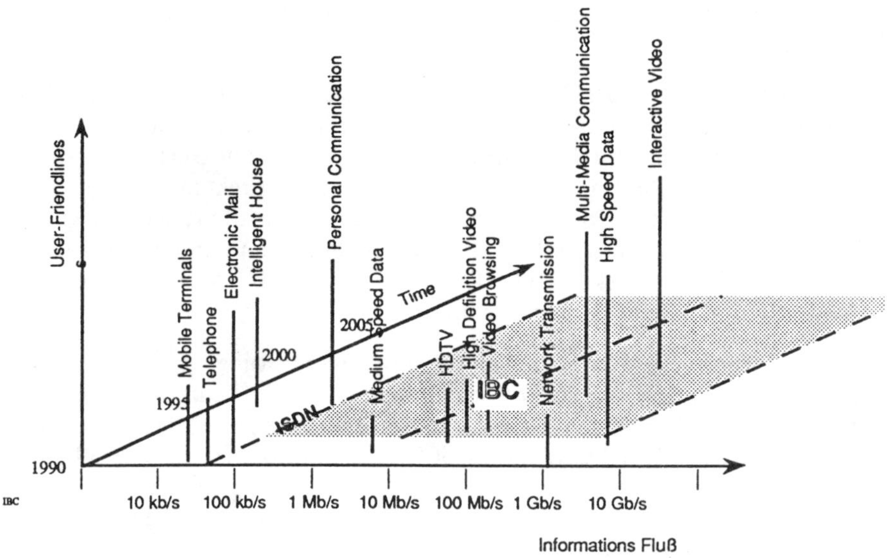

Bild 1: In der Diskussion stehende zukünftige Dienste in Relation zu IBC

Wer in dieser Entwicklung führt, entsprechende Geräte und Dienste anbieten kann und diese bereits zu einem frühen Zeitpunkt richtig einzusetzen weiß, wird daraus vielfachen Nutzen ziehen können:

— Unternehmen können billige und innovative Kommunikationsdienste nutzen, um ihre Wettbewerbsfähigkeit auf dem Weltmarkt durch verstärkte Effizienz und Aufnahme neuer Tätigkeiten zu erhalten und zu steigern.
— Unternehmen können ferner die ständig wachsenden Datenmengen, die in Datenverarbeitungszentren oder an Personal-Computern erfaßt und verarbeitet werden, effizienter nutzen, wobei letztere verstärkt als digitale Videoarbeitsplätze den Zugang zu multimedialen Diensten ermöglichen.
— Mit der Einführung kostengünstiger, computergestützter Schreibtisch-Videokonferenzdienste wird eine Alternative für Dienstreisen entstehen, die helfen kann, die zunehmende Überlastung vieler Verkehrsbereiche zu lindern[2].
— Nicht an den Arbeitsplatz gebundene Tätigkeiten, darunter auch die von Behinderten und von Arbeitnehmern in strukturschwachen Gebieten, werden durch bessere Leistungsfähigkeit und bessere Wirtschaftlichkeit zunehmend zu einer vertretbaren Option.
— Entfernungsunabhängige „Gruppenarbeit“ wird durch zunehmende Flexibilität und Integration der Anwendungsprogramme und Dienste wesentlich erleichtert, insbesondere bei Tätigkeiten, die stark auf grafische und visuelle Medien angewiesen sind.
— Der Zugang zu sozialen und sonstigen Diensten wie Telemedizin, Fernunterricht und öffentliche Dienste wird erleichtert.
— Diese Entwicklung läßt auch eine weitergehende Dezentralisierung von Fertigung und Verwaltung sowie eine Verbesserung des Zugangs von kleinen und mittleren Unternehmen zu Märkten zu.
— Schließlich dürfte der europaweite, bedarfsorientierte Zugang zu multimedialen Informationen engere kulturelle, soziale und politische Kontakte erleichtern.

Für die Konzeption und Durchführung des Programms RACE gelten eine Reihe von Kriterien, insbesondere:

Kriterien um die Konsistenz mit den Zielen der Gemeinschaftspolitik sicherzustellen

— Beitrag zur Schaffung eines gemeinsamen Marktes und zur schrittweisen Annäherung der Wirtschaftspolitiken der Mitgliedstaaten;
— Beitrag zur harmonischen Entwicklung der Wirtschaftstätigkeiten und zu engeren Beziehungen zwischen den Mitgliedstaaten;
— Beitrag zur Regionalentwicklung;
— Ausbau der internationalen Wettbewerbsfähigkeit aller Beteiligten (im Zusammenhang mit RACE speziell Industrieunternehmen, Netzbetreiber, Diensteanbieter und Benutzer).

2 Die Belastung der Wirtschaft durch Verkehrsstaus in der Gemeinschaft wird auf jährlich 300 Mrd. ECU geschätzt (vgl. DRIVE).

Kriterien für die Anwendung des Subsidiaritätsprinzips:

- Strategische Bedeutung für die künftigen sozio-ökonomischen Leistungen Europas;
- Notwendigkeit oder wesentlicher Mehrwert der grenzüberschreitenden Zusammenarbeit;
- Engagement der Beteiligten und Unterstützung durch einzelstaatliche Verwaltungen;
- Stärkung der internationalen Wettbewerbsfähigkeit und des Wettbewerbs innerhalb der Gemeinschaft;
- Fähigkeit der Kommission, einen Konsens in bezug auf durchführbare Aktionen herbeizuführen;
- Fähigkeit der Kommission, die professionelle Durchführung sicherzustellen.

Hierbei ist zu bedenken, daß der „Mehrwert" einer Kooperation in einem angemessenen Verhältnis zu der mit einer Zusammenarbeit naturgemäß verbundenen „Mehrbelastung" stehen muß.

Kriterien für die Durchführung

- Zusammenarbeit mit den Beteiligten bei der Festlegung der spezifischen Themen und Ziele;
- freier Wettbewerb verschiedener Teams für die Durchführung der Arbeiten;
- horizontale und vertikale Zusammenarbeit;
- FuE-Arbeitsteilung und gemeinsame Nutzung der Ergebnisse.

2. Rolle der Europäischen FuE Zusammenarbeit im Bereich der Kommunikation

2.1 Die Herausforderung der Telekommunikation

Die Entwicklung des Kommunikationsmarkts ist, auf Gemeinschaftsebene, Inhalt der Telekommunikationspolitik. Das Programm RACE ist ein Bestandteil dieser Politik. Es schließt sich an die Normungspolitik und die Politik der Informationsmärkte an und baut auf entsprechenden Arbeiten des Programms ESPRIT auf. Das Ziel von RACE — eine frühzeitige europaweite Einführung der nächsten Generation leistungsfähiger und kostengünstiger Dienste — hängt eng mit der Zielsetzung der Entwicklung des Europäischen Binnenmarkts, der Regionalpolitik und der Stärkung der internationalen Wettbewerbsfähigkeit zusammen.

2.2 Notwendigkeit der Zusammenarbeit — Verknüpfung der Investitionszyklen

Benutzer von Kommunikationsdiensten möchten Zugang zu einem möglichst breiten Spektrum an kostengünstigen Diensten erhalten, um mit Partnern in den verschiedensten Ländern der Welt zu kommunizieren. Eine weitgehende Vernetzung ist daher Voraussetzung sowohl für die Benutzerakzeptanz als auch für die Wirtschaftlichkeit der Kommunikationsdienste. Dies führt jedoch zwangsläufig zu einer engen Verknüpfung der Investitionen in Infrastruktur, Endgeräte, Dienste und Anwendungen. Hinzu kommt, daß Infrastrukturinvestitionen zeitlich vor den übrigen Investitionen anfallen, und, falls sie zu hoch erscheinen, können sie die Entwicklung des gesamten Sektors blockieren.

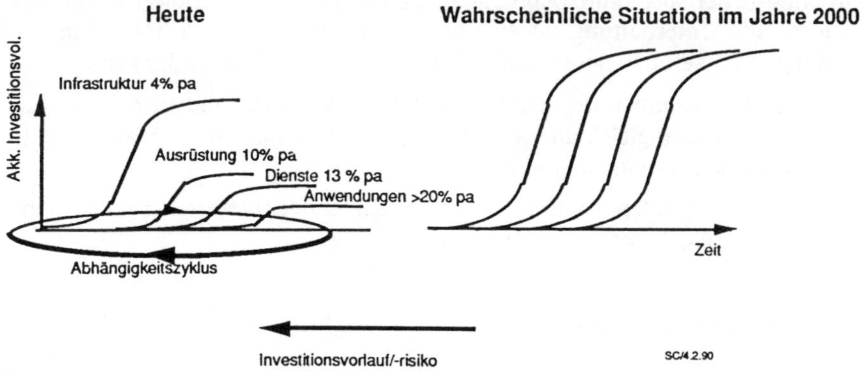

Bild 2: Verknüpfung der Investitionszyklen

Die frühzeitige Festlegung von Funktionscharakteristiken, die generischen Anforderungen an Netzbetrieb, Bereitstellung und Benutzung von Diensten entsprechen, sind entscheidend für die Verminderung des Risikos langfristiger Investitionen. Wenn es nicht gelingt, eine große Anzahl von Benutzern zu interessieren, ist die Bereitstellung von Produkten und Diensten zwangsläufig weniger attraktiv und rentabel. „Universalität“ des Zugangs zu Diensten ist daher nicht nur eine politische, sondern auch eine wirtschaftliche Priorität und eine unabdingbare Voraussetzung für Benutzerakzeptanz. In der obigen Abbildung ist die Verflechtung und das damit verbundene Investitionsproblem schematisch dargestellt.

2.3 Internationale Trends

Die weitreichenden Möglichkeiten, die sich mit den neuen Kommunikationstechnologien und den Vorteilen integrierter Dienste bieten, werden in allen wirtschaftlich entwickelten Regionen intensiv geprüft und entwickelt.

Das Konzept der USA basiert auf der extensiven Installation optischer Kabel (nahezu alle Fernverbindungen und die Hälfte aller Zubringerleitungen sind heute bereits optisch). Anfang der 90er Jahre sollen auch Privatnutzer weitgehend über Lichtleitfasern angeschlossen werden. Die Einführung von Breitbandinfrastrukturen in den USA wird von kurzfristigen kommerziellen Überlegungen bestimmt. Bellcore hat darüber hinaus ein strategisches Konzept für die Entwicklung von Spezifikationen für IBC-Dienste erstellt, die Mitte der 90er Jahre auf dem Markt sein dürften. Der UIS (Universal Information Service) basiert auf einem längerfristigen Konzept, das noch nicht im einzelnen veröffentlicht wurde.

Japan führt systematisch die Hochleistungsinfrastruktur INS (Information Network System) ein und hat sich damit eine führende Position im Bereich der optoelektronischen Bauelemente und entsprechenden Endgeräte erobert. Für Anfang der 90er Jahre plant Japan die Einführung integrierter Kommunikations- und Unterhaltungssysteme in Privatwohnungen, d. h. HDTV in Verbindung mit Telefon, Telefax und ähnlichen Mehrzweckanwendungen.

Grundsätzlich stimmen die Ansätze in den USA, Japan und Europa weitgehend überein, wenngleich die Konzepte der Einführung und die Marktverhältnisse wesentlich voneinander abweichen.

Gleiches gilt für andere Länder, die ein zunehmendes Interesse an IBC bekunden, z. B. Korea, Taiwan, aber auch Kanada.

2.4 Technologische Trends

Die Technologie durchläuft insgesamt eine rasche Entwicklung. Daraus ergibt sich die wirtschaftliche Realisierbarkeit innovativer Kommunikationsmerkmale wie:

— Netzintelligenz;
— durchgängige Breitbandverbindungen, die sowohl Übertragung als auch Vermittlung beinhalten, wobei der Schwerpunkt auf den Teilnehmeranschlußleitungen liegt;
— kostengünstige Bildschirmgeräte;
— multimediale Kommunikation;
— flexible Integration von Diensten, Netzen und Endgeräten;
— Mobilität in der Kommunikation;
— Informationssicherheit.

Kurz: Die Netze der Zukunft werden nur noch aus „Software und Sand“, und zwar in dieser Reihenfolge, bestehen (wobei „Sand“ im übertragenen Sinne für Siliziumchips und Glasfasern steht).

Die wichtigsten Entwicklungen lassen sich wie folgt zusammenfassen:

— Breitbandvermittlungen haben das Stadium der Laborentwicklung bereits durchlaufen und werden bis 1991—92 voll marktfähig sein;

— Deutschland hat ein Overlay-Netz mit zwanzig STM-Vermittlungsstellen installiert, die von ANT und Nixdorf entwickelt wurden. Siemens hat in Berlin kürzlich die erste ATM-Prototypvermittlung vorgestellt.
— Die Firma Fujitsu hat angekündigt, daß sie bis 1991 auf dem japanischen und den nordamerikanischen Märkten zusätzlich zu ihren derzeitigen Vermittlungssystemen Breitbandvermittlungen anbieten wird.
— In Nordamerika gibt es Anzeichen dafür, daß die Arbeit an opto-elektronischen und rein optischen Vermittlungstechniken intensiviert wurde, da mit einem baldigen Bedarf für leistungsfähigere und preisgünstigere Breitbandvermittlung gerechnet wird.
— Der Teilnehmeranschlußleitung wird eine zentrale Bedeutung zukommen; in den meisten Fällen werden die entsprechenden Investitionen höher sein als die Investitionen in Fernübertragung und Vermittlung zusammengenommen. Die Investitionen in die optische Verkabelung der Teilnehmerschleife haben begonnen und wachsen derzeit um ca. 25 % pro Jahr (Dataquest).
— Die PC-gestützte digitale Videotechnologie bietet bereits kurzfristig ein beträchtliches Anwendungspotential. Neben Stand-Alone-Anwendungen eröffnet diese Technologie weitreichende Möglichkeiten für die Breitbandkommunikation.
— Mobilkommunikationsdienste werden vermutlich bereits in Kürze auch den „Person-to-Person"-Bereich unter progressiver Einbeziehung der Daten- und Bildübertragung erfassen.
— Mit den neuen flexiblen Funktionen und der Anpassung der Dienste an spezielle Benutzeranforderungen wird dem Service Engineering im Telekommunikationsbereich in Zukunft die gleiche Bedeutung zukommen wie heute dem Software Engineering in der Informationstechnologie.
— Die Technologie der Informationssicherheit gewinnt an Bedeutung, da Zuverlässigkeit und Schutz mit der zunehmenden Verwendung von Kommunikationsdiensten wichtiger werden und mit wachsender Komplexität der Anwendungen schwieriger zu gewährleisten sind.

3. Bewertung der Ergebnisse der ersten Phase des Programms RACE

Die wichtigsten Ergebnisse des Zwischenberichts lassen sich wie folgt zusammenfassen:

— Das Hauptziel des Programms RACE bleibt allgemein gültig: Die Entwicklung der IBC ist für Europa angemessen und notwendig; der Zielhorizont 1995 entspricht den weltweiten Anforderungen und Entwicklungen.
— Insgesamt sind derzeit die Schwerpunkte des Programms RACE in etwa richtig auf die verschiedenen Bereiche verteilt. Wegen der begrenzten finanziellen Mittel mußten Prioritäten gesetzt werden. Etwa 18 % der Tätig-

keiten entfallen auf den Bereich Systemtechnik, 55 % auf Schlüsseltechnologien und etwa 27 % auf Systemtests und Pilotanwendungen.

— In einer nächsten Phase des Programms RACE sollen die Arbeiten in bezug auf Einrichtungen bei Kunden, Mobilfunk-Anwendungen, digitales HDTV, Überprüfung und Tests intensiviert werden. ATM gilt als grundlegende Netztechnologie. Daher müssen erste LAN/MAN-Systeme im Rahmen von RACE auf ATM basieren. Lichtleitfaseranschlüsse sind so bald wie möglich einzuführen.

— Ein IBC-System muß die Infrastruktur und Dienstefunktionen für eine beliebige Kombination von Schmal-, Mittel- und Breitbanddiensten und deren funktionale Integration liefern. Daher ist ein Konzept für die flexible Integration von Diensten zu entwickeln, das die Anpassung an sich verändernde Anforderungen ermöglicht. Die Normung von Elementarfunktionen (Service-Primitives) ist hier der richtige Lösungssatz. Der Normenvorbereitung und Systemintegration im Rahmen von RACE, die auf die Definition von Elementarfunktionen abzielen, ist weiterhin hohe Priorität einzuräumen.

— Bei der Prüfung der Tätigkeiten insgesamt müssen fortgeschrittene Anwendungsexperimente und „weitere Maßnahmen" zur Bereitstellung von Netzen höchste Priorität erhalten. Kooperative Forschungsarbeiten im Vorfeld des Wettbewerbs sind weiterhin notwendig, um bei der Entwicklung moderner Kommunikationstechnologien führend zu bleiben. Transparenz und Glaubwürdigkeit der Bildung und Steuerung des technischen Konsens sollten erheblich verstärkt werden.

— Industrie, Anwender und Fernmeldeverwaltungen sollten unbedingt dafür sorgen, daß künftig keine Diskrepanzen zwischen den grundlegenden IBC-Spezifikationen und den internationalen Marktanforderungen bestehen.

4. Zielsetzungen der zweiten Phase des Programms RACE

Hauptziel des Programms RACE ist es, zur

„Einführung der integrierten Breitbandkommunikation (IBC) unter Berücksichtigung des in der Entwicklung befindlichen ISDN und der nationalen Einführungsstrategien, die bis 1995 zu gemeinschaftsweiten Diensten führen"

beizutragen.

Die Abkürzung IBC steht für ein Entwicklungskonzept, das wie folgt definiert ist:

„I" „Integriert" bedeutet nicht nur „Integrierte Dienste" (auf Benutzerebene und auf den entsprechenden Netzebenen), sondern verweist auch auf die „Integrität" des gesamten Netzes und damit auf das reibungslose Zusammenspiel aller wesentlichen Bestandteile einschließlich bestehender und neuer Funktionen: Fernsprechverkehr, Paketvermittlung, ISDN, Breitband-, Satelliten-, Mobilkommunikation.

„B" „Breitband" bezeichnet nicht nur „hochbitratige" Dienste, sondern auch die gesamte Kombination von Diensten, die zu berücksichtigen ist, ausgehend von der endgültigen Ausbaustufe des ISDN bis hin zu den Voraussetzungen für die realistische Einführung von interaktiven und verteilten (TV-)Verteil-Videodiensten (d. h. 140 Mbit/s und mehr).

„C" („Communication") Kommunikation steht nicht nur für „konventionelle" Vermittlungs-, Übertragungs- und Verarbeitungsfunktionen des Teilnehmernetzes, sondern umfaßt auch die spitzentechnologischen Merkmale, die die Bereitstellung von Diensten benutzerfreundlich, hochleistungsfähig und wirtschaftlich rentabel gestalten.

Das zugrundeliegende Entwicklungskonzept verbindet die Vorteile der frühzeitigen Einführung mit der Flexibilität der stufenweisen Expansion eines europäischen IBC-Netzes. Die geplante Entwicklung ist anwendungsorientiert und bietet den Vorteil, daß die Dienste sowohl generische Anwendungen unterstützen als auch stufenweise Anschlußmöglichkeiten für Interessenten vorsehen.

Durch ein derartiges Entwicklungskonzept könnten die anfangs anfallenden Kosten der Implementierung eines solchen IBC-Netzes bewältigt und sinnvoll auf die Benutzer umgelegt werden.

4.1 Entwicklungsszenario und Ausgewogenheit der Maßnahmen

Dem wirtschaftlichen, sozialen und industriellen Fortschritt entsprechend ist ein abgestuftes Entwicklungsszenario als die sinnvollste und gleichzeitig wünschenswerteste Strategie für den Ausbau europäischer Telekommunikationsnetze und -dienste zu einem IBC-System zu betrachten.

Dieses Szenario ist wie folgt aufgebaut:

— Stufenweise Entwicklung (1992—1995) eines europaweiten IBC-Netzes, das den Bedarf an Sonderdiensten deckt und parallel zum Tempo der Marktentwicklung und zur Möglichkeit der rentablen Bereitstellung zu einem vollwertigen System ausgebaut werden soll. Der Schwerpunkt der stufenweisen Entwicklung muß auf der frühzeitigen Einführung der neuen IBC-Infrastruktur, neuer Diensteprofile und dem Einsatz neuer Technologien liegen.

— Stufenweise Expansion (ab 1995) bei gleichzeitiger Kostensenkung, erhöhter Flexibilität und Einführung neuer Technologien für Netzintelligenz, integrierte Dienste, Mobilkommunikation und Informationssicherheit.

Das Szenario der stufenweisen Entwicklung ist flexibel und anpassungsfähig und ermöglicht damit eine rasche Reaktion im Verlauf der Installation des

IBC-Netzes. Erforderlich sind geeignete Systemübergänge und Kompatibilität der neuen mit den zahlreichen bestehenden Architekturen (z. B. private Netze, LAN, MAN, derzeitige öffentliche Netze, ISDN und PDN) sowie der voll kompatible Zugang zu neuen Breitbandfunktionen landesweit.

Dabei ist eine ausgewogene Interaktion der fünf wichtigsten Tätigkeitsbereiche zu gewährleisten:

— FuE für innovative Kommunikationstechnologien.
— Festlegung künftiger Übermittlungsdienste, flexible Integration neuer Übermittlungsdienste und Teledienste, um über die Bereitstellung der Netzinfrastruktur Mehrwertdienste zu ermöglichen.
— Planung, Bereitstellung und Weiterentwicklung der Netzinfrastruktur.
— Versuche mit neuen Kommunikationsfunktionen.
— „Begleitmaßnahmen“, u. a. Ausbildung und Steuerung des Konsenses in bezug auf: Einführungs- und Implementierungsstrategien, Festlegung der ordnungspolitischen Rahmenbedingungen (Open Network Provision), gemeinsame Funktionsspezifikationen und Erstellung von Normen, neue Finanzierungsinstrumente für die Implementierung von Netzen und Diensten, Darstellung der IBC außerhalb der Gemeinschaft, Entwicklung gemeinsamer Markteinführungsstrategien, Herbeiführung eines sozialen Konsenses.

4.2 Schwerpunkte der Entwicklung von Diensten und Netzen

Kurz- bis mittelfristig sollte der Schwerpunkt auf der Förderung der Einführung der IBC im Anschluß an die Phase I des Programms RACE liegen. Dies bedeutet unter anderem:

— Vorbereitung einer europaweiten Einführung der IBC-Infrastruktur bis 1995. Das intelligente integrierte Breitbandnetz, das auf der Grundlage vorhandener Netzelemente schrittweise zu entwickeln ist, sollte neue Netzmanagementfunktionen für die Netzbetreiber beinhalten. Durch entsprechende Weiterentwicklungen sind außerdem neue Dienste und eine hohe Flexibilität zu unterstützen, um allen Benutzeranforderungen gerecht zu werden.
— Weitere Verbesserungen zur Kostensenkung und Bereitstellung der IBC-Dienste in der zweiten Hälfte der 90er Jahre.
— Einbeziehung der Mobilkommunikation und flexible Integration zukunftsorientierter Dienste.

Die Strategie der Investitionen in die IBC-Infrastruktur muß sich nach Möglichkeit auf die Nutzung von Kommunikations- und Unterhaltungsdiensten einschließlich HDTV im Geschäfts- wie auch im Privatbereich stützen, sollte sich jedoch zunächst auf den geschäftlichen Bedarf konzentrieren.

Langfristig sind neue Ansätze erforderlich, die in die künftigen FuE-Tätigkeiten auf Gemeinschaftsebene integriert werden oder diese ergänzen:

— Entwicklung neuer Systemarchitekturen und Komponenten zur Wahrung der Netzintegrität und zur Anpassung verschiedener Teile an das gesamte Netz;
— neues Konzept für die Definition von Diensten parallel zu und in Übereinstimmung mit dem OSI-Konzept, um die Kompatibilität der Dienste langfristig zu gewährleisten;
— erneute Betonung der Normung unter Berücksichtigung weltweiter und europäischer Anforderungen;
— Entwicklung von Techniken für den Schutz der Privatsphäre, der Rechte am geistigen Eigentum und für den Schutz des Datenaustausches generell;
— Schaffung günstiger Voraussetzungen für IBC durch Einleitung eines Dialogs über deren soziale Folgen;
— Ausweitung der Gemeinschaftstätigkeiten auf europäischer Ebene;
— frühzeitige Stimulation der außereuropäischen Märkte für IBC-Produkte.

4.3 Bereiche der Zusammenarbeit auf europäischer Ebene

Vorwettbewerbliche und pränormative FuE sind entscheidende Faktoren bei der Schaffung eines Klimas der Zusammenarbeit auf europäischer Ebene. Künftige Tätigkeiten sollten sich sowohl auf grundlegende Technologien und Komponenten künftiger Kommunikationssysteme als auch auf einige betriebliche Aspekte konzentrieren und dabei von anderen Programmen wie ESPRIT, RACE, COST, EUREKA usw. profitieren.

Angesichts der zunehmenden Verflechtung von Informationstechnologien und Telekommunikation sollte die Koordinierung und Zusammenarbeit zwischen den großen Gemeinschaftsprogrammen ESPRIT und RACE ausgebaut werden, um eine verstärkte gegenseitige Bereicherung zu ermöglichen, z. B. durch Einbeziehung von ESPRIT-Ergebnissen in richtungsweisende Kommunikationsexperimente von RACE.

Die Unterstützung der Normungsarbeiten im Rahmen des ETSI (17) ist fortzusetzen und systematisch auszubauen. Das ONP-Konzept (Open Network Provision — offener Netzzugang) sollte bei der Entwicklung der IBC zugrundegelegt werden.

Koordinierte Netzplanung und Einführungsstrategien sind von besonderer Bedeutung. Entsprechende Initiativen des Rates und „flankierende Maßnahmen“ auf Gemeinschaftsebene könnten die betreffenden Aktionen der Netzbetreiber, insbesondere die Arbeit des EURESCOM[3] und die derzeiten Arbeiten im Rahmen der CEPT/CAT unterstützen.

3 EURESCOM: European Telecommunications R & D Institute, dessen Einrichtung im Rahmen der CEPT vollzogen wird.

IBC-Produkte und -Dienste erfordern eine kohärente Marketing-Strategie. Es sind daher bereits jetzt Maßnahmen einzuleiten, um die Nachfrage nach IBC-Produkten und -Diensten auch außerhalb Europas zu fördern.

Die Entwicklung von Prototypausrüstungen für Netzinfrastruktur und Endgeräte sollte schrittweise im Rahmen von Kooperationsvereinbarungen erfolgen, wobei nach Bedarf gemeinsame Absichtserklärungen (wie sie bei CEPT üblich sind), gemeinsame Unternehmen oder EWIV (d. h. Möglichkeiten, wie sie in den römischen Verträgen vorgesehen sind) bzw. sonstige Kooperationsvereinbarungen zugrundezulegen sind.

4.4 Etappen des Programms RACE

Bei einer Überarbeitung der ursprünglichen Planung empfahl das Requirements Board „Telecom 2000" (7) folgende Meilensteine:

1992/1993:

- Erste Einführung von (hauptsächlich geschäftlichen und professionellen) Anwendungen;
- Anwendungsversuche (Pilotversuche), d.h. Tests zukunftsorientierter Dienste, die auf vorhandenen Netzen und ggf. ersten Prototypversionen von IBC-Geräten basieren;
- Beschaffungs-/Investitionsentscheidungen für künftige europaweite IBC-Netze und vollwertige IBC-Dienste;
- Abschluß der wichtigsten Normungsarbeiten.

1995:

- Beginn der Installation von IBC-Netzen;
- Anwendungsversuche, d. h. Test des gesamten Spektrums von IBC-Diensten (einschließlich Privatkunden mit Zweiweg-interaktivem-Video und digitalem HDTV) unter Einsatz von IBC-Geräten.

Es wurden mehrere Faktoren ermittelt, die den Zeitplan beeinflussen: Einführung der Lichtleitfasertechnik für Fernverbindungsleitungen und Verteilnetze, Entwicklung neuer Techniken für den Informationstransfer (z. B. ATM), Entwicklung neuer Architekturen wie MAN, Trend zu Mobilnetzen und -diensten.

4.5 Unterstützung öffentlicher Netzbetreiber beim Testen von IBC-Diensten

Abgesehen von der normalen Beteiligung an den FuE-Arbeiten und der Entwicklung gemeinsamer Funktionsspezifikationen im Rahmen des Programms unternahmen die öffentlichen Netzbetreiber Europas einen entscheidenden Schritt zur Entwicklung der Breitbandkommunikation, indem sie sich verpflichteten, zur Unterstützung der Pilotanwendungen des Programms RACE zunächst versuchsweise eine 2 Mbit/s-Infrastruktur mit der Bezeichnung „EBIT“ (European Broadband Interconnection Trial) bereitzustellen, die auf 140 Mbit/s aufrüstbar ist. Die Schaffung einer IBC-Testinfrastruktur, in der Organisationen, die an der Validierung von Funktionsspezifikationen und Normen beteiligt sind, unter realistischen Betriebsbedingungen zusammengeschaltet werden, ist für die optimale Durchführung der zweiten Phase von RACE ausschlaggebend.

5. Voraussetzungen und Optionen für künftige Maßnahmen der Gemeinschaft

RACE war ursprünglich als Zehnjahresprogramm konzipiert, das in zwei fünfjährigen Phasen durchgeführt werden sollte. Während die Zielsetzungen im Zwischenbericht bestätigt wurden, verlagerte sich der Arbeitsschwerpunkt insofern, als nunmehr ein besseres Verständnis der Voraussetzungen gegeben ist und die bisherigen Arbeitsergebnisse berücksichtigt werden.

Die eingehende Prüfung der verschiedenen Aspekte des Programms RACE ergab, daß das Programm eine solide Grundlage geschaffen hat, die allen Anforderungen der Ratsentscheidung gerecht wird. Die vollständige Verwirklichung der Programmziele geht jedoch über den Fünfjahreshorizont der derzeitigen Phase hinaus und erfordert die Intensivierung laufender Arbeiten, die Aufnahme neuer Tätigkeiten und die Konsolidierung der Ergebnisse in Prüfeinrichtungen. Über diese Phase hinaus müssen die Beteiligten die Initiative ergreifen, um die Ergebnisse von RACE unter den günstigen Bedingungen kommerziell zu nutzen, die durch die frühzeitige Zusammenarbeit von Geräteherstellern, Diensteanbietern und Benutzern geschaffen werden sollen.

Die zweite Phase von RACE soll wie die erste drei Teile umfassen:

Teil I: Entwicklungs- und Implementierungsstrategien zur Erstellung gemeinsamer Funktionsspezifikationen

Teil II: FuE zur Entwicklung von Schlüsseltechnologien

Teil III: Funktionelle Integration zur Validierung der Funktionsspezifikationen und Normen

Die folgende Abbildung zeigt die Projektlinien, die zur Entwicklung der IBC führen, sowie die technologischen Trends der ersten im Vergleich zur zweiten Phase von RACE. Das Matrixkonzept stellt die Verbindung zwischen der Systemforschung und dem technologischen Arbeitsschwerpunkt dar. Die nachfolgende Tabelle gibt einen Überblick über die Projektlinien und technologischen Schwerpunkte.

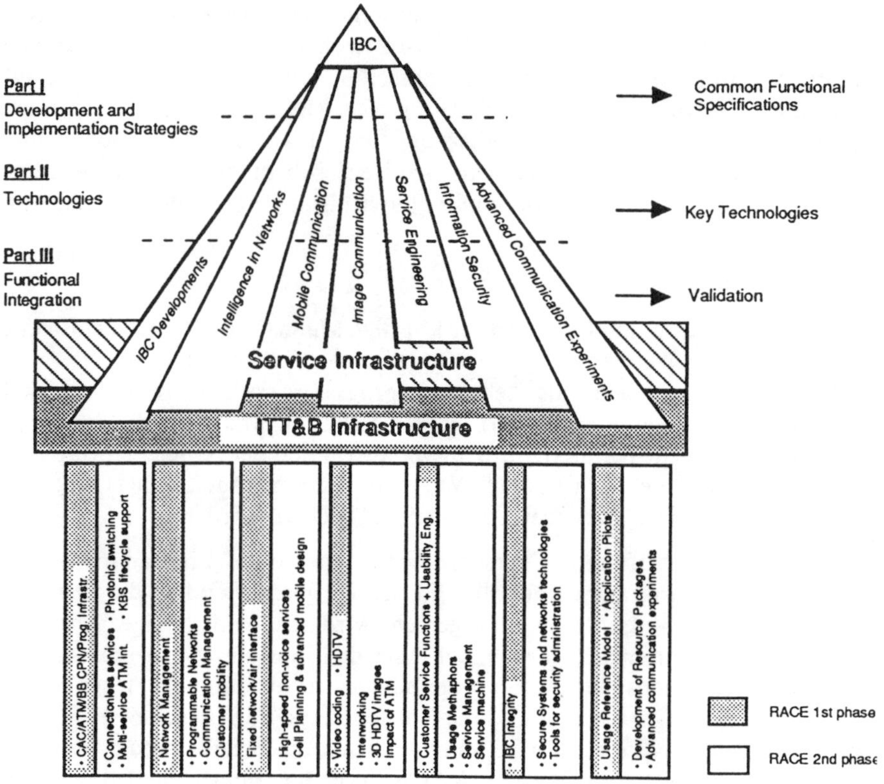

Bild 3: Aufbau und Arbeitsbereiche der zweiten gegenüber der ersten Phase von RACE

6. In der „Operation 1992" identifizierte Prioritäten für FuE-Kooperationen

Vor dem Hintergrund der Erstellung des RACE-Arbeitsplans wurde der Vorschlag für künftige Forschungsarbeiten in „Projektlinien" gegliedert. Projektlinien behandeln spezielle Fachgebiete und richten sich an spezifische Teilnehmergruppen. Alle Projektlinien enthalten Elemente, die sich auf Konsensbildung, Technologieentwicklung und Validierung beziehen.

Der Inhalt konzentriert sich auf acht prioritäre Bereiche inklusive Bereitstellung von Überprüfungstechniken und -einrichtungen. Das Programm umfaßt Arbeitsbereiche, die im Interesse aller die Mitarbeit zweier oder mehrerer Akteure des Telekommunikationssektors — vorzugsweise aus verschiedenen europäischen Ländern — erfordern. Die prioritären Bereiche sind:

— IBC-Systementwicklung
— Intelligente Netze/Flexible Verwaltung der Kommunikationsressourcen

Arbeitsschwerpunkte/Durchführung	Prioritäre Bereiche: IBC-System Entwicklungen	intelligente Netze	Mobilität	Bild-Kommunikation	Service Engineering	Informations-sicherheit	fortgeschrittene Kommunikations-versuche
I - Entwicklungs- und Implementierungsstrategien für IBC-Systeme, -Dienste und -Anwendungen							
I.1 IBC-Systementwurf, -Architektur und -Betrieb	X	X	X	X	X	X	X
I.2 IBC-Implementierungs- und Übergangsstrategien	X	X	X	X	X	X	X
I.3 Gemeinsame Betriebsverfahren	X	X	X	X	X	X	X
I.4 Technik der IBC-Dienstinfrastruktur/Modulare Standardisierung					X		
I.5 Generische IBC-Anwendungsstrategien							X
I.6 Technik der Dienstqualität, Sicherheit & Zuverlässigkeit						X	
II - Moderne Kommunikationstechnologien							
II.1 Intelligente Netze/flexible Erschließung der Kommunikationsressourcen		X					
II.2 Mobil- und Privatkommunikation			X				
II.3 Bild- und Datenkommunikation				X			
II.4 Techniken für grundlegende IBC-Systemfunktionen	X	X	X				
II.5 Integrierte Diensttechnologien					X		
II.6 Techniken für fortgeschrittene Kommunikationsversuche							X
II.7 Technologien der Informationssicherheit						X	
III - Validierung von IBC-Normen und gemeinsamen Funktionsspezifikationen							
III.1 Integration von IBC-Demonstrationsobjekten	X	X	X	X		X	
III.2 Überprüfung der Dienstetechnologien					X		
III.3 Überprüfung der Informationssicherheit						X	
III.4 Anwendungsversuche							X
III.5 Testinfrastruktur und Dialogfähigkeit	X	X	X	X	X	X	X
III.6 Überprüfungswerkzeuge	X	X	X	X			

Bild 4: Prioritäre Bereiche und Arbeitsschwerpunkte

- Mobilität in der Kommunikation
- Bild- und Datenkommunikation
- Service Engineering
- Technologien der Informationssicherheit
- Fortgeschrittene Kommunikationsversuche
- Testinfrastrukturen und Kommunikation zwischen (nationalen) Teilnetzen (horizontaler FuE-Bereich, der die anderen prioritären Bereiche unterstützt)

Das spezifische Programm deckt diese prioritären Bereiche ab und gliedert sich in drei Hauptteile, nämlich Entwicklung von Implementierungsstrategien für IBC-Systeme, -Dienste und -Anwendungen; fortgeschrittene Kommunikationstechnologien und Validierung von Normen und gemeinsamen Funktionsspezifikationen für IBC. Dabei werden Testgeräte und -dienste für generische Anwendungen eingesetzt.

6.1 IBC-Systementwicklung

Integrierte Breitbandkommunikationstechnologien liefern die Grundlage für fortgeschrittene Dienste und bestimmen deren Kosten. In diesem Bereich werden Schlüsseltechnologien, Systeme, Dienste und Anwendungen unter einem Systemansatz zusammengefaßt. Dieser Bereich hat die folgenden Schwerpunkte:

6.1.1 IBC-Systementwurf, -Architektur und -Betrieb

Diese Arbeiten dienen zur Bereitstellung zukunftsorientierter Dienste über integrierte Breitbandkommunikation auf der Basis eines Satzes „offener“ Normen, die den generellen Zugang zu integrierten Diensten ermöglichen. Um allen Beteiligten die Möglichkeit zu bieten, ihre Anforderungen zu formulieren, werden Referenzmodelle und gemeinsame Funktionsspezifikationen systematisch weiterentwickelt. Besondere Aufmerksamkeit ist dabei der Kombination und Interaktion verschiedener technischer Optionen, der Nachfrage nach grundlegenden und höherentwickelten Diensten sowie den Auswirkungen der Ordnungspolitik zu widmen.

6.1.2 IBC-Implementierungs- und Übergangsstrategien

Diese Arbeiten umfassen die notwendigen Systemtechniken zur Implementierung von IBC-Diensten, einschließlich der Umstellung vom derzeitigen auf das neue System. Die Techniken zur Sicherstellung der Kommunikationsfähigkeit öffentlicher und privater Netze und neuer Dienste sind zu verbessern.

Dies ist eine entscheidende Voraussetzung für die Akzeptanz durch den Benutzer und die kosteneffektive Nutzung der Kommunikationsressourcen.

Die Forschungsarbeiten umfassen die Weiterentwicklung gemeinsamer Funktionsspezifikationen und Referenzkonfigurationen unter Berücksichtigung der neuesten Entwicklungen. Besondere Aufmerksamkeit gilt dabei der verstärkten Rolle der optischen Kommunikation (unter Berücksichtigung des zunehmenden Interesses an Strategien wie „Glasfaser bis ins Haus"), der Entwicklung synchroner/asynchroner Vermittlungstechniken, der optimierten Integration von Funk- und Mobilkommunikations-Subsystemen (vor allem in ländlichen Gebieten) und der Entwicklung intelligenter Netze. Weitere Arbeiten betreffen ein Schichtenmodell für das Kommunikationsmanagement und neue Mehrwertdienste, die sich der Bedarfsentwicklung anpassen. Spezielle Aufgaben stellen sich im Bereich der Bildkommunikation und deren Integration in Dienste sowie in bezug auf die Kommunikation zwischen privaten Netzen, LAN und MAN (Metropolitan Area Networks), wo es die Möglichkeiten zur Zusammenschaltung zu erweitern und die Anpassungsfähigkeit der Dienste zu verbessern gilt.

6.1.3 Gemeinsame Betriebsbedingungen/-regelungen

Hier sind Normungsarbeiten, insbesondere im Rahmen des „European Telecommunications Standards Institute (ETSI)", zu unterstützen. Hinzu kommen die Verbreitung von Ergebnissen der RACE-Projekte und die Gewinnung weiterer einschlägiger Informationen. Der Kontakt zu anderen Gremien, die unabhängig von diesem Programm an zukunftsorientierten Kommunikationsprojekten arbeiten, ist sicherzustellen. Ferner sind gemeinsame Analysewerkzeuge für die technisch-wirtschaftliche Bewertung der Implementierung und der Übergangsstrategien zu entwickeln und einzusetzen.

6.1.4 Techniken für grundlegende IBC-Systemfunktionen

Diese Arbeiten beinhalten Vermittlungssysteme, integrierte optische Systeme und Netze, IBC-Teilnehmersysteme und IBC-Softwareinfrastruktur.

Vermittlungssysteme: Die technologische Basis für den Asynchronen Transfer Modus (ATM) wird erweitert und Interworking-Techniken zwischen ATM-Netzwerken und bereits vorhandenen Netzen werden entwickelt. Auf diese Weise können mit Hilfe der ATM-Vermittlungstechnik „verbindungslose" (connectionless) Dienste und die Zusammenschaltung von LANs und MANs unterstützt werden.

Integrierte optische Systeme und Netze: Mit diesen Arbeiten werden die Grundlagen für kostengünstige Breitbandnetze geschaffen und die Einführung und Weiterentwicklung integrierter optischer Netze auf der Basis optischer Vermittlungen gefördert.

IBC-Teilnehmersysteme: Die Arbeiten in diesem Bereich werden die notwendigen Technologien für IBC-Endgeräte und CPN (Customer Premises Networks) schaffen. Hierzu sind Studien über Multi-Dienste-Schnittstellen und die Auswirkungen der ATM-Technik auf Endgeräte erforderlich. Bei CPN ist vor allem zu prüfen, wie sich der Datenverarbeitungsbedarf auf Geschäfts-CPN, Kommunikationsprotokolle und kurz- bis mittelfristig auch auf kostengünstige Heim-CPN auswirken wird.

IBC-Software-Infrastruktur: Diese Forschung wird die kosteneffektive Entwicklung von äußerst zuverlässiger Telekommunikationssoftware und deren Unterstützung während ihres gesamten Lebenszyklus fördern. Hierzu sind Forschungsarbeiten für die Software-Qualitätssicherung und die Anwendung des AIP-Konzepts (Advanced Information Processing) bei der Entwicklung von Telekommunikationssoftware erforderlich. Die Arbeiten umfassen ferner Studien über den Einsatz wissensgestützter Systeme.

6.1.5 Integration von IBC-Demonstrationsobjekten

Der Nachweis der Integration und Dialogfähigkeit der im Rahmen von RACE II entwickelten „technologischen Demonstrationsobjekte“ ist unter Einbeziehung von Geschäfts- und Privatteilnehmern in städtischen und ländlichen Gebieten zu führen. Die Forschungsarbeiten dienen zur Validierung der Anwendungsmöglichkeiten von neuen Technologien, zur Unterstützung der Standardisierungsarbeiten und zur Schaffung der Basis für die Bewertung der wirtschaftlichen Leistungsfähigkeit von Systemen und Diensten. Sie beinhalten ferner die Integration der Anschluß-, Übertragungs- und Vermittlungsfunktionen sowie der Steuerungs-, Management- und Zeichengabefunktionen. IBC-Endgeräte für Demonstrationszwecke sowie anderweitig entwickelte Endgeräte werden angeschlossen, um die effiziente Unterstützung einer Vielzahl von Diensten und Anwendungen nachzuweisen.

6.1.6 Verifikationswerkzeuge

Hier geht es darum, die notwendigen Werkzeuge zur Überprüfung der Funktionsspezifikationen und des Interworking zu entwickeln und sicherzustellen, daß die IBC-Systeme und Konstruktionskonzepte Überprüfungen vorsehen. Als Werkzeuge dienen formalisierte Verfahren und technische Verifikationseinrichtungen. Auf diese Weise kann das Vertrauen in künftige IBC-Demonstrationssysteme gestärkt und das Investitionsrisiko bei der Entwicklung und Implementierung der IBC für Industrieunternehmen, Netzbetreiber, Diensteanbieter und Benutzer verringert werden.

6.2 Intelligente Netze/Flexible Verwaltung der Kommunikationsressourcen

Diese Forschungsarbeiten betreffen die Entwicklung und Demonstration von Techniken zur Einführung „programmierbarer Netze“. Sie beinhalten die Entwicklung von Techniken zum Ausbau von Intelligenz und Flexibilität für die Bereitstellung von Netzdiensten, Netzmanagement sowie Abläufe mit OSS-(Operations Support Systems) und TMN-Merkmalen (Telecommunications Management Networks).

6.3 Mobilität in der Kommunikation

Diese Forschungsarbeiten leisten einen Beitrag zur Entwicklung integrierter Mobilkommunikationssysteme der dritten Generation im Hinblick auf die Einführung internationaler Mobilkommunkationsdienste, mobiler Breitbanddienste und internationaler personenbezogener Adressierbarkeit für Kommunikationsdienste mit Audio-, Daten- und Bildübertragung.

Die Systeme der dritten Generation erfordern eine gemeinsame Funkschnittstelle zur kostengünstigen Implementierung in den Frequenzbereichen um 2 GHz. Für mobile Breitbanddienste wird der Frequenzbereich 60 GHz benötigt. Der Schwerpunkt liegt auf der Entwicklung zukunftsorientierter Funktionalitäten für den verstärkten und integrierten Einsatz von IBC- und Funknetzen (z. B. Normen für die Vernetzung und Mobilitätsmanagement) sowie auf der Miniaturisierung der Endgerätetechnologie bei geringem Energieverbrauch. Besondere Aufmerksamkeit ist dem Bedarf verschiedener Benutzergruppen zu widmen.

6.4 Bild- und Datenkommunikation

Hier geht es um die Entwicklung der notwendigen Technologien zur erfolgreichen Einführung und Nutzung zukunftsorientierter, kostengünstiger und flexibler Bild- und Datenkommunikationsdienste für den Privat- und Geschäftsbedarf. Die Arbeiten bauen auf den von RACE geschaffenen Grundlagen auf und befassen sich vor allem mit den Auswirkungen neuer Übertragungsmodi (wie ATM) auf Bildkommunikationsdienste mit hoher Auflösung und Paketdatenübertragung mit Megabit/s-Geschwindigkeiten. Sie betreffen unter anderem Kodier- und Darstellungstechniken für stehende, bewegte und dreidimensionale Bilder, insbesondere für HDTV. Die Forschungsarbeiten betreffen ferner den Dialog zwischen einem IBC-System und anderen Dialog- und Verteilnetzen, die parallel dazu betrieben werden.

6.5 Service Engineering

Für die Evolution der Dienstenachfrage ist es erforderlich, daß das Kommunikationssystem rechtzeitig und dynamisch auf die sich entwickelnden Diensteanforderungsprofile reagiert. Dieser Bereich spricht die dafür notwendigen Entwicklungstechnologien an. Die Schwerpunkte sind im folgenden aufgeführt.

6.5.1 Entwicklung der IBC-Diensteinfrastruktur/Modulare Spezifikation

Diese Arbeiten leisten einen Beitrag zur Harmonisierung der Architekturen und Spezifikationen für die flexible Integration von Telematikdiensten unter Benutzerkontrolle. Dabei sind die grenzüberschreitende Dimension des Kommunikationsbedarfs und die heterogene technische Umgebung zu berücksichtigen.

Der Schwerpunkt des Service Engineering liegt auf der modularen Normung in folgenden Bereichen: Architekturen, Dienstekomponenten seitens der Benutzer, Anbieter und Diensteentwickler. Weitere Aspekte sind Harmonisierung und Anwendungsmodelle. Die Prüfung der Einsatzfähigkeit konzentriert sich auf die Mensch-Dienste-Schnittstelle und umfaßt die Konzeption generischer „Metaphern" für den Zugang zu integrierten Diensten. Im Bereich der Diensteanbieterkomponenten sind Spezifikationen für das Management zu erstellen; Diensteentwicklerkomponenten erfordern hingegen Spezifikationen gemeinsamer Werkzeuge für die Entwicklung von Diensten. Die Harmonisierungsarbeiten zielen auf ein einheitliches Konzept der Spezifikationen für Dienstequalität, Weiterentwicklung und Sicherheitsanforderungen. Mobildienste werden dabei besonders berücksichtigt. Hier ist eine direkte Verbindung zum Konsensmanagement herzustellen. Prüfungen auf die Eignung und ihre Benutzerfreundlichkeit werden im Zusammenhang mit Anwendungsmodellen durchgeführt.

6.5.2 Integrierte Dienstetechnologien

Diese Forschungsarbeiten bauen auf Tätigkeiten des System Engineering auf; die Ergebnisse tragen ihrerseits zur Spezifizierung und Harmonisierung der Arbeiten bei. Sie betreffen Verfahren für die Verwirklichung geeigneter Architekturen, Technologien für Endbenutzerkomponenten und -geräte, Benutzer-Schnittstellen-Technologien mit besonderer Betonung benutzerfreundlicher Oberflächengestaltung und Dienste-Managementsysteme.

6.5.3 Überprüfung der Dienstetechnologien

Die Forschungsarbeiten beinhalten die Entwicklung von Prototypsystemen für die flexible Integration von Diensten, die den Anforderungen von Netzbetreibern, Diensteanbietern und Benutzern gerecht werden.

6.6 Technologien der Informationssicherheit

Präzision, Sicherheit und generelle „Vertrauenswürdigkeit" der Informationen sind für Privatpersonen und öffentliche Verwaltungen sowie für Unternehmen und Industrie von grundlegender Bedeutung. Die geplanten Arbeiten gewährleisten, daß die Qualität der Dienste sowie deren Sicherheit und Zuverlässigkeit bei den Entwicklungs- und Implementierungsstrategien für moderne Kommunikationsdienste berücksichtigt werden. Sie sollen validierte Spezifikationen, Richtlinien und Technologien zur Gewährleistung der praktischen und effizienten Informationssicherheit auf europäischer Ebene liefern. Dieser Bereich hat die im folgenden aufgeführten Schwerpunkte:

6.6.1 Dienstequalität, -sicherheit und -zuverlässigkeit

Die Forschungsarbeiten betreffen das Risikomanagement, kohärente Sicherheitslösungen und die Schaffung einer geeigneten Umgebung für sichere Informationsverwaltung.

Risikomanagement: Entwicklung einer gemeinsamen Strategie für die rationelle Behandlung von Risiken. Damit wird die wissenschaftliche Basis auch für rechtliche Maßnahmen zur Verminderung der Risiken geschaffen.

Kohärente Sicherheitslösungen: Entwicklung koordinierter Strategien zur Gewährleistung der Dialogfähigkeit getrennter Sicherheitsmechanismen und -verfahren. Auf diese Weise können aufeinander abgestimmte Szenarien der Umstellung und der Investitionen entwickelt werden, insbesondere für öffentliche Sicherheitsinfrastrukturen. Damit wird die Basis für eine Zusammenarbeit von Organisationen geschaffen, um die Sicherheit der Informationen, die sie untereinander austauschen, zu gewährleisten.

Schaffung einer geeigneten Umgebung: Hier sind Optionen zur Verbreitung von Informationssicherheitstechniken und entsprechenden Maßnahmen festzulegen. Die eigentliche Verbreitung von Lösungen unter den Endbenutzern fällt nicht in den Rahmen dieses Programms.

6.6.2 Technologien der Informationssicherheit

Hier werden Technologien für Sicherheitsmechanismen und die Integration sicherer Systeme, insbesondere bei verteilten Systemen, untersucht. Sie werden unter folgenden Titeln behandelt:

Systemtechnologien für Informationssicherheit: Eignung, Überprüfung der benutzten Technologien, insbesondere Anwendungssoftware, Hardware und Betriebssysteme.

Netztechnologien für Informationssicherheit: Sie betreffen Telekommunikationsverbindungen und -vermittlungen sowie die Merkmale von Einknotensystemen, die deren Vernetzung ermöglichen.

Werkzeuge zur Verwaltung der Informationssicherheit: Entwicklung von Softwarewerkzeugen mit formalen Methoden zur Verwaltung der Informationssicherheit. Diese Forschungsarbeiten betreffen Risikoanalyse, Festlegung und Durchführung von Sicherheitsverfahren sowie die laufende Verwaltung und die Qualitätssicherung von Sicherheitssystemen.

6.6.3 Überprüfung der Informationssicherheit

Die Sicherheit eines jeden Systems entspricht seinem schwächsten Glied. Die erforderlichen Systeme sind überaus komplex und müssen überprüft werden. Die im Rahmen dieses spezifischen Programms entwickelten Strategien, Spezifikationen und Technologien werden durch eine Reihe kleinerer Demonstrationsobjekte verifiziert. Die Arbeiten gliedern sich in folgende Abschnitte:

Integration von Informationssicherheitstechnologien: Hier geht es um den Einsatz einer Kombination verschiedener Technologien (von Elektroniksystemen zur Unterdrückung unerwünschter Signalstörungen bis hin zu Protokollentwürfen) für optimale Informationssicherheit, die zahlreiche Funktionen abdecken und lediglich einen Teil des Gesamtsystems bilden, in dem sie verwendet werden.

Überprüfung gemeinsamer Werkzeuge für Informationssicherheit: Hier geht es um drei Werkzeugkategorien: Risikoanalysewerkzeuge, Bewertungswerkzeuge, die Sicherheitskriterien anwenden und Werkzeuge für gezielte Sicherheitsregelungen.

Festlegung einer gemeinsamen Infrastruktur für Informationssicherheit: Sie gliedert sich in vier Bereiche: Zertifizierungsdienste für Sicherheitsprodukte; Zulassungsdienste für Sicherheitssysteme; Gateways für die Sicherheit des internationalen Verkehrs; Sicherheitsdienste Außenstehender. In allen Fällen geht es um die Implementierung von Pilotanwendungen sicherer Systeme im realen Verkehr. Diese werden dem Bedarf verschiedener Wirtschaftszweige und öffentlicher Verwaltungen angepaßt und von denen, die diese Technologien über die entsprechenden FuE-Projekte bzw. extern entwickelt haben, direkt unterstützt.

6.7 Fortgeschrittene Kommunikationsversuche

Diese Arbeit dient der Vorbereitung von Investitionen in fortgeschrittene Kommunikationssysteme sowie der Minimierung des Risikos von Fehlinvestitionen. Dazu müssen generische Dienstefunktionen ermittelt werden mit dem Ziel, sowohl die Wiederverwendbarkeit als auch die Kompatibilität mit verschiedenen Benutzerbedürfnissen zu ermöglichen. Gleichzeitig ist sicherzustellen, daß Teilsysteme interoperabel und offen zugänglich bleiben. Durch diese Forschung sollen Benutzergruppen in die Lage versetzt werden, neue Technologien annehmen zu können und die durch sie eröffneten Möglichkeiten auszunutzen. Die dadurch ausgelösten Nachfrageanreize sind auch im Interesse der Netzbetreiber und Gerätehersteller. Dieser Bereich hat die folgenden Schwerpunkte:

6.7.1 Generische IBC-Anwendungsstrategien

Die Forschung konzentriert sich auf die Ermittlung von Erstanwendungen moderner Kommunikationsdienste und generischer Anwendungen, auf denen eine ganze Palette von Universaldiensten basieren wird. Vorgesehen sind die Entwicklung eines Einsatzreferenzmodells, die Entwicklung abgestimmter operationeller Spezifikationen, die Entwicklung abgestimmter gemeinsamer Funktionsspezifikationen für Dienste, die Konsolidierung der Netz- und Technologieaspekte sowie die Festlegung von Kriterien und Leitlinien für die erfolgreiche Einführung und den Einsatz moderner Kommunikationsdienste. Die Entwicklung des Einsatzreferenzmodells baut auf vorhandenen Konzepten auf, wobei jedoch ein neuer Schwerpunkt auf Einführungsstrategien, generischen Anwendungen und dem Verhältnis zwischen Anwendungen (Benutzer-/Nachfrageaspekt) und Diensten (Bereitstellungs-/Angebotsaspekt) liegt. Abgestimmte operationelle Spezifikationen (aus Benutzersicht) und gemeinsame Funktionsspezifikationen für Dienste werden entwickelt, soweit sie Marktanreize schaffen. Die Festlegung von Kriterien und Leitlinien für die erfolgreiche Einführung und den Einsatz moderner Kommunikationsdienste stützt sich auf Anwendungsexperimente, die technisch-wirtschaftliche und organisatorische Fragen betreffen. Einige generische Anwendungen wurden vorläufig festgelegt: als Beispiele seien verteilte Sachbearbeitung, Mobile Kommunikation und Erstellung von Ferngutachten genannt.

6.7.2 Techniken für fortgeschrittene Kommunikationsversuche

Diese Arbeiten betreffen die erforderlichen Technologien und Techniken für Versuche mit hochentwickelten Anwendungen. Hierzu wurden drei Themenkreise definiert: Erarbeitung und Festlegung von Technologien für die Entwicklung der Diensteinfrastrukturen, Entwicklung von Ressource-Paketen und Techniken zur Ermittlung des Benutzerbedarfs und der Benutzerreaktion. Die Arbeiten umfassen die Festlegung der notwendigen Server-Module für Anwendungen wie Übersetzungs- und Dolmetschdienste, Integrität, multimediale Konferenzen, multimediale Datenbanken und Verteilungskonzepte. Die Entwicklung von Ressource-Paketen umfaßt Dienste- und Produktelemente, Netzfunktionen für Übertragung, Vermittlung und Management sowie Hard- und Softwarefunktionen für Endgeräte. Großangelegte Feldversuche werden durch Simulationstechniken ergänzt. Darstellungstechniken, u. a. Trickbilder und Graphikfunktionen, runden die detaillierte technische Berichterstattung ab.

6.7.3 Anwendungsversuche

Die technische und operationelle Realisierbarkeit von Anwendungen moderner Kommunikationsdienste wird über strukturierte, koordinierte Anwendungsversuche festgestellt. Sie dienen zur Abgrenzung, Beschreibung, Modellierung und Festlegung generischer Anwendungen moderner Kommunikationsdienste mit branchen- und funktionsübergreifendem Charakter. Aufgrund der Anwendungsversuche können Diensteanbieter, Netzbetreiber und Benutzer Marketing- und Nutzungspläne erstellen. Ferner werden vorwettbewerbliche Prototyp-Ressource-Pakete (mit Dienst- und Produktelementen) für generische Anwendungen entwickelt, um bereichsspezifische Anwendungsversuche durchzuführen.

Der Schwerpunkt liegt vor allem auf der Definition von generischen Anwendungen, die ggf. benutzerspezifisch anzupassen sind. Die Arbeiten sollen die Beschreibung dieser generischen Anwendungen absichern und ihre Merkmale durch Feldversuche abklären. Die gesammelten Erfahrungen bilden für alle Beteiligten die Grundlage für die Erstellung und Ausrichtung von Normungs-, Implementierungs- und Nutzungsplänen für Breitbandkommunikation.

6.8 Testinfrastruktur und Verknüpfung zwischen (nationalen) Teilnetzen

Die erfolgreiche Einführung von IBC-Diensten in Europa setzt eine Versuchs- und Erprobungsphase voraus. Hierzu bedarf es vor allem einer Testinfrastruktur, an die alle Beteiligten angeschlossen sind. Diese Infrastruktur dient zur Validierung von Normen und Funktionsspezifikationen. Bereitstellung und Betrieb der Testinfrastruktur werden voraussichtlich auf der Absichtserklärung[4] der Betreiber des EBIT (European Broadband Interconnection Trial) und dessen künftiger Weiterentwicklung basieren. Die Arbeiten dieses Programms beziehen sich auf den versuchsweisen Einsatz des EBIT, nicht aber auf dessen Entwicklung oder Betrieb.

4 „Memorandum of Understanding“

References

(1) *Council Decision* of 25 July 1985 on a definition phase for a Community Action in the field of telecommunications technologies — R & D programme in advanced communication technologies for Europe (RACE), *ref.: OJ L210/ 24—27 of 7. 8. 1985*

(2) *Council Decision* of 14 December 1987 on a Community programme in the field of telecommunications technologies — research and development (R & D) in advanced communications technologies in Europe (RACE programme), *ref.: OJ L16/35—43 of 21. 1. 1988*

(3) *Communication* from the Commission to the Council „Working towards Telecom 2000 — Launching the Programme RACE —", *ref.: COM(88) 240 final — II of 31. 5. 1988*

(4) *Briefing Package* for the submission of proposals, *refs.: RPP136A, RIPMC95B, RIPGI15C of June 1988*

(5) *RACE Technical Audit 1988,* ref.: OTR 205 of October 1988

(6) Report on the State of Science and Technology in Europe, ref.: COM(88) 647

(7) *Technical Report „RACE '89",* ref.: OTR 202 of March 1989

(8) *IBC Strategic Audit, Chateau St. Anne, February 1989* (Parliamentrary presentation to CERT of the European Parliament)

(9) 3rd Report of the European Parliament on *Europe's response to the challenge of modern technology,* M. Poniatowski, Chairman of CERT, May 1989

(10) *Requirements Board „Telecom 2000",* ref.: XIII/F/RB2000, June 1989

(11) *Deliverables Management,* ref.: OTR 288, July 1989

(12) *Report of Operation 1992* (RACE extension) „Rationale for European Cooperation in precompetitive, prenormative and preregulatory R & D", ref.: GEO190, 1 July 89

(13) *IBC Impact Assessment and Forecast,* DG XIII/F, September 1989

(14) *Agreement with ETSI,* ref.: RMC 12. 9. 1989

(15) *Management Audit* of the programmes RACE, DRIVE, DELTA and AIM, ref.: GEO180, September 1989

(16) *RACE Technical Audit 1989,* ref.: OTR 305, October 1989

(17) *Communication* from the Commission to the Council *RACE Progress Report and 30-month Review,* ref.: SEC(89) 2050, November 1989

(18) *Exploitation Plan,* ref.: RA2195, December 1989

(19) *Technical Report RACE 1990, March 1990*

Rundfunkversorgung in der Bundesrepublik Deutschland

Albrecht Ziemer

Im ersten Teil der Ausführungen soll ein Überblick über die gegenwärtige Rundfunkversorgung in der Bundesrepublik Deutschland gegeben werden. Er soll sich dabei auf das vom Bandbreitenbedarf her kompliziertere Medium, nämlich das Fernsehen, beschränken und den Hörfunk weitgehend außer acht lassen. Im zweiten und abschließenden Teil soll dann noch auf Möglichkeiten eingegangen werden, die zur wechselseitigen Versorgung von Bundesrepublik und DDR bestehen.

Zum besseren Verständnis zunächst kurz die rechtlichen und historischen Gegebenheiten in der Bundesrepublik:

— Die Gesetzgebungskompetenz aller programmlichen Belange liegt bei den Bundesländern: Kultur ist Ländersache, und Rundfunk gehört zur Kultur.
— Die Kompetenz für die Signalausbreitung liegt beim Bund. Nach Artikel 73 Abs. 7 des Grundgesetzes ist von daher der Bund für den Signaltransport ab Studioausgang zuständig.
— Diese Kompetenzaufteilung wurde im 1. Fernsehurteil des Bundesverfassungsgerichts vom 28. 2. 61 noch einmal so bestätigt. Bis zu diesem Zeitpunkt hatten die Landesrundfunkanstalten ihre Signale selber ausgestrahlt.

Aus historischen Gründen wurde den Landesrundfunkanstalten die Ausstrahlungskompetenz für das Erste Fernsehprogramm jedoch auch nach dem Fernsehurteil vom 28. 2. 61 belassen. Für alle neuen Programme und Programmanbieter übernahm dann aber der Bund die Ausstrahlung. Damit ergab sich in der Folge eine Versorgungszuständigkeit, wie sie in der Auflistung zusammengefaßt ist:

1. Programm (ARD)	Landesrundfunkanstalten
2. Programm (ZDF)	Bundespost
3. Programme	Bundespost
Private (Hörfunk/TV)	Bundespost
Hörfunk (ARD und Landesrundfunk)	Landesrundfunkanstalten
Satelliten und BK-Anlagen	Bundespost.

Mit diesen Zuständigkeiten wurde für das Fernsehen in der Bundesrepublik ein flächendeckendes und regional richtiges Versorgungssystem aufgebaut, das heute für die Hauptprogramme von ARD und ZDF einen Versorgungsgrad von über 99 % aufweist. Unter „versorgt“ versteht man dabei, daß am entsprechenden Empfangsort eine Mindestfeldstärke und ein Schutzabstand gegen Störsender herrscht, die in 99 % der Zeit eine (regional richtige) Versorgung sicherstellen. Unter „regional richtig“ versteht man beim ARD-Hauptprogramm und bei den 3. Fernsehprogrammen eine ortszugehörige Versorgung in den Sendezeiten mit Regionalprogrammen. In letzter Konsequenz bedingt besonders die regional richtige Versorgung einen vergleichsweise hohen Frequenzbedarf, da oftmals in Grenzgebieten zur Sicherstellung dieser regional richtigen Versorgung zwei Sender betrieben werden müssen, wo einer bei ungerichtetem Versorgungsauftrag ausreichend wäre. ARD und ZDF mitteln sich aber dennoch bei ihrem Versorgungsaufwand weitgehend aus, bzw. die ARD liegt hier sogar günstiger, weil sie ihre Sender im UHF-Bereich betreibt und die „langwelligere“ Strahlung dieses Bereichs der Geländekontur besser folgen kann. Man kommt dadurch mit relativ weniger Sendefrequenzen aus.

Die Fernsehsenderstatistik, die sich daraus für die Bundesrepublik ergibt, ist nachfolgend tabellarisch zusammengefaßt.

Rundfunkanstalt	Grundnetzsender	Füllsender
1. Programm (ARD)	75	2093
2. Programm (ZDF)	89	2376
3. Programme (Landesrundfunk)	94	2516
Private (1. und 2. Frequenzen)	50	—

Danach benötigt die ARD für das erste Programm insgesamt 75 Grundnetzsender. Sie sind die großen Schwerpunkte, die über die Bundesrepublik verteilt sind und die in der Flächenversorgung von Füllsendern unterstützt werden. Bei der ARD sind es etwa 2100 Füllsender, die dann in die Täler und Winkel hineinstrahlen. Beim ZDF sind es insgesamt 89 Grundnetzsender mit rd. 2400 Füllsendern. Man sieht daran den größeren Senderbedarf im VHF-Bereich des ZDF, der übrigens gleichermaßen auch für die 3. Programme gilt. Diese unterschiedliche „Strahlungshärte“ ist auch bedeutsam für den terrestrischen „Overspill“, mit dem heute schon eine teilweise Mitversorgung des Gebiets der DDR mit den Hauptprogrammen von ARD und ZDF erfolgt; die ARD ist dabei in einer günstigeren Position. Die 3. Programme benötigen insgesamt 94 Grundnetzsender und rd. 2500 Füllsender. Sie liegen also in ihrem Versorgungsaufwand relativ noch über dem des ZDF, was mit der regional richtigen Versorgung zusammenhängt. Schließlich sind in dieser Tabelle auch die neu hinzugekommenen privaten Rundfunkveranstalter enthalten. Sie benutzen die sogenannten „terrestrischen Frequenzen“ in Abstützung und Ergänzung zum Versorgungssystem Kabel und Satellit. Sie verfügen bis heute über insgesamt 50 Grundnetzsender, die sogenannte Erst- und Zweitfrequenzen nutzen. Diese Erst- und Zweitfrequenzen unterscheiden sich physikalisch überhaupt nicht; ihr einziger Unterschied besteht darin, daß zuerst die Erstfrequenz und dann die Zweitfrequenz gefunden bzw. in Betrieb genommen wurde.

Anfang der 80er Jahre ist neben diesem terrestrischen Ausstrahlungs- und Versorgungssystem als zweiter großer Versorgungsweg die Breitbandkommunikationsanlage oder Breitbandverteilanlage (BK-Netz) hinzugekommen. Sie liegt in der Verantwortung der Deutschen Bundespost. Der Aufbau dieser BK-Anlagen hat sich zu Beginn stark verzögert, insbesondere durch Mitsprache aus dem politischen Raum, aber auch durch Nachfragen, die der Bundesrechnungshof gestellt hat. Er ist dann aber nach diesen anfänglichen Startschwierigkeiten doch relativ schnell vorangekommen, so daß wir heute in bezug auf diese BK-Anlagen auch von dem zweitgrößten Massendienst der Deutschen Bundespost TELEKOM sprechen können. Die BK-Anlagen bieten inzwischen in bezug auf die Rundfunkversorgung das zweitdichteste Versorgungsnetz nach der terrestrischen Versorgung, oder besser gesagt das Versorgungssystem mit der zweithöchsten Akzeptanz, denn selbstverständlich steht ja das Signal der TV-Satelliten in jedem Haus an. Diese Akzeptanz ist wohl in erster Linie darauf zurückzuführen, daß die BK-Anlagen, anders als die terrestrische Versorgung, nicht nur die ortsüblichen Programme verteilen — ortsüblich ist das, was mit normalem Aufwand empfangbar ist, also in der Regel ARD, ZDF, dritte Programme und teilweise auch die Privaten über ihre terrestrischen Frequenzen —, sondern sie liefern auch die ortsmöglichen und speziell herangeführten Programme. Diese unterscheiden sich von den ortsüblichen Programmen dadurch, daß sie — wie der Name sagt — teilweise speziell herangeführt werden (Richtfunk), oder aber an einem besonders guten Antennenstandort empfangen und dann eingespeist werden. Das bedeutet, daß eine BK-Anlage grundsätzlich erheblich mehr Programme liefert als eine terrestrische Fernsehantenne. Hinzu kam dann noch die Möglichkeit der Satellitenversorgung, die heutzutage in allen Kopfstationen der BK-Anlagen genutzt wird und die das Programmangebot noch einmal erheblich vergrößert und die Attraktivität steigert. Zum 31. 12. 1989 war eine Versorgbarkeit von etwa 54 % aller Haushalte mit einem Kabelanschluß gegeben, eine Zahl, die sich in den ersten vier Monaten des laufenden Jahres weiter gesteigert hat. Von diesen „anschließbaren Wohneinheiten" nutzen etwa 45 % das Angebot, haben sich also anschließen lassen. Das bedeutet, daß ungefähr 1/4 aller Haushalte inzwischen über Kabel versorgt werden, also 45 % von 54 %. Insgesamt sind das in Zahlen ausgedrückt 6,8 Mio. Wohneinheiten mit Kabelanschluß.

Mit dem Kabelanschluß parallel einhergehend kam dann noch die Satellitendirektversorgung hinzu, die ihren Ursprung in einer fernmeldetechnischen Punkt-zu-Punkt-Verbindung hat, bei der die Relaisstation in den Weltraum verlegt worden ist. Das besorgten zunächst die sogenannten Fernmeldesatelliten, die in den Frequenzbereich 11,0—11,7 GHz bzw. 12,5—12,75 GHz arbeiten. Diese Fernmeldesatelliten wurden später ergänzt durch sogenannte Rundfunksatelliten, die nach der World Administration Conference 1977 (WARC 77) von den einzelnen Ländern mit jeweils 5 Frequenzen, also 5 Kanälen, genutzt werden können. Diese Rundfunksatelliten waren etwas unglücklich in ihrem Start, weil sie zunächst einmal über Jahre, nachdem sie technisch fertiggestellt waren, auf funktionsfähige Trägerraketen warten mußten. Als diese dann verfügbar waren, kam als weiteres Problem die Funktionsunfähigkeit des TV-Sat 1, dessen Energieversorgung sich nicht entsprechend ausbreiten ließ. Damit hatten die Rundfunksatelliten, die eigentlich auch Rundfunk für jedermann bringen sollten, einen sehr schlechten Start gegenüber den Fernmeldesatelliten, was in letzter Konsequenz dazu führte, daß die Antennenindustrie sehr viel Forschung und Entwicklung und technischen Aufwand in die Fortentwicklung der Satellitenempfangsantennen gesteckt hat. So können heutzutage Fernmeldesatelliten mit 20 Watt Sendeleistung mit etwa 1,20 m Schüsseldurchmesser empfangen werden, wohingegen vor Jahren noch 2,50 m nötig waren. Damit haben sich die Unterschiede zwischen Fernmeldesatellit und Rundfunksatellit zu verwischen begonnen, auch ihre jeweiligen betrieblichen Vorteile. Es kam noch hinzu, daß bei den Fernmeldesatelliten die Sendeleistung von ursprünglich etwa 20 Watt pro Kanal auf inzwischen 50—60 Watt angestiegen ist. Man spricht dann von sogenannten Medium-Power-Satelliten, was den Antennenaufwand nochmals halbierte. Das Angebot der Satellitenprogramme kann damit inzwischen praktisch von jedermann mit vertretbarem Aufwand genutzt werden.

Die Sendeleistung der Satelliten in irgendein Verhältnis zum Schüsseldurchmesser zu setzen, ist außerordentlich problematisch, weil immer auch die Bedeckungszone des Satelliten mit einzubeziehen ist.

Man kann aber dennoch einige relevante Zahlen nennen, die auch für das Gebiet der DDR gelten. So braucht man für den TV-Sat, wenn man ihn in beiden Gebieten nutzen will, ungefähr 60 cm Schüsseldurchmesser. Für den Fernmeldesatelliten Kopernikus benötigt man 90 cm Schüsseldurchmesser. Dieser relativ hohe Durchmesser trotz kleiner Bedeckungszone des Kopernikus ergibt sich aus einer Kanalteilung, die beim Kopernikus vorgenommen wurde. Der ASTRA, ein Medium-Power-Satellit, braucht wie der TV-Sat etwa 60 cm Schüsseldurchmesser.

Jetzt soll noch kurz auf den terrestrischen Overspill in die DDR eingegangen werden. Die grenznahen Grundnetzsender der Bundesrepublik, die in Korrelation zu dem Stockholmer Wellenabkommen betrieben werden, wurden bislang für ARD und ZDF extensiv genutzt, um auch in das Gebiet der DDR die Programme dieser Sender zu übertragen. Bei den so erzielten Reichweiten soll nun nicht zwischen ARD und ZDF unterschieden werden, obwohl die ARD mit ihrer langwelligeren Strahlung weiter und besser in das Gebiet DDR hineinreicht als das ZDF. Die derzeitige Situation ist so, daß mit diesem terrestrischen Overspill in der DDR ungefähr 52 % aller Wohneinheiten erreicht werden, das sind in Zahlen ausgedrückt 3,2 Mio. Wohneinheiten. In ihnen herrscht eine gute Empfangsqualität. In weiteren 30 % der Wohneinheiten, sprich 1,9 Mio. Wohneinheiten, herrscht eine unbefriedigende Empfangsqualität, die die Bürger dort, wie wir wissen, dennoch mit großer Findigkeit genutzt haben, z. B. über Gemeinschaftsanlagen und besonders hohem Antennenaufwand, so daß man sie eigentlich auch als „versorgt“ bezeichnen kann.

Es bleiben dann noch 18 % der Wohneinheiten, das sind 1,1 Mio. Wohneinheiten, die praktisch keine Empfangsmöglichkeit haben.

Nach dem Stockholmer Wellenplan zur terrestrischen Ausstrahlung stehen der DDR aber so viele Frequenzen zu, daß neben den zwei heute schon vorhandenen flächendeckenden Versorgungsketten, die vom DFF genutzt werden, weitere zweieinhalb Ketten aufgebaut werden könnten, wenn man von einer reinen Rundfunknutzung ausgeht. Man kann daher sagen, daß in der DDR terrestrisch ungenutzte Kapazität vorhanden ist, die eine entsprechende Versorgungsverbesserung mit ARD und ZDF zulassen würde. Daneben besteht natürlich die grundsätzliche Möglichkeit einer Satellitenversorgung, auf die der Bundespostminister schon aufmerksam gemacht hat. Er hat dabei den TV-SAT und seine Gespräche mit der französischen Regierung erwähnt. Es bestehen Überlegungen, die Hauptprogramme von ARD und ZDF auf den Rundfunksatelliten TV-Sat zu legen, um die Attraktivität und Akzeptanz dieses Satelliten zu erhöhen. Für das ZDF, aber auch die ARD und auch RTL+ und Sat 1 kann man sagen, daß uns die Attraktivität z. Z. aus technischen Gründen ganz entscheidend gestört scheint. Das ist in erster Linie auf die Nutzung einer nicht allgemein akzeptierten Norm durch diesen Satelliten zurückzuführen. Seit mehr als 8 Monaten strahlt der TV-Sat seine Programme in der Norm D2-MAC aus. Die Akzeptanz durch das Publikum für D2-MAC ist in der Bundesrepublik gleich null. Es ist also kein Ministerbeschluß und auch keine Verweigerung der Rundfunkanstalten, sondern das Kaufverhalten der Bürger, das bislang über D2-MAC entschieden hat. Hier muß also etwas getan werden, wenn man den TV-Sat für eine flächendeckende Versorgung nutzen will. Weiterhin muß das Problem der Rechtekosten gelöst werden, wenn man an die Hauptprogramme von ARD und ZDF denkt, die über diesen Satelliten verteilt werden sollen. Im ungünstigsten Fall können dabei deutlich zweistellige Millionenzahlen allein für das ZDF entstehen, und davon ist natürlich neben dem Rundfunk auch die Politik und die Gebührenhoheit der Länder angesprochen. Hier müssen Wege gefunden werden, wie sie auch in anderen westeuropäischen Ländern beschritten worden sind, die nicht unbedingt Geld kosten müssen, die aber eine klare rechtliche Regelung treffen.

Zum Abschluß soll nun ein Szenario der gegenseitigen Versorgungsmöglichkeiten von Bundesrepublik und DDR aufgeführt werden. Wenn man also darüber nachdenkt, wie ARD und ZDF mit ihren Hauptprogrammen die DDR flächendeckend versorgen könnten, so ist dies auf terrestrischem Wege möglich. Das Stockholmer Wellenabkommen gäbe das auf jeden Fall her. Die Rechtefragen und die damit einhergehenden Kosten müßten jedoch abgeklärt werden. Bezieht man die Satelliten mit ein und da insbesondere den sehr attraktiven, weil mit hoher Feldstärke operierenden TV-Sat, dann ist allem voran die Normenfrage zu klären. Man kann eine flächendeckende Akzeptanz in der DDR nicht erwarten, wenn man TV-SAT weiterhin in einer Norm betreibt, die ihre Akzeptanzprobleme in der Bundesrepublik inzwischen unter Beweis gestellt hat. Aber auch bei der Satellitennutzung müßten Rechtefragen und Rechtekosten abgeklärt werden. Ein Versorgungssystem über die Kombination von Fernmeldesatellit und Kabel ist z. Z. in der DDR rein technisch nicht gegeben. Der Verkabelungsgrad in der DDR ist nicht mit dem hiesigen vergleichbar.

Schaut man umgekehrt von der DDR in die Bundesrepublik und möchte da die Programme übernehmen, dann muß man feststellen, daß es terrestrisch nicht mehr geht. Die Kapazität ist nicht mehr vorhanden, wobei einmal die Nutzung der Natofrequenzen, Kanäle 62—69 auszuschließen ist, weil sie zivil nicht zugänglich sind. Gleiches gilt im übrigen für die DDR. Es verbliebe also das Instrument einer Satellitenversorgung für die Verteilung der DDR-Programme in der Bundesrepublik. Bezieht man hier den TV-Sat mit ein, bestehen auch hier die schon zitierten Probleme technische Norm und auch Rechtekosten. Bezieht man sich auf das System Fernmeldesatellit/Kabel, dann schiene das ein Weg zu sein, mit dem man am schnellsten zu einem gar nicht einmal so schlechten Versorgungsgrad kommt. Aber auch er geht selbstverständlich mit erheblichen Rechtekosten für den DFF einher; Geld spielt also in jedem Fall eine ganz zentrale Rolle.

All diesen technischen Möglichkeiten muß natürlich die Politik vorangehen. Politik bedeutet die Zuständigkeit der Bundesländer und der künftigen DDR-Länder, die die Hoheit in Programmfragen haben bzw. sicherlich bekommen werden. Und mit dieser Hoheit in Programmfragen werden auch Überlegungen zur generellen Neuordnung des Rundfunkwesens einhergehen. Die Kapazität ist technisch da, aber es muß auf die Politik gewartet werden, um diese technischen Möglichkeiten auch zu nutzen.

Rundfunk und Fernsehen in der DDR

Günter Schulz

1. Einleitung

Im Zusammenhang mit dem Prozeß der Vereinigung der beiden deutschen Staaten wuchern die Spekulationen um die Zukunft des Rundfunks der DDR und des Deutschen Fernsehfunks.

Es wurden mehr oder weniger seriöse Modelle der künftigen Medienlandschaft und der Einordnung von Rundfunk und Fernsehen der DDR in diese Landschaft entworfen, die zu Recht auf Unverständnis stießen.

Inzwischen sind der Deutsche Fernsehfunk und der Rundfunk der DDR mit ihren Vorstellungen für die eigene Entwicklung an die Öffentlichkeit getreten.

Es ist zwar nicht das Thema, über diese Vorstellungen zu sprechen, man kann sie jedoch nicht außer acht lassen, weil sich aus der Programmreform neue Anforderungen an die Modulationsleitungsnetze und die Zuordnung der Sender zu den Programmen ergeben. Eines muß jedoch klar ausgesprochen werden, die Deutsche Post handelt als Partner der DDR-Medien bei der Verwirklichung der neuen Programmstruktur von Rundfunk und Fernsehen.

Das kommt auch in der Absicht zum Ausdruck, eine Technische Kommission Rundfunk und Fernsehen (TKRF) zu bilden, die sich paritätisch aus Mitarbeitern des Rundfunks, des Fernsehens und der Deutschen Post zusammensetzen wird.

Im folgenden werden
— die für Rundfunk und Fernsehen zur Verfügung stehenden Kapazitäten
— der Versorgungsgrad und die Frequenznutzung sowie
— die nächsten Schritte der technischen Entwicklung
dargestellt.

2. Kapazitäten

Für die Versorgung der Bevölkerung der DDR mit den Hör- und Fernsehrundfunkprogrammen stehen folgende Sendeanlagen zur Verfügung:

Hörrundfunk

1 LW-Sender mit einer Leistung von 750 kW
19 MW-Sender mit einer Leistung von 20 kW— 1000 kW
86 UKW-Sender mit Strahlungsleistungen von 10—100 kW.

Fernsehrundfunk

Für die Programme DFF1 und DFF2 werden je 13 Grundnetzsender mit Strahlungsleistungen von 100—1000 kW und ca. 700 Fernsehfüllsender betrieben.

Die Anlagen sind zum großen Teil technisch veraltet und überwiegend länger als 20 Jahre in Betrieb. Daß trotzdem eine hohe Stabilität und Qualität der abgestrahlten Programme gewährleistet wird, ist dem fachlichen Können der Mitarbeiter zu verdanken und wird mit einem hohen Personalaufwand erkauft.

Bis auf Ausnahmen wird in den nächsten 6—8 Jahren die Erneuerung der im Einsatz befindlichen Sende- und Übertragungstechnik notwendig sein, wofür ein Investitionsvolumen von ca. 1,5 Mrd. DM erforderlich sein wird.

3. Versorgungsgrad/Frequenznutzung

Die Empfangsmöglichkeiten für die Programme des Hör- und Fernsehrundfunks sind in Bild 1 dargestellt.

Hörrundfunk				
Programm	LW/MW		UKW	
	Tag %	Nacht %	Mono %	Stereo %
1. Deutschlandsender	100,0	100,0	99,0	90,0
2. Berliner Rundfunk	100,0	67,0	99,0	90,0
3. Radio DDR I	100,0	99,0	99,0	90,0
4. Radio DDR II/Regionalpr.	–	–	99,0	92,0
5. Jugendradio DT 64*)	85,0	5,0	90,0	70,0

Fernsehrundfunk			
	Insgesamt %	Farbe %	brauchbar %
1. Programm	99,6	97,1	2,5
2. Programm	98,8	94,0	4,8

*) Der erhebliche Unterschied zwischen den Empfangsmöglichkeiten LW/MW Tag und Nacht ist auf die Abschaltung des Senders Burg/250 kW in der Nacht gemäß internationaler Koordinierung zurückzuführen.

Bild 1: Bestehende Empfangsmöglichkeiten von Programmen des Hör- und Fernsehrundfunks der DDR für die Bevölkerung der DDR Stand 31. 12. 1989

Die Programme Deutschlandsender, Berliner Rundfunk, Radio DDR I und Jugendradio DT 64 werden sowohl über Lang- und Mittelwelle als auch über UKW abgestrahlt, so daß bei diesen Programmen durchaus von einer Überversorgung (Mehrfachbedeckung) gesprochen werden kann, die im Rahmen der neuen Programmzuordnung unter Umständen auch durch Außerbetriebnahme von Mittelwellensendern abgebaut werden könnte.

Mit den 5 UKW-Sendernetzen wird — mit Ausnahme des Sendernetzes für Jugendradio DT 64 — eine Vollversorgung des Territoriums der DDR erreicht, wobei es noch punktuelle Versorgungslücken in der Stereoversorgung gibt.

Die Versorgung mit dem UKW-Hörrundfunkprogramm wird an den Beispielen der Karte für DDR I (gilt im Prinzip für DDR II, Berliner Rundfunk und Deutschlandsender) und der Karte für das Programm Jugendradio DT 64 dargestellt (Bilder 2 und 3).

Von den in Genf 1984 für die DDR im Bereich 87,5—104 MHz koordinierten 121 Frequenzen werden gegenwärtig 86 genutzt. Im Bereich 104—108 MHz stehen weitere 38 Frequenzen zur Verfügung.

Mit den noch zur Verfügung stehenden Frequenzen kann eine weitere flächendeckende Versorgung realisiert werden. Weiterhin besteht die Möglichkeit, für Ballungszentren zusätzliche Frequenzen mit geringer Strahlungsleistung zu koordinieren, um mit der Einführung eines dualen Rundfunksystems — nach Schaffung der dafür erforderlichen gesetzlichen Regelungen — auch privaten Programmanbietern entsprechende Möglichkeiten zu bieten.

Die Karten (Bilder 4 und 5) zeigen die Empfangsmöglichkeiten für die Programme DFF 1 und DFF 2.

Auf der Grundlage des Stockholmer Planes 1961 stehen der DDR 47 Frequenzen (für 80 Sender an 30 Standorten) zur Verfügung, womit die flächendekkende Versorgung mit 3 Fernsehprogrammen möglich wäre.

Die Nutzung der entsprechend dem Stockholmer Plan zugeteilten Frequenzen war in der Vergangenheit stark eingeschränkt, da gemäß Fußnote Nr. 694 der VO Funk das Band 645—862 MHz in der DDR — wie auch in anderen Ländern Osteuropas — dem Flugnavigationsfunkdienst auf zugelassener Basis zugewiesen und zum großen Teil auch dafür genutzt wurde.

In den letzten Monaten konnte die Nutzung für den Flugnavigationsdienst im Bereich bis zum Kanal 60 auf die Kanäle 44—47 und 54 eingeschränkt werden. Durch diese Entwicklung ist es möglich, schrittweise die erforderlichen Frequenzen für eine 3. flächendeckende Versorgung zur Verfügung zu stellen.

Die insbesondere beim Programm DFF 2 noch vorhandenen Versorgungslükken (mehr als 1 % der Bevölkerung ist davon betroffen) können nicht effizient mit Fernsehfüllsendern geschlossen werden.

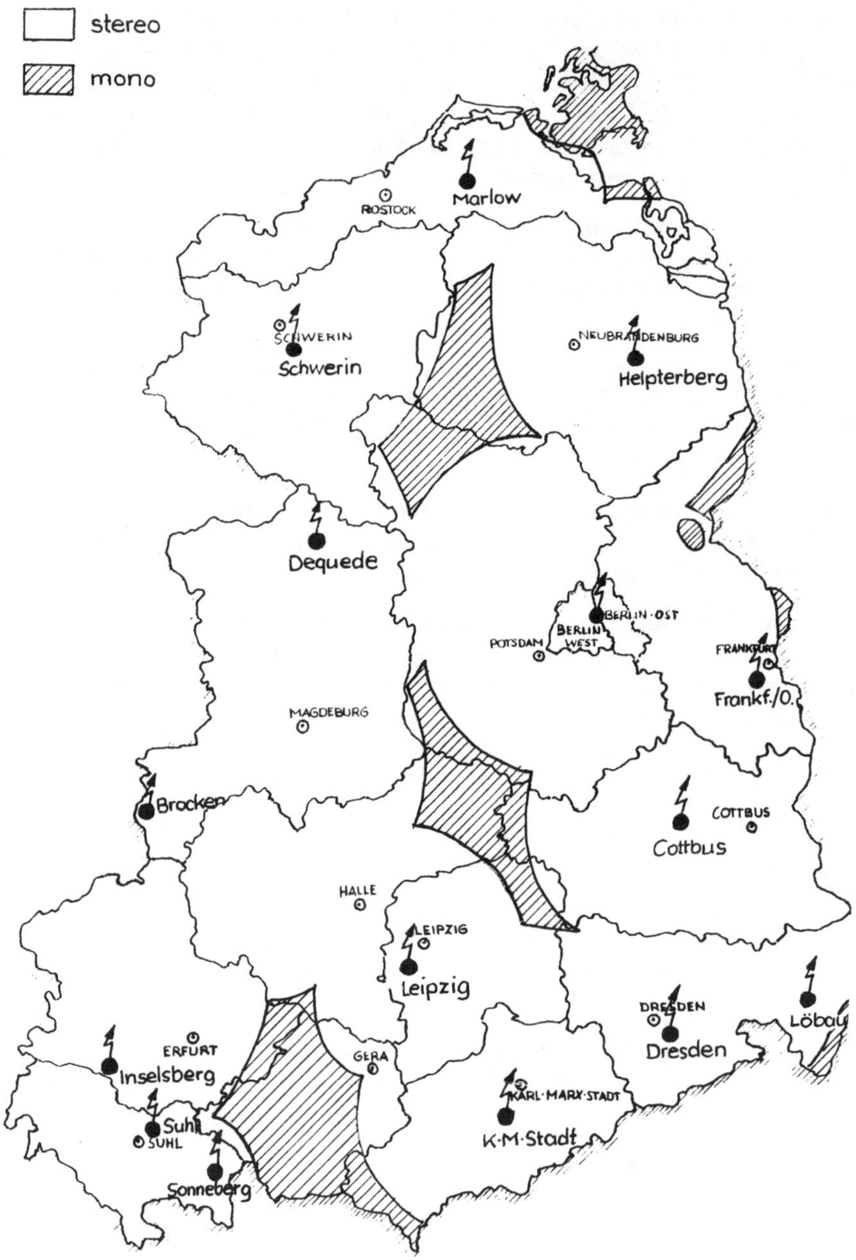

Bild 2: Empfangsmöglichkeiten für Radio DDR I (UKW)

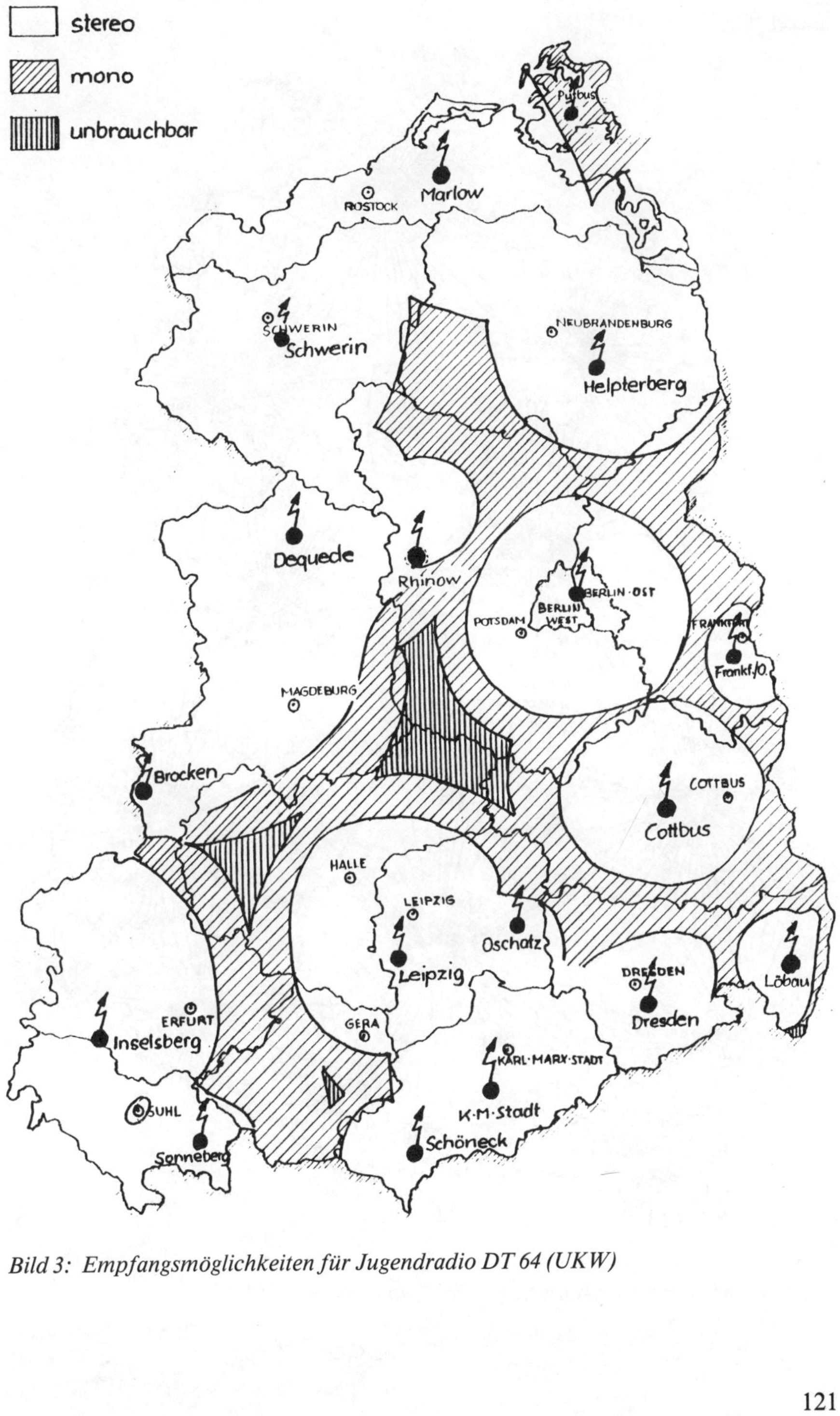

Bild 3: Empfangsmöglichkeiten für Jugendradio DT 64 (UKW)

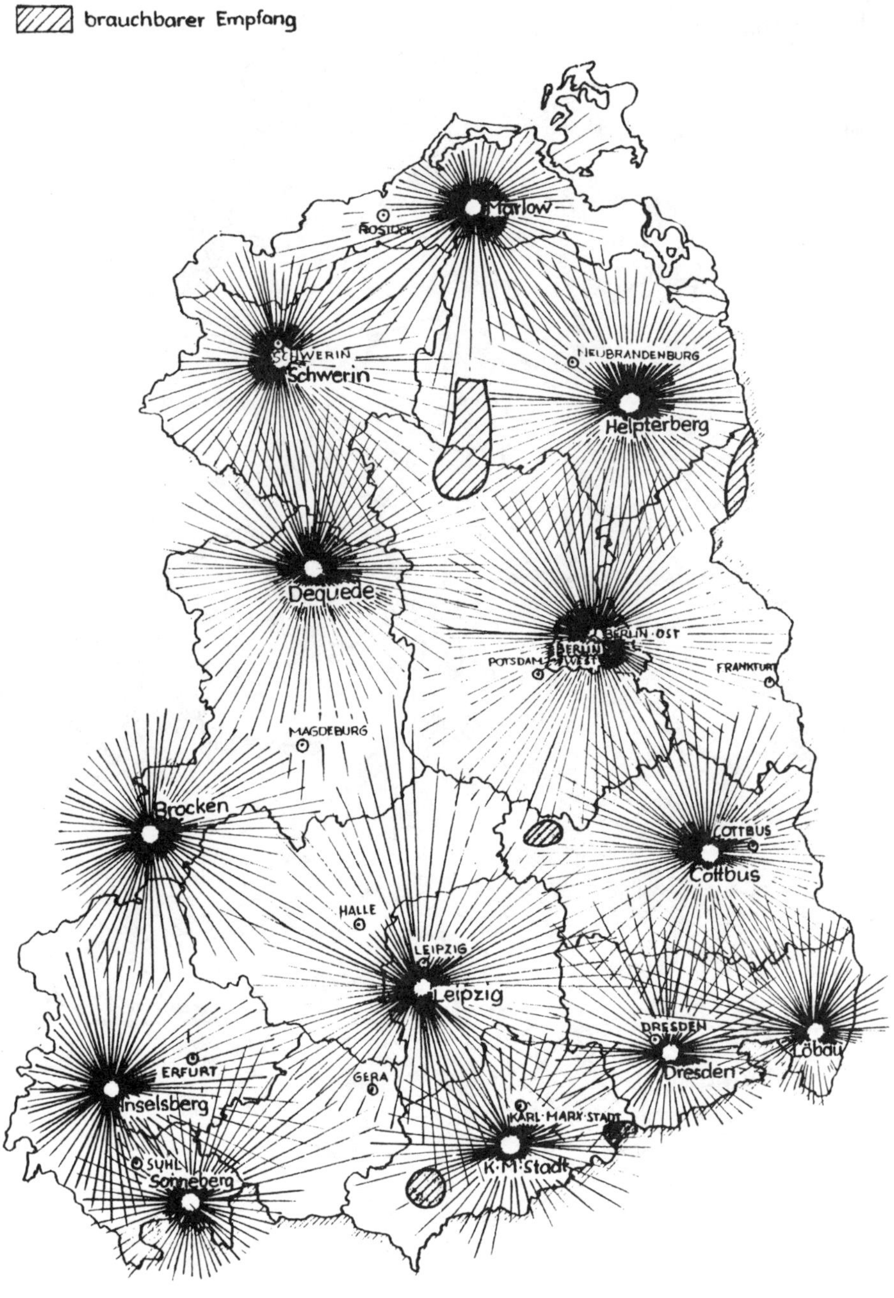

Bild 4: Empfangsmöglichkeiten für 1. Fernsehprogramm DFF 1

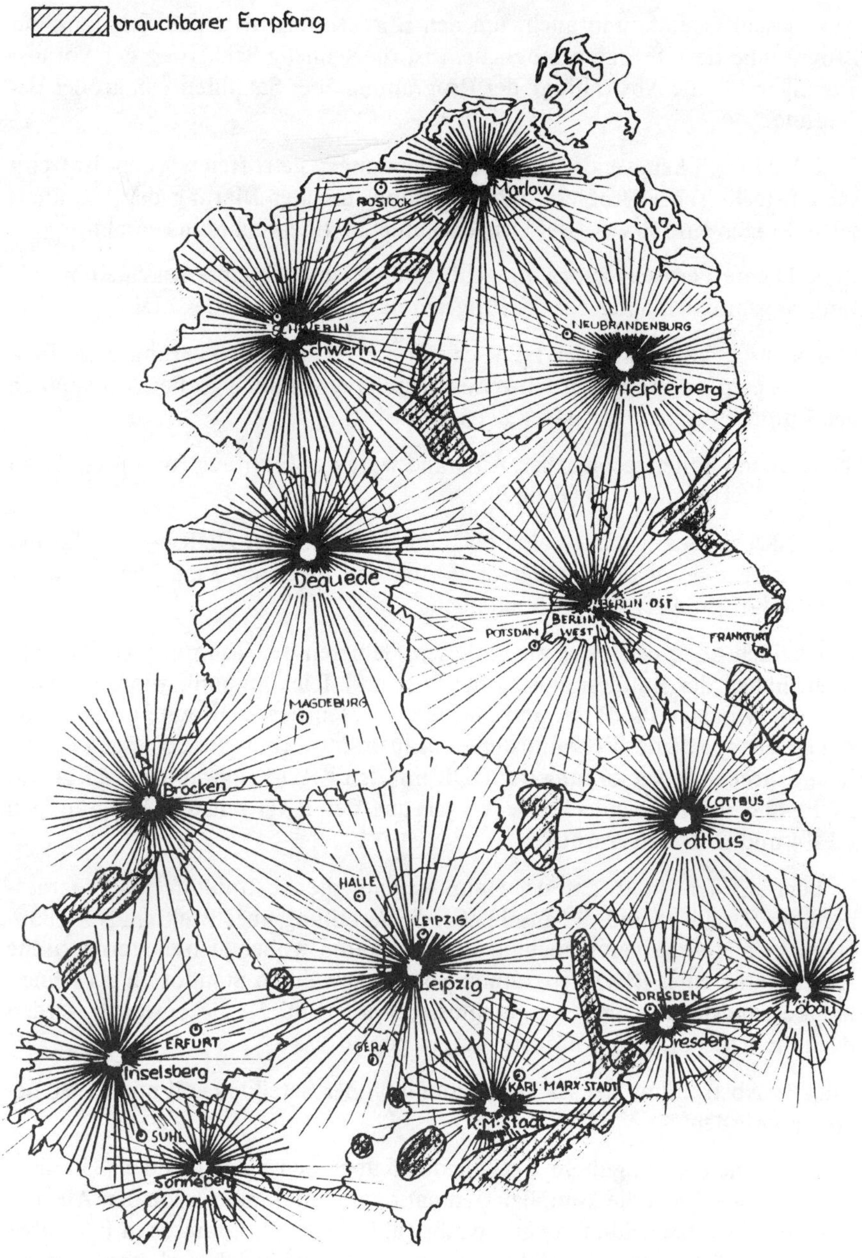

Bild 5: Empfangsmöglichkeiten für 2. Fernsehprogramm DFF 2

Aus diesem Grunde und auch, um den Bürgern der BRD den Empfang der Programme des DFF zu ermöglichen, ist die schnelle Schaffung der Voraussetzungen für die Abstrahlung der Programme über Satelliten von großer Bedeutung.

Daß dazu noch keine endgültigen Entscheidungen getroffen wurden, ist weniger ein technisches Problem, sondern hängt mit der Klärung der ökonomischen Fragen zum Erwerb der Urheber- und Satellitenrechte zusammen.

Zum Thema Fernsehversorgung gehört natürlich auch eine Aussage über die Empfangsmöglichkeiten für die Programme der ARD und des ZDF.

Gegenwärtig können in der DDR ca. 80—85 % der Bevölkerung diese Programme empfangen, wofür teilweise ein außergewöhnlich großer Aufwand an den Empfangsantennenanlagen betrieben wird.

Ohne diesen hohen technischen Aufwand wäre der Empfang für nur ca. 50 % der Bevölkerung möglich (siehe Bild 6).

Im ostsächsischen Raum — aber auch im Nordosten der DDR — ist aufgrund der Entfernung zu den Senderstandorten der BRD der Empfang auch mit noch so hohem Aufwand nicht möglich.

Um jedoch auch den Bürgern in diesen Gebieten den Empfang zu ermöglichen, haben der Bundesminister für Post und Telekommunikation der BRD und der Minister für Post- und Fernmeldewesen der DDR eine gemeinsame Arbeitsgruppe beider Postministerien beauftragt, technische Lösungen für die flächendeckende Versorgung der DDR mit den BRD-Programmen (ARD und ZDF) und die flächendeckende Versorgung der BRD mit den Programmen DFF 1 und DFF 2 zu erarbeiten.

Es liegt auf der Hand, daß der Hauptweg nur die Abstrahlung der Programme über Satelliten und die anschließende Verteilung über Breitbandverteilanlagen/Gemeinschaftsantennenanlagen sein kann, wobei auch die terrestrische Abstrahlung eines BRD-Programms von ausgewählten Standorten als schnelle Übergangslösung nicht ausgeschlossen wird (Bild 7). Gegenwärtig werden dazu die erforderlichen Voraussetzungen geprüft.

Mit der Abstrahlung der BRD-Programme über Satelliten soll noch 1990 begonnen werden.

Leider steht die endgültige Entscheidung über den zu nutzenden Satelliten noch aus, weil sich die komplizierten nationalen und internationalen Abstimmungen zur Entscheidung über die Abstrahlung der Programme in PAL über den TV-SAT 2 — als angestrebte Lösung — länger hinziehen als ursprünglich erwartet.

Eine schnelle Entscheidung ist notwendig, damit die Bürger der DDR Satellitenempfangsanlagen erwerben, mit denen später die Programme ARD und ZDF auch empfangen werden können und Mehrausgaben vermieden werden.

Bild 6: Empfangsmöglichkeiten für Fernsehprogramm ARD

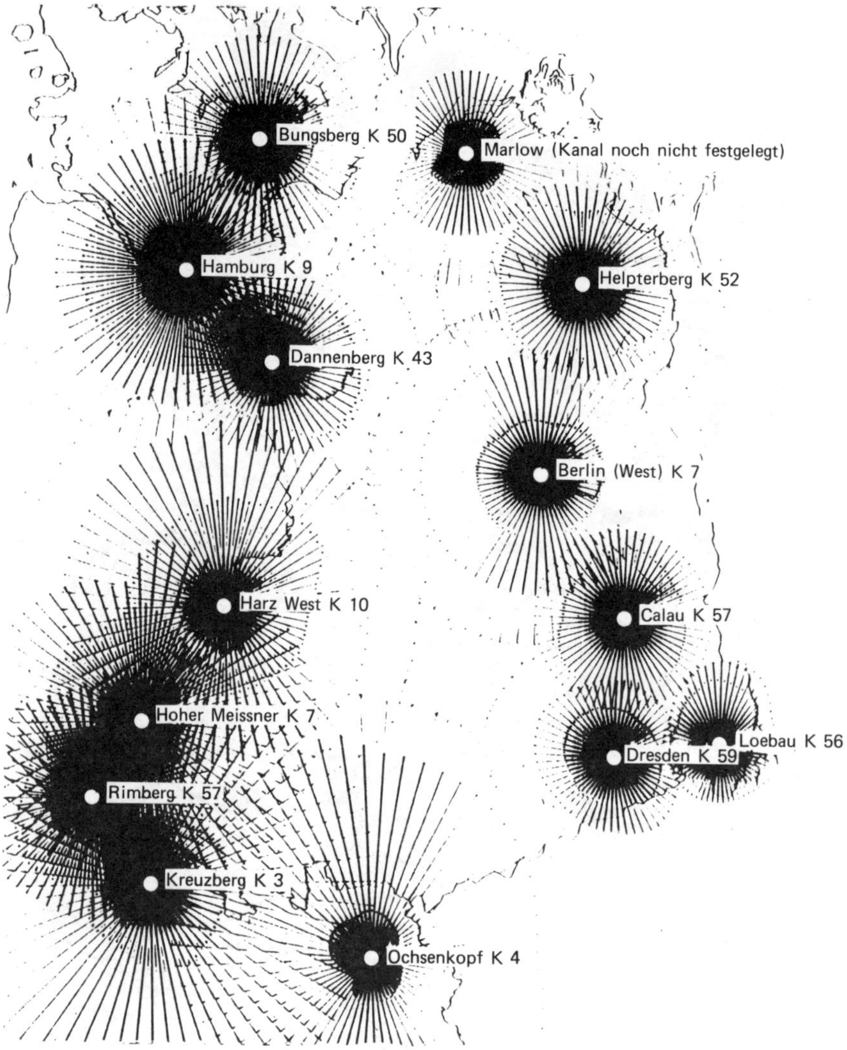

Bild 7: Abstrahlung eines BRD-Programms von 5 Senderstandorten der DP

4. Stand des Ausbaus mit Gemeinschaftsantennenanlagen

Etwa 52 % aller Fernsehteilnehmer (ca. 3,2 Mio) werden über Gemeinschaftsantennenanlagen versorgt. Der Aufbau dieser Anlagen erfolgte bisher unter Verantwortung der jeweiligen Rechtsträger (Kommunale Wohnungsverwaltung, Arbeiter-Wohnungsbaugenossenschaft usw.). Eine Vielzahl von Anlagen wird auch durch private Interessengemeinschaften betrieben.

Gegenwärtig sind ca. 40000 Anlagen in Betrieb, wobei über einige Anlagen mehr als 30000 Teilnehmer (u. a. Rostock, Neubrandenburg, Schwedt) versorgt werden.

Der Ausbaugrad ist in den einzelnen Bezirken sehr unterschiedlich (Bild 8). Er liegt zwischen 31 % im Bezirk Erfurt und 70 % im Bezirk Leipzig. Die eingesetzte Technik ist zum großen Teil veraltet und gestattet nur die Verteilung von max. 6 Programmen (230-MHz-Technik).

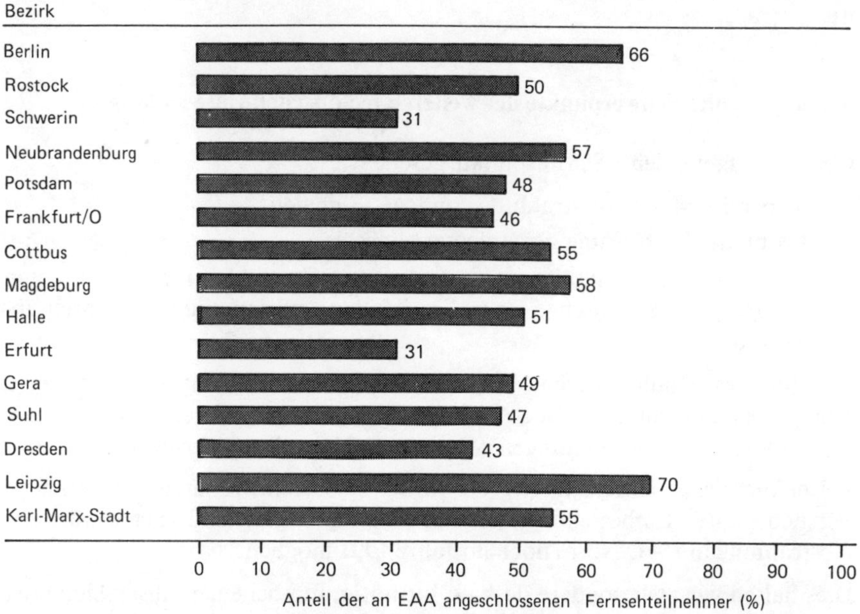

Bild 8: Anteil der über Gemeinschaftsantennen-Anlagen versorgten Fernsehteilnehmer

Nur wenige Anlagen sind mit modernerer Technik (300 MHz) ausgerüstet.

Aufgrund der Notwendigkeit des schnellen Aufbaus von Breitbandverteilanlagen/Gemeinschaftsantennenanlagen in den bisher nicht mit den Programmen ARD und ZDF versorgten Gebieten und der Tatsache, daß Breitbandverteilanlagen/Gemeinschaftsantennenanlagen für die Grundversorgung und zur Erhöhung der Programmvielfalt außerordentliche Bedeutung haben, wurde entschieden, daß künftig alle Breitbandverteilanlagen mit mehr als 10000 Anschlußmöglichkeiten unter Verantwortung der Deutschen Post realisiert werden.

Für die Planung, Koordinierung des Ausbaus und für den Betrieb dieser Anlagen werden gegenwärtig mit Unterstützung der Bundespost leistungsfähige Kapazitäten in den dafür zuständigen Einrichtungen der Deutschen Post geschaffen.

Für den Aufbau der Breitbandverteilanlagen und die Modernisierung der Gemeinschaftsantennenanlagen wird von folgenden Zielstellungen ausgegangen:

Etappen	Anschlußmöglichkeiten	Investaufwand
1990—1991	500000	350 Mio. DM
1992—1994	700000	500 Mio. DM
1994—1996	1000000	700 Mio. DM

In der Zeit bis 1991 werden die Ressourcen auf die Gebiete konzentriert, in denen gegenwärtig der Empfang der Programme ARD und ZDF nicht möglich ist.

5. Ausgewählte Schwerpunkte der weiteren technischen Entwicklung

Gegenwärtig werden 3 Schwerpunkte gesehen:

— Vorbereitung der Ausstrahlung von PAL-Signalen

— Beginn der Einführung des Videotextdienstes

— Schaffung der technischen Voraussetzungen für die Regionalisierung von Rundfunk und Fernsehen einschließlich des Aufbaus einer 3. Fernsehsenderkette

Ein Teil des Studiobetriebes beim Deutschen Fernsehfunk wird bereits in Komponententechnik und auch in PAL durchgeführt (Aktuelle Kamera, Studio Elf 99 usw.). Vorbereitungen zur weiteren Umstellung werden getroffen.

Bei erfolgreicher Durchführung der in den nächsten Monaten vorgesehenen Versuche unter Einbeziehung der Übertragungs- und Sendernetze wäre die Abstrahlung in PAL-Norm noch im Jahre 1991 möglich.

Dies halten wir insbesondere deshalb für nötig, um bei einer Abstrahlung der DDR-Fernsehprogramme über Satelliten den BRD-Teilnehmern ohne zusätzliche Kosten den Empfang flächendeckend zu ermöglichen. Auf Zweinormenempfänger könnte künftig verzichtet werden.

Natürlich gibt es weitere Probleme, die bedacht werden müssen. Sicher wird noch eine geringe Zahl von Einnorm-Secamempfängern betrieben, die erfaßt und ausgetauscht werden müßten (speziell im Raum Dresden und Rostock).

Zur Vorbereitung der Einführung des *Videotext-Dienstes* ist festzustellen, daß seit Dezember 1989 im Rahmen eines großtechnischen Versuches ein bescheidenes Versuchsprogramm mit 16 Texttafeln über die Senderketten der beiden Fernsehprogramme DFF 1 und DFF 2 ausgestrahlt wird. Ab Mai wird ein ganztägiges Versuchsprogramm mit 38 Texttafeln (davon 30 aktuell gestaltete Tafeln mit Nachrichten, Sportergebnissen, Wetterbericht, Programmvorschau usw.) gesendet. Die offizielle Einführung des Dienstes ist bis Jahresende vorgesehen.

Im Zusammenhang mit der Einführung der Länderprogramme sind auch technische Vorbereitungen notwendig. Dabei geht es u. a. um die Neuzuordnung der Hörrundfunksender zu den zentralen und regionalen Programmen, die Schaltung zusätzlicher Rundfunkleitungen zwischen den Regionalen Studios und den Sendern, aber auch um die Schaffung einer 3. Fernsehsenderkette als eine Voraussetzung für die Abstrahlung regionaler Fernsehprogramme.

Die erste Ausbauphase für die 3. Fernsehsenderkette soll noch im Jahre 1990 an insgesamt 5 Hauptsenderstandorten realisiert werden.

Diese Senderkette wird dem Deutschen Fernsehfunk und einer öffentlich-rechtlichen Rundfunkanstalt der BRD zur gemeinsamen Nutzung zur Verfügung stehen.

6. Zur weiteren Entwicklung des Hör- und Fernsehrundfunks der DDR

Der Beschluß der Volkskammer über die „Gewährleistung der Meinungs-, Informations- und Medienfreiheit" vom 5. Februar 1990 stellt die Aufgabe, den Rundfunk und das Fernsehen in öffentlich-rechtliche Anstalten umzuwandeln, die nicht der Regierung unterstehen.

Erste wichtige Schritte zur Umgestaltung des Rundfunks und des Fernsehens in öffentlich-rechtliche Anstalten wurden getan.

Gemeinsame Aktivitäten des Rundfunks und des Fernsehens der DDR mit dem Ministerium für Post- und Fernmeldewesen zur technischen Vorbereitung der Regionalisierung sind angelaufen.

Fernsehen

Mit der Anerkennung der Gemeinnützigkeit, der Steuerbefreiung, der Übertragung der Gebührenhoheit für das Versorgungsgebiet und der Genehmigung zur Einführung des Werbefernsehens wurden entscheidende ökonomische Rahmenbedingungen für die Gewährleistung der Produktion und Ausstrahlung von 2 überregionalen Fernsehprogrammen (DFF 1 und DFF 2) sowie Voraussetzungen für den schrittweisen Ausbau von Regionalstudios mit einer dritten Sendebasis entsprechend den Erfordernissen zukünftiger Länderstrukturen geschaffen.

Das Konzept des Deutschen Fernsehfunks geht davon aus, daß auch nach der Vereinigung der beiden Deutschen Staaten eine 3. öffentlich-rechtliche Anstalt ihre Existenzberechtigung und einen Programmauftrag für das jetzige Versorgungsgebiet und dann ehemalige Staatsgebiet der DDR mit zwei anspruchsvollen, sich deutlich voneinander unterscheidenden überregionalen Programmen hat. Das schließt unter Berücksichtigung der Kulturhoheit der künftigen Länder und ihren Interessen regional begrenzte dritte Programme ein.

Rundfunk

Mit dem Übergang zur Länderstruktur sind tiefgreifende Veränderungen in der bisherigen Programmstruktur notwendig. Die fünf flächendeckenden UKW-Sendernetze sind neu zu strukturieren.

Nach dem derzeitigen Diskussionsstand der Programmreform soll die bisherige UKW-Senderkette Radio DDR 2 ab 1. 7. 1990 für die Länderprogramme genutzt werden. Als Konsequenz ist eine „Fusion von Deutschlandsender und DDR 2" zu einem zentral ausgestrahlten Kulturkanal UKW-Netz Deutschlandsender vorgesehen, weil Radio DDR 2 das bisherige UKW-Netz räumen muß.

Mittelfristig könnten 2 weitere UKW-Sendernetze den Ländern für ein 2. und 3. Länderprogramm zugeordnet werden.

Als Folge ergibt sich, daß überregional für das Gebiet der DDR dann nur noch ein Informations- und Musik- sowie ein Jugendkanal Bestand haben werden, d. h. zwei zentral ausgestrahlte Programme.

Im Prozeß der derzeitigen Programmreform wird auch über den künftig veränderten Einsatz der Lang- und Mittelwellensender im Rahmen der Länderprogramme und/oder der überregionalen Programme entschieden.

Soweit einige Vorstellungen zur weiteren Entwicklung des Rundfunks und des Fernsehens der DDR, mit deren Verwirklichung die Eigenständigkeit und Chancengleichheit der elektronischen DDR-Medien unter den sich neu entwikkelnden Bedingungen gewährleistet werden sollte. Diese Vorstellungen geben Raum für ein duales Rundfunksystem, das auch auf dem Gebiet der DDR zur Realität werden wird. Sie stellen den gegenwärtigen Stand der Diskussion dar und werden sicher in Abhängigkeit von der Entwicklung weiteren Veränderungen unterliegen.

Investition und Finanzierung

Bernhard Zurhorst

Ich freue mich, einige Überlegungen zur anstehenden Investitionsfinanzierung der TELEKOM der DDR aus unseren eigenen Erfahrungen vorstellen zu können. 16 Jahre war ich für die Finanzen der Bundespost und damit auch für die Finanzierung der Investitionen veranwortlich. Seit dem 1. Januar dieses Jahres bin ich nun Vorstandsmitglied bei der POSTBANK, der es als Hausbank der TELEKOM weiterhin obliegt, deren Kreditbedarf zu finanzieren.

Zuvor eine persönliche Bemerkung: Ich erinnere mich ganz lebhaft an den 20. Juni 1948, da habe ich als 20jähriger für meine Familie, für meine Eltern und zwei Söhne, im Zuge der Währungsreform 160 DM abgeholt, gegen Reichsmark getauscht. Das war eine Situation — mein Vater war Freiberufler —, in der man keineswegs wußte, wie es weitergeht. Eine bedrückende Ausgangslage. Und dann 2 Jahre später, im Sommer 1950: die Bundesrepublik Deutschland war wirtschaftlich nicht wiederzuerkennen. Ich glaube, wir haben allen Anlaß, mit Optimismus an das heranzugehen, was als Chance und Herausforderung, als „Wehen des Mantels der Geschichte" umschrieben worden ist. Das können und werden wir schaffen.

Eine zweite Vorbemerkung: Niemand kann heute mit einiger Sicherheit sagen, was durch die bevorstehende Vereinigung der beiden Teile Deutschlands auf die öffentlichen Haushalte der Bundesrepublik zukommt. Aber man kann mit einer Größenordnung von 50 Mrd. DM/anno rechnen. 50 Mrd. DM sind einerseits sehr viel Geld, andererseits aber weniger als 5 % aller öffentlichen Ausgaben in der Bundesrepublik Deutschland einschließlich unserer Sozialversicherungssysteme. Damit sind diese 50 Mrd. DM doch auch wieder relativiert.

Und nun zur Telekommunikation. Sie ist weltweit ein Wachstumsbereich par excellence. Wir haben in der Bundesrepublik von 1948 bis 1989, auch preisbereinigt, ein enormes Wirtschaftswachstum erzielt. Das könnte man in Zahlen belegen. Aber wenn dieses Wachstum pro anno im Durchschnitt der Jahre vielleicht bei 4 % gelegen hat, ist der Telekommunikationsbereich der Bundespost bis 1989 weit überproportional gewachsen. Das heißt, der Beitrag der Bundespost zum gesamtwirtschaftlichen Wachstum in der Bundesrepublik Deutschland ist signifikant größer gewesen als das durchschnittliche Wachstum. Wir haben Jahre gehabt mit Wachstumsraten von mehr als 10 %, eine ausgesprochene Sonderkonjunktur. Wir haben heute immer noch ein Wachstum in der Gegend von 5 % im Bereich des Telefondienstes, der immer noch mit 88 % der Einnahmen das Rückgrat der TELEKOM ist.

Daneben gibt es andere Bereiche der Telekom mit Wachstumsraten von 15 % und mehr. Auf diesem Hintergrund glaube ich, daß es eine lösbare Aufgabe ist, mit den Problemen, die sich in der DDR nach 45jähriger Trennung stellen, fertig zu werden.

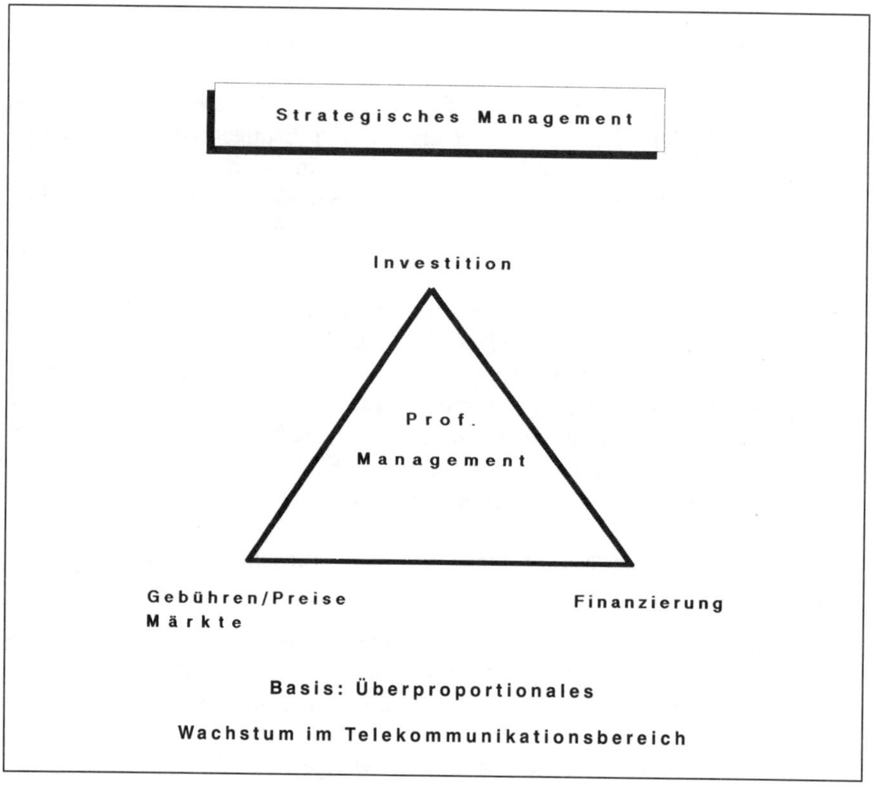

Bild 1: Strategisches Dreieck

Dabei muß man sich bewußt sein, daß man an diese Problematik mit professionellem Management angehen muß. Wir bewegen uns auf der Basis eines überproportionalen Wachstums in dem strategischen Dreieck von Investition, von Finanzierung und von Märkten/Gebühren/Preisen. Öffentliche Aufgabenträger, die ja in aller Welt Telekommunikation bis in die jüngste Gegenwart angeboten haben und in wichtigen Bereichen auch in Zukunft anbieten werden, neigen vielleicht dazu, nur das Verhältnis Investition und Finanzierung zu sehen, jedenfalls aber vorrangig nur dieses Verhältnis zu sehen: man beschreibt, was man braucht, was man als Bedarf sieht, und fragt dann, wie kann man das finanzieren. Und der Rest wird dann mit der linken Hand gemacht. Ein Beispiel: in Ägypten gibt es auf der einzigen wichtigen Wirtschaftsschiene Kairo — Alexandria so etwas wie unser C-Mobilfunknetz. Aber die Preise für die Nutzung sind signifikant geringer als bei uns in der Bundesrepublik Deutschland. Ein Land mit einer hochgradigen Verschuldung, mit einem enormen Kapitalbedarf leistet sich hier also eine Preispolitik, die einfach an den Notwendigkeiten der teuren Kapitalbeschaffung achtlos vorbeigeht. Und dann wundert man sich, wenn man Probleme in der Schaffung einer zureichenden Telekom-Infrastruktur hat. Preispolitik mit Blick auf die aktuelle Marktsituation ist also ein ganz wichtiger dritter Pol in dem aufgezeigten strategischen Dreieck, wenn man in seiner Investitionspolitik erfolgreich sein will.

Bestand an Hauptanschlüssen in der Bundesrepublik Deutschland

30.06.48	ca. 1 Mio
01.01.50	1.988.016
01.01.60	2.958.125 *)
01.01.70	7.609.261
01.01.80	19.228.595
01.01.90	29.404.950

*) Nettozugang 1960: 262.865

Bild 2: Entwicklung der Zahl von Telefon-Hauptanschlüssen

In Bild 2 ist aufgelistet, wie sich in der Bundesrepublik die Zahl der Hauptanschlüsse entwickelt hat. Zur Zeit der Währungsreform war es eine Million, 1970 waren es 7,6 Millionen. 1970, als die Bundesrepublik Deutschland im weltweiten Wettbewerb — der Wiederaufbau lag lange hinter uns — zu einer der führenden Industrienationen herangewachsen war, hatten wir 7,6 Millionen Hauptanschlüsse. Wenn wir das auf die Bevölkerungszahl der DDR herunterrechnen, also grob durch 4 teilen, dann ergibt das 1,9 Millionen Hauptanschlüsse, auf die 16 Millionen DDR-Bevölkerung projiziert. Wir haben heute 29 Millionen Hauptanschlüsse. Dieses Wachstum hat sich geradezu expontiell vollzogen. Wir haben in den ersten Jahren Wiederaufbau betrieben, haben repariert und geflickt, um die Telekommunikation wieder in Gang zu setzen. 1960 haben wir, auf die Größe der DDR heruntergerechnet, erst 750000 Hauptanschlüsse in Betrieb gehabt. Sicherlich darf man diese Vergleiche nicht ohne weiteres auf die heute in der DDR bestehende Mangelsituation übertragen. Mit Hilfe der DBP TELEKOM wird man der Mangelsituation sehr viel schneller Herr werden können. Gleichwohl bleiben die Erfahrungen der DBP bedenkenswert.

Die Jahreszuwachsrate betrug 1960 — wieder auf die DDR heruntergerechnet — ganze 65000 Stück. Wir haben es also — und das ist die Botschaft — über viele Jahre mit einer ausgesprochenen Knappheit beim Angebot zu tun gehabt. Erst in den 60er Jahren haben wir begonnen, systematisch zu investieren. Mit der Folge riesiger Investitionen, die aber von heute auf morgen keine Teilnehmer und damit auch keine Kasse brachten. Mit der weiteren Folge, daß die Deutsche Bundespost, schon damals von den Zahlen her sehr stark von TELEKOM dominiert, finanziell schwere Zeiten gehabt hat, die wir erst ab 1975 überwunden haben.

Seit 1975 schreibt die Bundespost Gewinne, genauer: in der Bundespost die TELEKOM und die POSTSPARKASSE.

Wenn ich das Jahr 1970 herausgreifen darf, da komme ich auf den Punkt Markt, Gebühren, Preise. Dort hatten wir eine Liste von mehr als 700000 wartenden Teilnehmern, die länger als 4 Wochen warten mußten, bis sie ein Telefon bekamen. Sie konnten ein Auto kaufen von heute auf morgen, sie konnten einen Kühlschrank kaufen, aber ein Telefon konnten sie nicht haben. Wir sind beschimpft worden, nicht fähig zu sein, mit diesen Dingen fertig zu werden. Wir haben nicht den Mut gehabt, hier marktwirtschaftlich zu handeln. Was ist auf anderen Feldern geschehen, in denen eine ähnliche Knappheitssituation gegeben war? Man hat marktwirtschaftlich richtig Knappheitspreise gesetzt. Die Automobilindustrie hat über 10 und mehr Jahre Knappheitspreise genommen, hat aus überhöhten Gewinnen Kapital gebildet, hat investiert, hat die Kapazitäten verbreitert und hat dafür die Basis geschaffen, mit dem Problem Angebot/Nachfrage fertig zu werden. Wir haben 1970 eine Situation gehabt, die dieser Knappheit in den Preisen nicht Rechnung getragen hat, mit der Folge, daß Nachfrage ins Netz drängte unabhängig vom Grad der Dringlichkeit. Die Ernte der Telefonanschlüsse wurde gleichmäßig verteilt, je nachdem wo man geplant hatte, über Rentner, über kleine Haushalte bis hin zum mittelständischen Unternehmen. Einem mittelständischen Unternehmer konnte es passieren, daß er seine Standortwahl danach treffen mußte, wo die Bundespost in der Lage war, ihm ein Telefon zur Verfügung zu stellen. Ich sage das alles so deutlich, damit man sieht, worauf man aufpassen muß, wenn man jetzt in eine vergleichbare oder ähnliche Situation kommt.

- Finanzierung der Investitionen
  - Abschreibungen
  - Gewinne
  - Kredite

- Eröffnungsbilanz TELEKOM

  Passivseite:

– Eigenkapital	42 Mrd. DM
– Fremdkapital	72 Mrd. DM
Bilanzsumme	114 Mrd. DM

Eigenkapital/Fremdkapital =

37 % : 63 %

Bild 3: Bilanz der DBP TELEKOM

Wie haben wir nun in der Vergangenheit die Investitionen bei der Bundespost finanziert? Aus Abschreibungen, aus Gewinnen und aus Krediten. Im unteren Teil des Bildes 3 führe ich die Zahlen vor, wie ich die Eröffnungsbilanz der TELEKOM zum 1. Januar 1990 sehe; sie ist noch nicht fertig, aber die Konturen sind einigermaßen zuverlässig. Wir haben also eine Bilanzsumme von 114 Mrd. DM, 42 Mrd. DM sind durch Eigenkapital unterlegt, 72 Mrd. DM sind Fremdkapital. Damit haben wir also eine Relation von Eigenkapital zu Fremdkapital von etwa 37 % zu 63 %. Das ist eine Ausgangslage, mit der man leben kann.

Ich darf nun am Beispiel von 1990 die Investitionsfinanzierung eines Jahres vorführen. Telekom hat die Absicht, 18,8 Mrd. DM in Sachanlagen zu investieren. Eine phantastische Zahl. Unsere Großunternehmen in der Bundesrepublik Deutschland von Daimler-Benz über Siemens und Volkswagenwerk dürften kaum die Summe von 5 Mrd. DM überschreiten; wenn sie über 4 Mrd. DM hinauskommen, ist das schon viel. Bei der TELEKOM alleine 18,8 Mrd. DM!

Davon verdient TELEKOM in ihren 40 Mrd. DM Erträgen 12,4 Mrd. DM als Abschreibung, die dann zur Finanzierung zur Verfügung stehen, so daß man o Investitionsfinanzierung '90

– Investition	18,8 Mrd. DM
– Abschreibung	12,4 Mrd. DM
Nettoinvestition	6,4 Mrd. DM

o Finanzierung

– Gewinn	2,1 Mrd. DM
– Nettokredit	4,3 Mrd. DM
	6,4 Mrd. DM

Nochmals:

Strategisches Dreieck

- Investition
- Finanzierung
- Gebühren / Preise, Märkte

Bild 4: Investitionsfinanzierung 1990 der DBP TELEKOM

also als Nettoinvestition ein Volumen von 6,4 Mrd. DM vor sich hat, d. h., aus der Eröffnungsbilanzsumme von 114 Mrd. DM wird am Jahresende 1990, wenn man den Plan so realisiert, eine Bilanzsumme von 120,4 Mrd. DM.

Wie werden diese Nettoinvestitionen nun finanziert? TELEKOM wird voraussichtlich einen Gewinn in Höhe von 2,1 Mrd. DM erwirtschaften, der zur Investitionsfinanzierung zur Verfügung steht, nachdem TELEKOM — und da sind wir gleich bei einem DDR-Problem, wie mir scheint — zuvor einen Finanzausgleich geleistet hat an die gelbe Post und an die Postbank von zusammen 1,75 Mrd. DM. Das ist auch deshalb ein Problem, weil dieses Geld z. B. nicht für DDR-Investitionen zur Verfügung steht. Aber vorübergehend müssen die beiden Schwesterunternehmen der TELEKOM noch finanziell Hilfe-

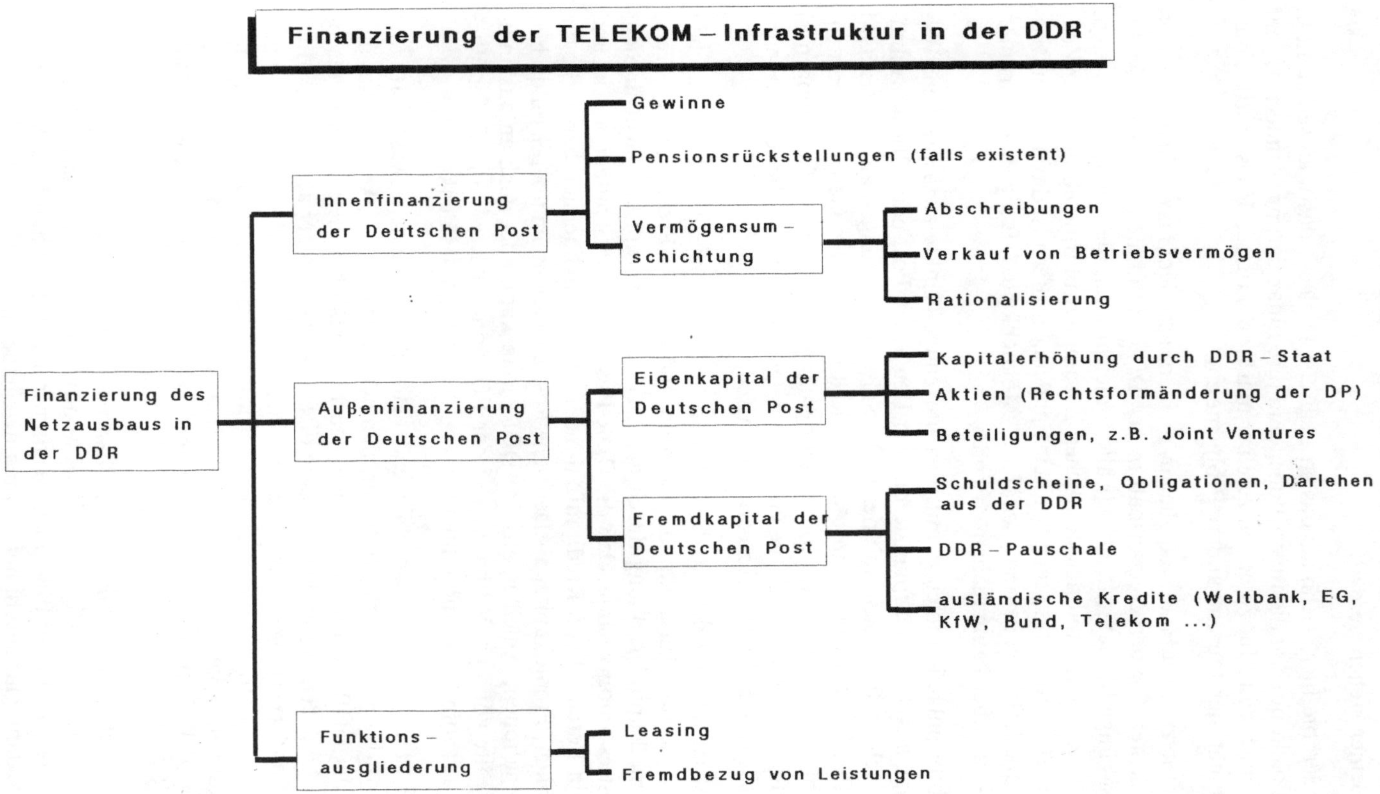

Bild 5: Finanzierungsmöglichkeiten für den Netzausbau in der DDR

stellung erfahren, bis sie nach einer Anlaufzeit von etwa 5 Jahren dann auf eigenen Beinen stehen werden.

Ich wiederhole hier nochmals das strategische Dreieck, das man sehen muß. Es geht nicht nur um die Investitionen und ihre Finanzierung, sondern es geht darum, auch den Mut zu haben zu einer marktorientierten Preispolitik, sonst handelt man sich tausend andere Probleme ein.

Auf dem letzten Bild habe ich alle aus meiner Sicht denkbaren Finanzierungsmöglichkeiten für den Netzausbau in der DDR zusammengetragen. Das Tableau ist einige Monate alt, als wir alle vielleicht noch die Vorstellung hatten, daß zwischen heute und der staatlichen Zusammenführung ein längerer Zeitraum liegen werde. Das sehen wir heute anders, insofern ist das Tableau weitgehend überholt. Ich betone *„denkbare“* Möglichkeiten. Einige sind darunter, die denkbar, aber kaum realistisch sind.

Deshalb begnüge ich mich damit, hier nur einige Punkte anzusprechen: Was kann man aus der Innenfinanzierung der Deutschen Post nach Preiskorrekturen — auch im P-Bereich, mit denen die Subventionierungen aus TELEKOM in den Postbereich rückgeführt werden sollten (!) — aus Gewinnen beisteuern? Gibt es des weiteren Rationalisierungschancen, um die Aufwendungen zu drücken mit der Folge, daß die Gewinne steigen, um von hierher einen Finanzierungsbeitrag höherer Art zu erwirtschaften.

Man hat im übrigen die Möglichkeit der Außenfinanzierung der Deutschen Post. Einmal aus Eigenkapital und zum anderen aus Fremdkapital. Wenn schon eine Kapitalerhöhung durch den DDR-Staat vermutlich nicht in Sicht ist, so ist es schon wichtig, daß die DDR-Post nicht mit Schulden antritt und damit ein Potential von Kreditaufnahme mitbringt. Schließlich haben Sie die Möglichkeit, Fremdkapital als Deutsche Post aufzunehmen über Schuldscheine, Obligationen, Anleihen aus der DDR. Man kann aber auch an ausländische Kredite von der Weltbank, von der EG, von der Kreditanstalt für Wiederaufbau, vom Bund und schließlich von der TELEKOM denken.

Wichtig ist es vielleicht, abschließend deutlich zu machen, was ja für die DDR-Post bisher nicht der Fall war, nämlich die Notwendigkeit der Ausgliederung der DDR-Post aus dem Staatshaushalt. Man hat die Post in Deutschland 1924 aus dem Vermögen des damaligen Reiches, später ab 1949 des Bundes als Sondervermögen ausgegliedert. Wir haben über unsere Investitionen selbst entschieden. Wir haben als Bundespost unsere Kredite am Kapitalmarkt selber aufgenommen. Das sollte eine Bedingung sein, die für die Deutsche Post der DDR dann in dem Aufeinanderzugehen auch ganz selbstverständlich wird.

Ich bin fest überzeugt, daß wir alle Chancen haben, mit den vor uns liegenden Herausforderungen fertig zu werden, wenn wir das mit nüchternem Rechenstift angehen, nicht mit Illusionen. Wenn wir die harten Fakten ins Kalkül einbeziehen, dann glaube ich, haben wir gute Chancen.

Investition und Finanzierung aus der Sicht der Deutschen Post

Werner Voigtländer

Es ist sicherlich hilfreich, wenn zur Einschätzung der Thematik ein knapper Überblick über die wirtschaftliche Lage der Deutschen Post der DDR gegeben wird.

Nach dem noch in der DDR geltenden Recht ist die Deutsche Post der alleinige Anbieter von Telekommunikationsleistungen. Diese Monopolstellung auf der einen Seite und die zentralisierte Steuerung der Investitionen durch den Staat auf der anderen Seite haben dazu geführt, daß das Kommunikationssystem der DDR heute weder technisch noch leistungsmäßig den Anforderungen entspricht.

Die trotzdem über Jahre hinweg erzielten Gewinne aus dem Fernsprechverkehr wurden zur Deckung der Verluste aller anderen, inbesondere der Postdienste, eingesetzt und Überschüsse von jährlich 700—900 Mio. M zur Finanzierung des Staatshaushaltes abgeführt. Die Deutsche Post war damit im Gegensatz zu vielen anderen Betrieben nicht an der Staatsverschuldung der DDR beteiligt. Sie hat im Gegenteil mit großen Substanzverlusten bis zuletzt zur Mobilität des Haushaltes beigetragen.

Wenn sich nunmehr die Deutsche Post als ein nach wirtschaftlichen Gesichtspunkten arbeitendes Unternehmen konstituiert, das in noch auszugestaltenden Schritten ein Zusammenwachsen mit den Unternehmen der Deutschen Bundespost anstrebt, stehen jetzt die notwendigen Schritte zur wirtschaftlichen Konsolidierung dieses Unternehmens auf der Tagesordnung. Hierbei muß an vorderer Stelle der wirtschaftliche Status der Post hervorgehoben werden. Für alle volkseigenen Betriebe und Kombinate der DDR wurde der Weg der Umwandlung in Kapitalgesellschaften und die Übernahme und Verwaltung des Volkseigentums durch eine Treuhandgesellschaft noch von der Regierung Modrow beschlossen. Für die Deutsche Post wurde in Anlehnung an das Postverfassungsgesetz der Bundesrepublik der Weg zum Sondervermögen der Deutschen Post gewählt und durch Regierungsbeschluß bestätigt. Im Zusammenwirken mit dem Ministerium der Finanzen werden gegenwärtig die für die Ausgestaltung dieses Sondervermögens notwendigen Grundlagen erarbeitet.

Das sind inbesondere Festlegungen und Ermächtigungen
- zur Wirtschaftsführung,
- zu Gebühren und zur Tarifbildung auf der Grundlage der Aufwendungen und Erträge der einzelnen Dienste,

— zu Kreditermächtigungen, Rücklagen und zur Gewinnverwendung sowie
— zu den Ablieferungen an den Haushalt.

Der gegenwärtige Stand der Arbeiten gibt Anlaß zur Überzeugung, daß die im Postverfassungsgesetz der Bundesrepublik Deutschland festgelegten Regelungen in ihren Grundprinzipien auch für die künftige Tätigkeit der Deutschen Post den Rahmen abgeben werden. Es ist deshalb schon hilfreich, wenn eine den Möglichkeiten des Unternehmens entsprechende Ablieferung an den Staat mit einer konstanten Eingangsgröße von 10 % der Betriebseinnahmen festgelegt wird und nicht die volle Last eines künftigen Steuersystems der wirtschaftlichen Tätigkeit des Unternehmens von vornherein unüberwindliche Grenzen setzt.

Im unmittelbaren Zusammenhang damit steht die mit der bevorstehenden Währungsunion erforderliche Kapitalbewertung der Deutschen Post. Wenn auch bei einem Verschleißgrad von ca. 65 % der Bilanzwert der Sachanlagen, bewertet zu den Sätzen der Deutschen Bundespost, nur ca. *9 Milliarden* DM betragen wird, konnten in den letzten Tagen alle langfristigen Verbindlichkeiten aus Fördermitteln abgelöst und damit die negativen Wirkungen aus der staatlichen Zwangskreditierung beseitigt werden.

Damit sind alle Voraussetzungen gegeben, daß die Deutsche Post nach der Währungsumstellung mit einem hohen Eigenkapitalanteil mit dem Tag der DM-Eröffnungsbilanz eine aktive Geschäftspolitik betreiben kann.

In diesem Zusammenhang muß man nochmals auf die Frage der Gebühren und Tarife zurückkommen. Daß die gesamte Deutsche Post einzig und allein aus den Telefondiensten getragen wurde, kann nicht die Basis für eine künftige Wirtschaft sein. Das gegenwärtige Gebührensystem ist in seinen Strukturen seit nahezu 40 Jahren unverändert. Die Gebühren für Verbindungen innerhalb des Telefonnetzes sind nicht nach kostenrelevanten Einfluß- und Bewertungsfaktoren ausgerichtet. Deshalb sind auch die heutigen Tarife von der Kostenstruktur des Netzes weit entfernt. Auf Grund der Gesamtrentabilität der Deutschen Post und der zentralistischen Festlegung der Investitionen durch den Staat mit Restriktionen über Bezugsbilanzen für Investitionsgüter und Bauleistungen bestand auch kein Bedarf für auf reale Kosten gerichtete Gebühren seitens des Staates. So wurden im Laufe der Jahre alle Gebührenprojekte durch die Regierung mit dem Hinweis auf die Stabilität der Preise für Waren und Dienstleistungen für die Bevölkerung abgelehnt. Es wurden im Gegenteil restriktive, verkehrsbegrenzende Maßnahmen, vor allem für den Auslandsverkehr und den Verkehr großer Nebenstellenanlagen, festgelegt. Unter diese Gebührenpolitik muß spätestens mit der Einführung der Währungsunion ein Schlußstrich gezogen werden, wenn die Deutsche Post in die Lage versetzt werden soll, eine aktive Investitionspolitik betreiben zu können. Durch die Deutsche Post wird gegenwärtig eine Überarbeitung der Tarifstruktur, verbunden mit einer generellen Neuordnung der Gebührenstruktur, vorgenommen. Dem Konzept liegt vordergründig der Gedanke zugrunde, daß nur durch Sicherung hoher Überschüsse der Weg zur Aufnahme des notwendigen Kapitals auf dem Kapitalmarkt freigemacht werden kann. Die Arbeiten sind so weit fortgeschritten, daß das Gesamtpaket der Regierung vorgelegt und mit der Währungsunion in Kraft gesetzt werden kann.

Die Deutsche Post hat sich bei diesem Gebührenpaket in starkem Maße an die Gebühren der DBP-Telekom angelehnt.

Gerade in der Phase des Zusammenwachsens beider Staaten gibt es doch gewichtige Gründe, die eine Tarifunion zwischen der Deutschen Post und der Deutschen Bundespost geradezu herausfordern. Das sind in erster Linie die Anpassung des Niveaus der Verkehrstarife, um keine Verkehrsungleichgewichte mit allen ihren Wirkungen auf das Netz zuzulassen, und in zweiter Linie dynamische Bereitstellungsgebühren mit einem eingangs hohen Niveau zur Dämpfung der Nachfrage und letztendlich zur Investitionsfinanzierung.

Wenn wir heute bei einer noch gesetzlich verankerten Monopolstellung im Hinblick auf den EG-Binnenmarkt mit aller Konsequenz das Netz der TELEKOM in der DDR in den nächsten 7 Jahren auf ein mit der Bundesrepublik vergleichbares Niveau ausbauen wollen, dann sprechen für dieses Tempo drei Gründe:

1. die hohe Erwartungshaltung der Menschen, die bei Wartezeiten von 10—20 Jahren auf einen Telefonanschluß nunmehr endlich Bewegung sehen möchten,
2. eine auf dem Boden der DDR neu aufzubauende Wirtschaft fordert als entscheidende Vorleistung eine den Ansprüchen genügende Telekommunikationsinfrastruktur,
3. mit dem Auseinanderbrechen des Pressevertriebsmonopols der Deutschen Post haben wir bittere Erfahrungen über die Sicherheit einer Monopolstellung machen müssen.

Wir stehen deshalb heute vor der Aufgabe, gleichzeitig in der DDR alle Netze und Dienste in einem Crash-Programm aufzubauen. Unter den eingangs genannten wirtschaftlichen Prämissen ist dieses Programm mit einem Aufwand von 30—50 Milliarden DM durch Aufnahme von Fremdkapital durchaus finanzierbar, wenn in der ersten Phase dieses Programms vor allem die künftigen Teilnehmer mit hohem Verkehrsaufkommen angeschlossen werden. Das heißt, wir müssen bauen und gleichzeitig die Mittel für die Fortführung des Programms erwirtschaften.

Wenn die Finanzierung des beschriebenen Programms unter den dargelegten Prämissen durchaus realisierbar ist, sind die größeren Probleme bei der Vorbereitung und Durchführung der Investitionen zu sehen. Wenn wir bisher jährlich maximal 700 Mio. M im Netz der Deutschen Post investiert haben, so sind damit auch unsere vorhandenen personellen Möglichkeiten beschrieben. Selbst bei einer Investitionseinstiegsgröße von 3—4 Milliarden Mark ist die Deutsche Post ohne tiefgreifende Strukturveränderung und Veränderung des

Personalmanagements nicht in der Lage, diesen Prozeß erfolgversprechend zu beginnen.

Die Deutsche Post beschäftigt gegenwärtig etwa 500 Planungskräfte für die Netzentwicklung. Diese verfügen nicht über ausreichende Kenntnisse der modernen Kommunikationstechnik und arbeiten mit niedriger Produktivität unter unzulänglichen technisch-technologischen Bedingungen. Leistungsfähige Computer und geeignete Anwendersoftware sind nicht vorhanden.

Wir erachten es deshalb für außerordentlich notwendig, die Anzahl der Planungskräfte um mindestens 2000 zu erhöhen, sie mit der Technik der Bundesrepublik Deutschland vertraut zu machen und sie in modernsten Planungsverfahren zu unterweisen. Sinnvoll erscheint hierbei, das Planungsinstrumentarium der DBP-Telekom in entscheidenden Teilen zu übernehmen und einen Austausch von Planungskräften zu veranlassen.

Wichtig erscheint, daß vor allem Planungskräfte aus den Fernmeldeämtern der Bundespost vor Ort arbeiten, um unseren Kräften den Einstieg zu erleichtern.

Die heutige Arbeitskräftelage in der DDR vor dem Hintergrund des Zusammenbrechens von Betrieben der elektrotechnischen und elektronischen Industrie läßt die Einstellung von Fachkräften durchaus als realistisch erscheinen, wenn schnell gehandelt wird. Das wiederum setzt schnelle Entscheidungen voraus.

Ebenso wichtig sind die Fragen der Durchführung des Programmes. Der Aufbau des Fernmeldenetzes der Deutschen Post wurde bisher ausschließlich durch eigene Kräfte mit einem der Deutschen Post unterstellten Kombinat Fernmeldebau, dessen Leistungsgrenze bei ca. 1 Milliarde DM liegt, vorgenommen. In Anbetracht der Größe und Gleichzeitigkeit des Crash-Programmes in allen Netzebenen und in allen Teilen der DDR ist es notwendig, komplette Netzkomponenten bei Festlegung von Eckplanungsdaten vollständig durch die Industrie errichten zu lassen. Als Potential steht schon heute die gesamte Kommunikationsindustrie der Bundesrepublik und Westeuropas zur Verfügung. Wir müssen hierbei nur sichern, daß die notwendigen Planungsvorleistungen bewältigt werden und die Koordinierung der Vorhaben gesichert bleibt. In Anbetracht der wirtschaftlichen Situation der DDR muß jedoch ein entscheidender Aspekt sein, daß soviel Arbeit wie möglich im Lande bleibt.

Durch die Gründung einer Vielzahl von Gemeinschaftsunternehmen der großen Unternehmen der Bundesrepublik mit Betrieben der DDR — z. B. die Firmen Siemens, SEL, Philipps, AEG — sind heute schon ausreichende Voraussetzungen geschaffen, daß auf dem Boden der DDR die wichtigsten Komponenten für den Aufbau der Netze produziert werden. Diese Firmen etablieren sich in der DDR mit der Aussicht auf eine gute Auftragslage bei zu erwartenden steuerlichen Vorteilen und einem niedrigen Lohnniveau. Wenn diese von der Regierung geförderte Wirtschaft in vollem Umfange auch fruchtbringend arbeiten will, dann muß sie sich dem internationalen Wettbewerb unterwerfen. Dazu reichen Steuervorteile allein nicht aus. Förderungsmaßnahmen der Regierung für Investoren, die Investitionsgüter aus der Produktion von Betrieben auf dem Territorium der DDR beziehen, würden die Konsolidierung der Industrie der DDR beschleunigen und die Programme zum Aufbau der Kommunikationsinfrastruktur wesentlich fördern.

Die Probleme der Industriepolitik, der Beschaffung und der Ausschreibungen müssen jetzt in ganz enger Zusammenarbeit mit der Deutschen Bundespost TELEKOM gelöst werden. Auf lange Sicht kann ein Programm, dessen Dimensionen heute diskutiert werden, nicht unter Ausschaltung des Wettbewerbs realisiert werden.

In diesem Zusammenhang soll auf einen besonderen Aspekt hingewiesen werden. Wenn wir auf dem Boden der DDR ein hochleistungsfähiges Telekommunikationssystem für eine künftige einheitliche Post schaffen, dann müssen dafür aber auch alle hinderlichen politischen Schranken abgebaut werden, auch die COCOM-Beschränkungen. Wenn nach den tiefgreifenden politischen Veränderungen die Firma Siemens immer noch nicht die Komponenten des leistungsfähigen Datex-P-Netzes an die Deutsche Post liefern darf, wenn Komponenten des ISDN, PCM-Systeme größer als 140 MBit/s, Lichtwellenleitermeßtechnik für Monomodefasern oder das Zeichengabesystem 7, um nur einige Beispiele zu nennen, nicht für den Aufbau des Netzes der DDR zur Verfügung stehen, dann produzieren wir mit viel Geld nicht Spitzenleistungen, sondern nur Mittelmaß. Und mit Mittelmaß haben wir 40 Jahre gelebt. Die Zeit unter den heutigen politischen Verhältnissen ist überreif, die COCOM-Liste für die Kommunikationstechnik, die für die DDR eingesetzt wird, drastisch zu reduzieren.

In der ersten Beratung der Vorstände beider deutscher Telekommunikationsunternehmen am 6. und 7. 4. 1990 in Berlin wurde ein hohes Maß an Gemeinsamkeit festgestellt. Es wurde eine Vielzahl von konkreten Maßnahmen zur Bewältigung dieses Programms besprochen und vereinbart.

Wir stehen nun vor der schweren, mit viel Arbeit verbundenen Aufgabe, ein hartes Aufbauprogramm zu beginnen und tatkräftig zu realisieren. Dafür lohnt es, die Kraft und die Erfahrungen einzusetzen. Unsere Mitarbeiter sind dazu bereit.

Erzeugnisprofil und geplante Entwicklung der Industrie für die Nachrichtenelektronik in der DDR

Peter Tietze

1. Gegenwärtiger Bestand der Industrie für Nachrichtenelektronik in der DDR

Der technische, wirtschaftliche und soziale Fortschritt hat weltweit eine hochentwickelte Kommunikationstechnik zur Voraussetzung. Die Industrie für Nachrichtenelektronik in der DDR hat sich seit dem Beginn ihres Bestehens dieser Aufgabe gestellt.

Das Kombinat Nachrichtenelektronik (KNE) produziert und vertreibt in den wesentlichen Erzeugnisgruppen Vermittlungstechnik, Übertragungstechnik, Funktechnik und Endgerätetechnik ein umfangreiches Sortiment nachrichtentechnischer Erzeugnisse. Darüber hinaus werden durch das Kombinat Robotron Erzeugnisse der Richtfunktechnik und Datentechnik zur Verfügung gestellt (Bild 1).

Gestützt auf ein erfahrenes Team gut ausgebildeter Ingenieure, Techniker und Facharbeiter ist das KNE eines der führenden Unternehmen auf dem Gebiet der Nachrichtenelektronik im RGW-Raum, das auch auf anderen Märkten erfolgreich auftritt und neben der Sowjetunion der Hauptproduzent und Hauptanbieter an fernsprechtypischen technischen Anlagen, Geräten und Einrichtungen auf dem osteuropäischen Markt ist.

Daneben verfügt KNE über beachtliche Anteile des Marktes speziell in den Bereichen Vermittlungs- und Übertragungstechnik in Griechenland, Kuba, Vietnam, aber auch in einer Reihe afrikanischer Staaten.

Langjährig gute und stabile Geschäftsbeziehungen beruhen auf der Zufriedenheit der Kunden mit der Leistungsfähigkeit der angebotenen technischen Lösungen, der guten Qualität der Erzeugnisse und der Solidität des von KNE praktizierten Kundendienstes.

KNE verfügt über erfahrene und qualifizierte Entwicklungsteams sowie über Fertigungsbereiche mit versierten Meistern und Facharbeitern, die hochmotiviert sind, moderne und einwandfreie Erzeugnisse zu entwickeln und herzustellen.

Dazu existiert im KNE ein breitgefächertes System an Aus- und Weiterbildung.

Mit seinen 18 Betrieben und insgesamt ca. 36000 Beschäftigten wurde durch das KNE 1989 ein Produktionsvolumen von ca. 3,2 Mrd. M realisiert. Die

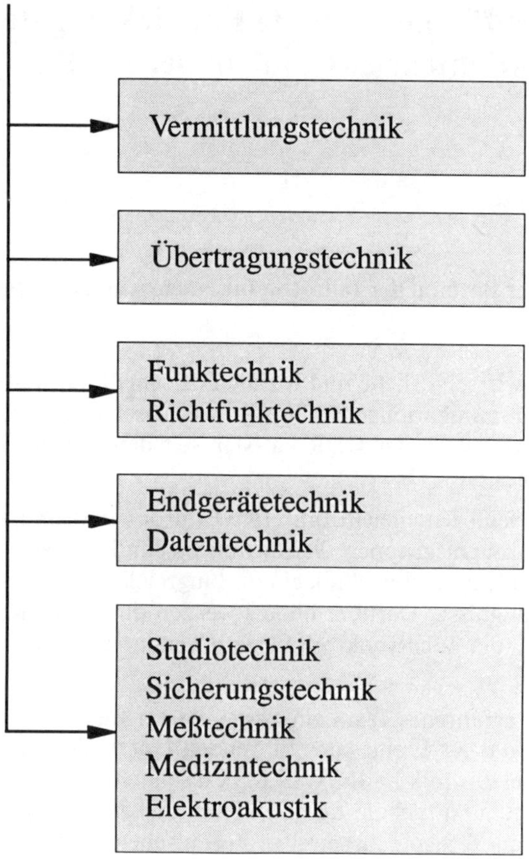

Bild 1: Erzeugnisprofil der Industrie für Nachrichtenelektronik der DDR

Ausgaben für Wissenschaft und Technik betrugen dabei ca. 230 Mio. M. Für die Entwicklung und Produktionsüberleitung neuer Erzeugnisse waren etwa 4500 Arbeitskräfte eingesetzt (Bild 2).

Ein wesentlicher Teil dieser Kapazität ist im Zentrum für Forschung und Technologie (ZFTN) angesiedelt.

Der Export nachrichtentechnischer Erzeugnisse in die RGW-Länder ist für die Betriebe des KNE von großer Bedeutung. Eine führende Stellung hat das KNE dabei in den Erzeugnisgruppen
— Vermittlungstechnik und
— Übertragungstechnik.

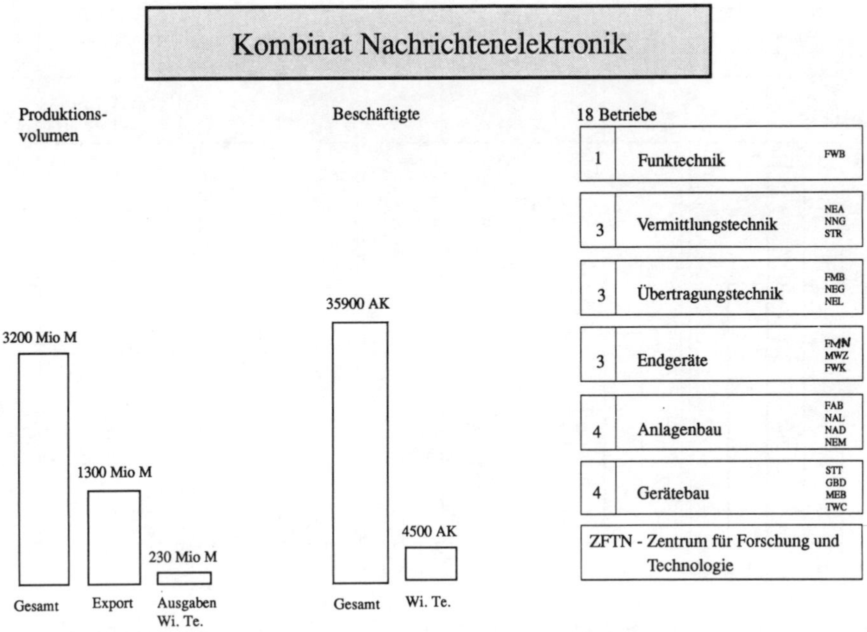

Bild 2

Besonders über den Bereich Vermittlungstechnik wurde ein großer Teil des Gewinns im KNE erzielt (Bild 3).

Entsprechend den politischen und wirtschaftlichen Veränderungen in der DDR werden 1990 die volkseigenen Betriebe in Kapitalgesellschaften umgewandelt. In diesem Prozeß werden die Kombinate und damit auch das KNE aufgelöst und verlieren ihre bisherige Wirtschaftsfunktion.

Die Umwandlung der Betriebe des KNE in Kapitalgesellschaften erfolgt dabei teilweise gleichzeitig mit der Bildung von Gemeinschaftsunternehmen mit Firmen auf dem Gebiet der Nachrichtentechnik in der BRD.

2. Geplante Kooperationen von Betrieben der Nachrichtenindustrie der DDR mit BRD-Firmen

Der Ausgangspunkt für diese Zusammenarbeit ist einerseits das rasante internationale Entwicklungstempo auf dem Gebiet der Telekommunikation und die damit enorm ansteigenden Entwicklungskosten, die zur Zusammenarbeit zwingen, andererseits sind es die umwälzenden politischen Entwicklungen in der DDR.

Mit diesen gehen Anforderungen an den Ausbau der Telekommunikationsnetze im Inland und den ehemaligen RGW-Ländern, vor allem auch in der So-

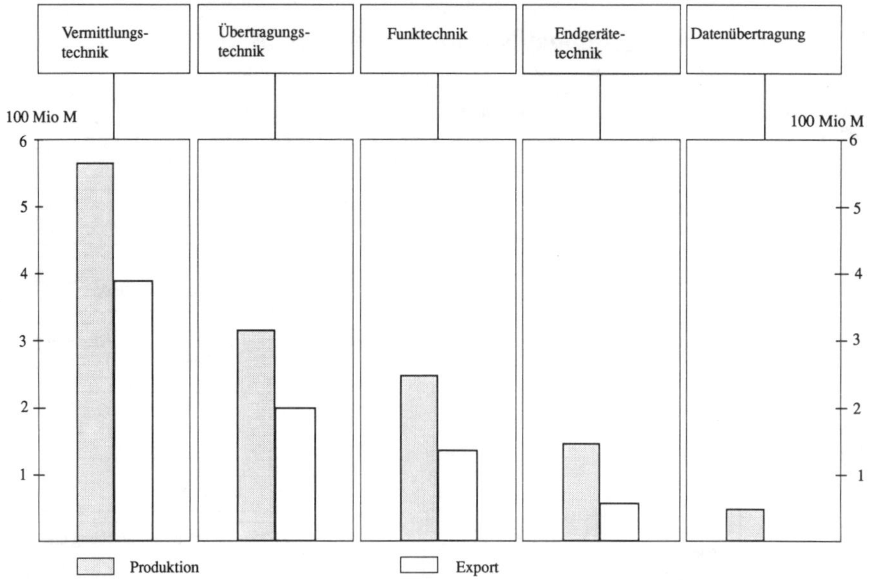

Bild 3: Produktions- und Exportvolumen für wichtige Erzeugnisgruppen des KNE

wjetunion, einher, die höchste Ansprüche sowohl an die Leistungsmerkmale als auch an den Umfang der erforderlichen Vermittlungs- und Übertragungseinrichtungen stellen.

Die Zusammenarbeit von KNE-Betrieben mit BRD-Firmen bietet den Kunden im In- und Ausland den Vorteil, kurzfristig und im erforderlichen Umfang lieferbare Einrichtungen beziehen zu können, die dem modernsten technischen Niveau der Nachrichtentechnik entsprechen.

Die Betriebe des KNE tragen dazu die detaillierten Kenntnisse des Netzes der Deutschen Post sowie der Netze und Märkte der UdSSR und anderer RGW-Länder bei. Von BRD-Firmen werden modernste wissenschaftlich-technische Erkenntnisse, internationale Spitzenwerte in bezug auf Produktionstechnologie und Management eingebracht sowie finanzielle Unterstützung gewährleistet.

Erzeugnisse der Gemeinschaftsunternehmen von KNE-Betrieben mit BRD-Firmen können danach alle Leistungsmerkmale modernster und zukunftsorientierter Telekommunikationsbereiche realisieren.

Die Bilder 4 bis 7 zeigen den Stand der gegenwärtig erzielten Abstimmung zur Bildung von Gemeinschaftsunternehmen zwischen KNE-Betrieben und BRD-Firmen.

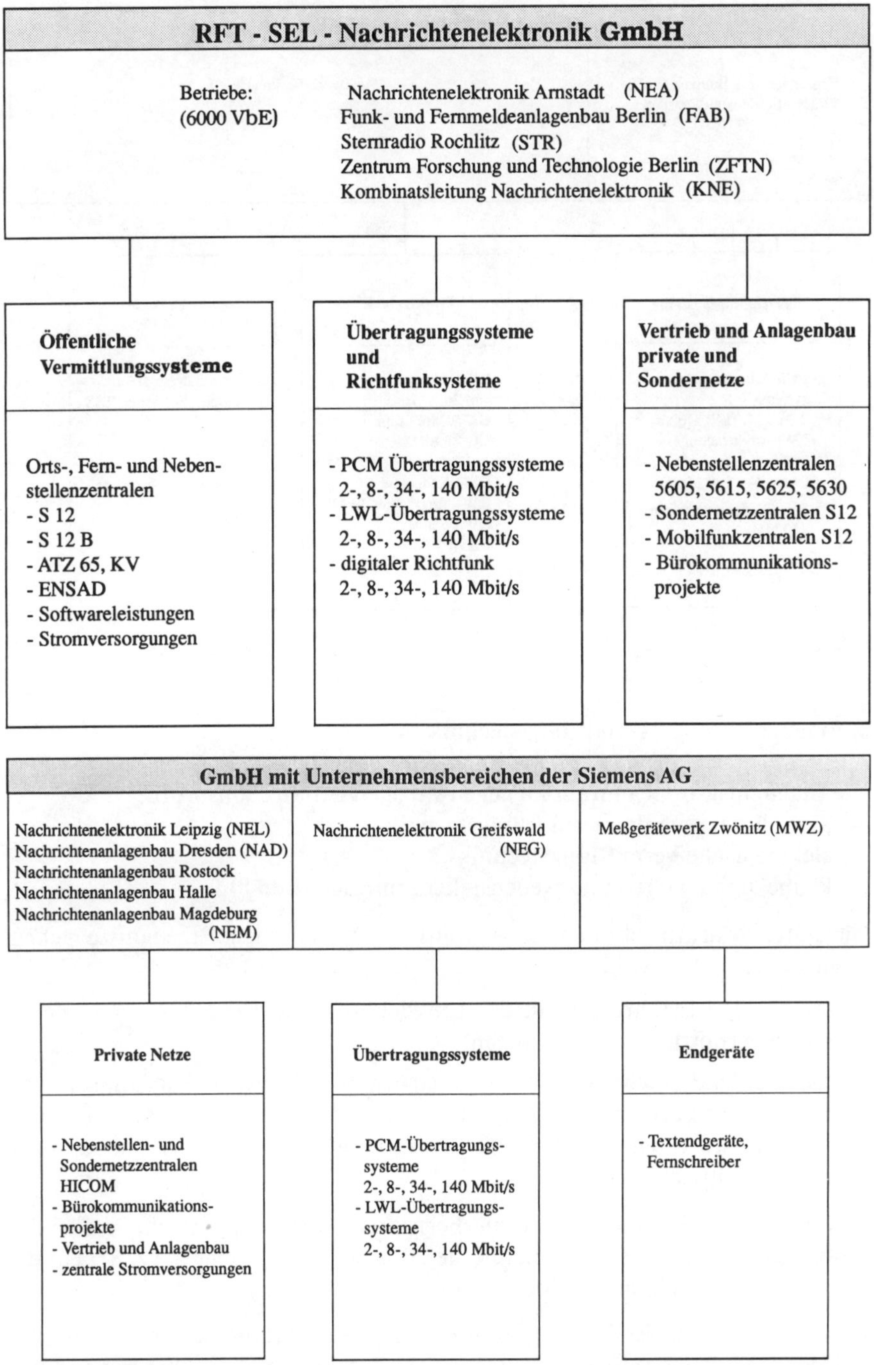

Bilder 4 und 5

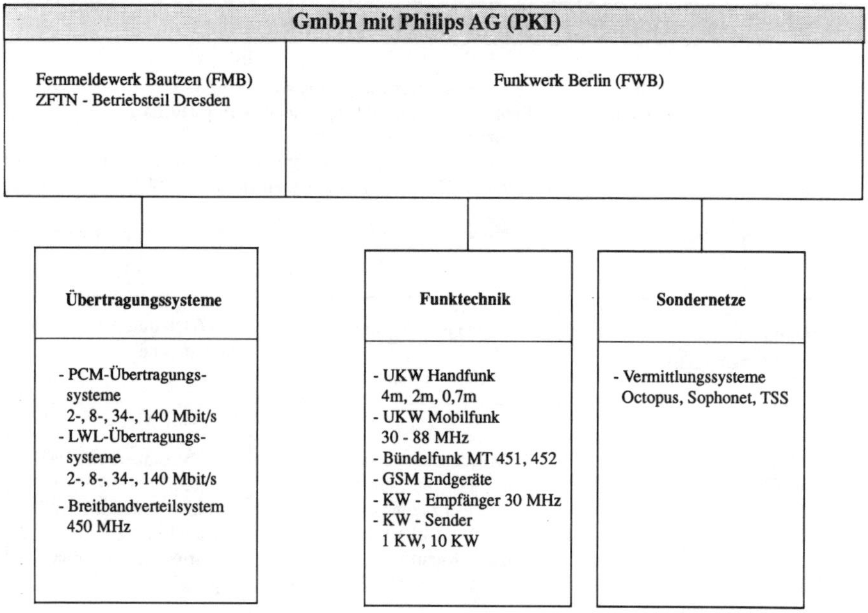

Bild 6

3. Erzeugnisgruppe Vermittlungstechnik

Die Erzeugnisgruppe umfaßt im gegenwärtigen Produktionsprofil:
— Koordinatenschaltervermittlungstechnik
— elektronische Vermittlungstechnik
— kleine digitale Orts- und Nebenstellenzentralen (Bild 8).

Die guten Marktpositionen der vermittlungstechnischen Erzeugnisse gehen zurück auf:

— langjährige Erfahrungen in der Entwicklung und Produktion von Fernsprechvermittlungseinrichtungen,

— die enge und fruchtbare Zusammenarbeit zwischen dem Forschungs- und Entwicklungszentrum (ZFTN), den Produktionsbetrieben und der Deutschen Post bei der Vorbereitung, Erprobung und dem Einsatz neuer technischer Entwicklungen.

Das KNE ist Generallieferant an Fernsprech-Vermittlungstechnik für die Deutsche Post. Hierbei dominieren die Anlagen des Systems ATZ 65, ein direkt gesteuertes System auf Koordinatenschalter-Basis.

Hauptexportkunde ist die Sowjetunion. Seit vielen Jahren bezieht die UdSSR auf der Basis langjähriger Verträge ein großes Volumen an Ortsamtstechnik des Systems ATZ-KV und von ENSAD-Zentralen für das ländliche Netz. Da-

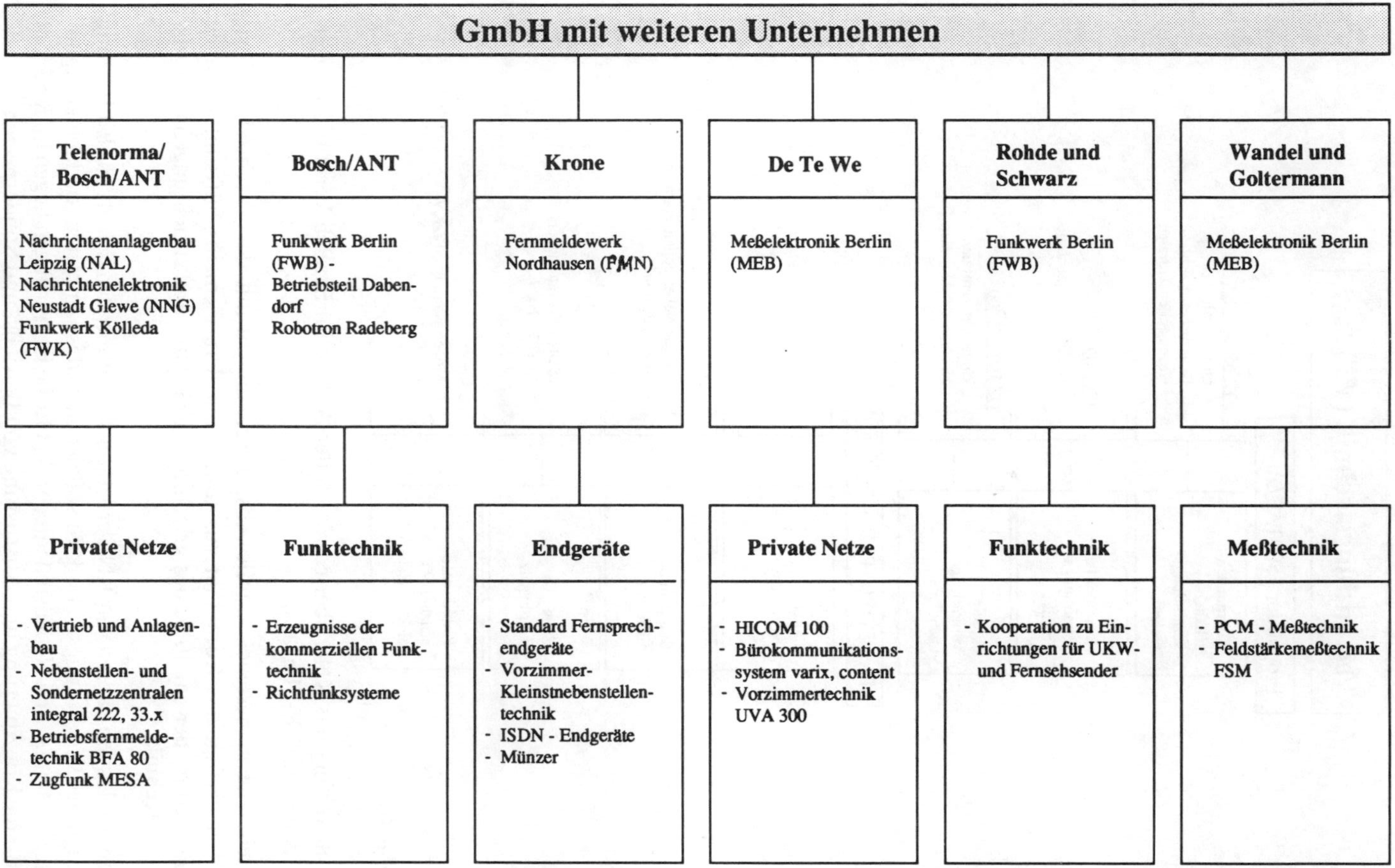
GmbH mit weiteren Unternehmen
Telenorma/ Bosch/ANT
Nachrichtenanlagenbau Leipzig (NAL)
Nachrichtenelektronik Neustadt Glewe (NNG)
Funkwerk Kölleda (FWK)
Bosch/ANT
Funkwerk Berlin (FWB) - Betriebsteil Dabendorf
Robotron Radeberg
Krone
Fernmeldewerk Nordhausen (FMN)
De Te We
Meßelektronik Berlin (MEB)
Rohde und Schwarz
Funkwerk Berlin (FWB)
Wandel und Goltermann
Meßelektronik Berlin (MEB)
Private Netze
- Vertrieb und Anlagenbau
- Nebenstellen- und Sondernetzzentralen integral 222, 33.x
- Betriebsfernmeldetechnik BFA 80
- Zugfunk MESA
Funktechnik
- Erzeugnisse der kommerziellen Funktechnik
- Richtfunksysteme
Endgeräte
- Standard Fernsprechendgeräte
- Vorzimmer-Kleinstnebenstellentechnik
- ISDN - Endgeräte
- Münzer
Private Netze
- HICOM 100
- Bürokommunikationssystem varix, content
- Vorzimmertechnik UVA 300
Funktechnik
- Kooperation zu Einrichtungen für UKW- und Fernsehsender
Meßtechnik
- PCM - Meßtechnik
- Feldstärkemeßtechnik FSM

Bild 7

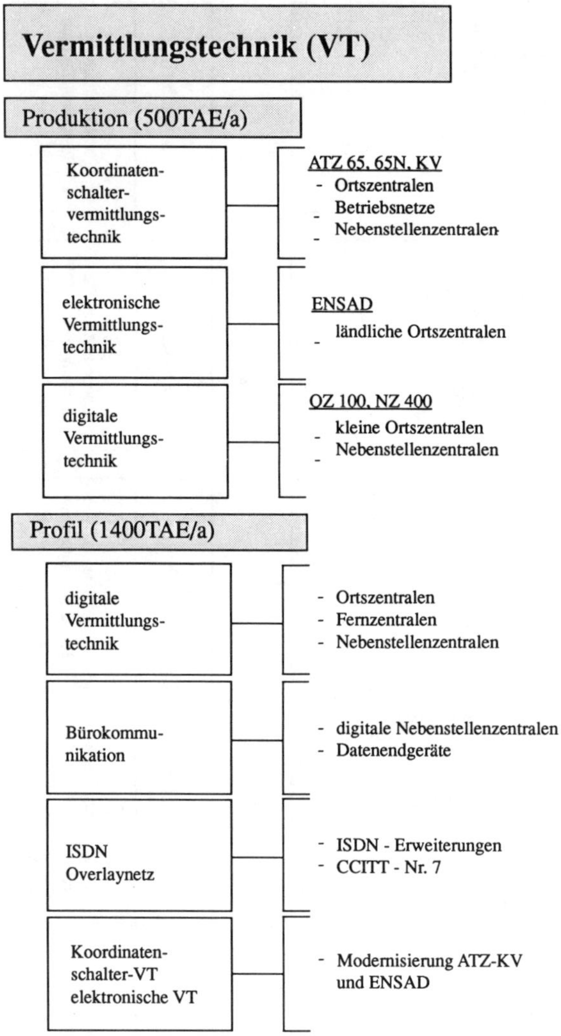

Bild 8

mit verfügt das KNE über ca. 25 % der Anteile im Bereich Vermittlungstechnik des UdSSR-Marktes.

Seit langem bestehen stabile Absatzbeziehungen mit der griechischen Post. Hier verfügt das Kombinat zusammen mit dem Gemeinschaftsunternehmen Intracom über ca. 40 % des griechischen Marktes an Einrichtungen der Ortsamtstechnik.

In den letzten Jahren war KNE erfolgreich bemüht, den Schritt zur Einführung digitaler Vermittlungstechnik zu vollziehen und ist Anbieter von kleiner digitaler Ortsamts- und Nebenstellentechnik. Große Erfahrungen liegen im KNE vor für die Konzipierung und Ausrüstung von Betriebs- und Sondernetzen.

3.1 Koordinatenschalter-Vermittlungstechnik

Für den Aufbau öffentlicher Fernsprechnetze steht die analoge Typenreihe ATZ 65, ATZ 64, ATZ 63 auf Basis der Koordinatenschaltertechnik zur Verfügung.

Dabei spielt die Problematik der zu empfangenden bzw. auszusendenden Schaltkennzeichen für die Zusammenarbeit der Vermittlungsstellen eine besondere Rolle.

Auf der Basis der Regel- und der S65-Kennzeichen erfolgt die Zusammenarbeit der Typenreihe ATZ 65, ATZ 64, ATZ 63 und die externe Zusammenarbeit mit anderen Systemen.

Das System ATZ-KV ist ein indirekt gesteuertes Fernsprechvermittlungssystem mit Durchschaltung auf Koordinatenschalterbasis. Es wird in der Sowjetunion im städtischen Fernsprechnetz als Rayonvermittlungsstelle sowie im ländlichen Fernsprechnetz als Vorortknoten- oder als ländliche Zentralvermittlungsstelle eingesetzt.

3.2 Elektronische Vermittlungstechnik

Die elektronischen Zentralen ENSAD sind Vermittlungsstellen mit rechnergestützter zentraler Steuerung und analoger Durchschaltung. Es stehen die zwei Zentralentypen OZ 4000 und OZ 250 zur Verfügung. Dabei ist die OZ 4000 mit dem Zentralrechner ausgerüstet, während die OZ 250 durch die OZ 4000 ferngesteuert wird.

Die OZ 4000 ist in der Sowjetunion für den Einsatz als Zentral-, Knoten- oder Endvermittlungsstelle im ländlichen Fernsprechnetz sowie zusätzlich als Vorortknotenvermittlungsstelle im kombinierten Fernsprechnetz vorgesehen. Die OZ 250 wird als ländliche Endvermittlungsstelle in Verbindung mit der OZ 4000 eingesetzt.

Es können durch Einsatz der ENSAD-Zentralen integriert gesteuerte Netzabschnitte gebildet werden mit einer Gesamtkapazität eines solchen Netzabschnittes von 4096 Teilnehmern.

3.3 Digitale Vermittlungstechnik

Die Ortszentrale OZ 100 ist ein Vertreter der Zentralen mit kleiner Anschlußkapazität bis 100 AE, deren Entwicklung aufgenommen wurde, um eine wichtige Exportaufgabe, die Bereitstellung kompletter Landtelefoniesysteme, zu lösen. Gleichzeitig wurde in Abstimmung mit der Deutschen Post die OZ 100 so modifiziert, daß sie im Netz als Teilnehmervermittlungsstelle einsetzbar ist.

Die NZ 400 ist ein vollelektronisches, mikrorechnergesteuertes digitales Nebenstellensystem mittlerer Größe (16 bis 384 AE).

Die Anlagen der Systemfamilie sind für den Einsatz in Betrieben und Einrichtungen mit Anschluß an verschiedenartige Netze vorgesehen. Die Steuerung jeder Anlage wird durch ein Mehrrechnersystem realisiert.

3.4 Geplante Profilierung

Die Aufgaben zur Digitaltechnik bilden den Schwerpunkt der Entwicklungs- und Produktionsüberleitungsaufgaben. Dabei werden neben der eigentlichen Produktion von Hard- und Software konkreter Zentralentypen die Aufgaben zur Systemplanung und Netzgestaltung, Vorbereitung auf neue Dienste für ein diensteintegriertes Nachrichtennetz (ISDN), Einsatzstrategien, Softwaretechnologien und speziellen hochintegrierten Bauelementeentwicklungen gefordert. Voraussetzungen für die Arbeiten zur digitalen Vermittlungstechnik wurden auch durch die im Kombinat Mikroelektronik bereits erfolgte Produktion von 11 Typen hochintegrierter nachrichtenspezifischer Schaltkreise und die Bereitstellung moderner Rechentechnik für die Softwaretechnologie geschaffen.

Im Zeitraum nach 1990 werden in den Betrieben NEA, NEL, NNG moderne digitale Ortszentralen, Fernzentralen und digitale Nebenstellenzentralen in die Produktion übergeleitet.

Dabei müssen durch Lizenzabnahme moderne Technologien und Erzeugnisse wesentliche ökonomische Effekte bei der Herstellung der Vermittlungstechnik in den Betrieben erzielt und weltmarktfähige digitale Vermittlungszentralen für den nationalen Einsatz und den Export bereitgestellt werden können (Bilder 4 und 5).

Parallel zu diesen Arbeiten werden gemeinsam mit den RGW-Ländern Entwicklungsarbeiten zur Exportanpassung der Vermittlungstechnik durchgeführt.

Das Gesamtvolumen an Vermittlungstechnik muß von ca. 0,5 Mio. AE im Jahre 1990 auf ca. 1,4 Mio. AE im Jahre 1995 gesteigert werden.

4. Erzeugnisgruppe Übertragungstechnik

Auf dem Gebiet der Übertragungstechnik steht das KNE in einer langjährigen und erfolgreichen Traditionslinie. KNE-Betriebe produzieren und vertreiben Trägerfrequenz-Systeme zur Bildung und Auflösung von Kanalbündeln zwischen 12 und 2700 Kanälen, zeitgeteilte Telegrafie- und Datenübertragungseinrichtungen, digitale Richtfunk-Übertragungseinrichtungen und die PCM-Übertragungssysteme PCM 30, 120 und 480, sowohl zur Übertragung über NF-Leitungen als auch über Lichtwellenleiter und über Richtfunkkanäle (Bild 9).

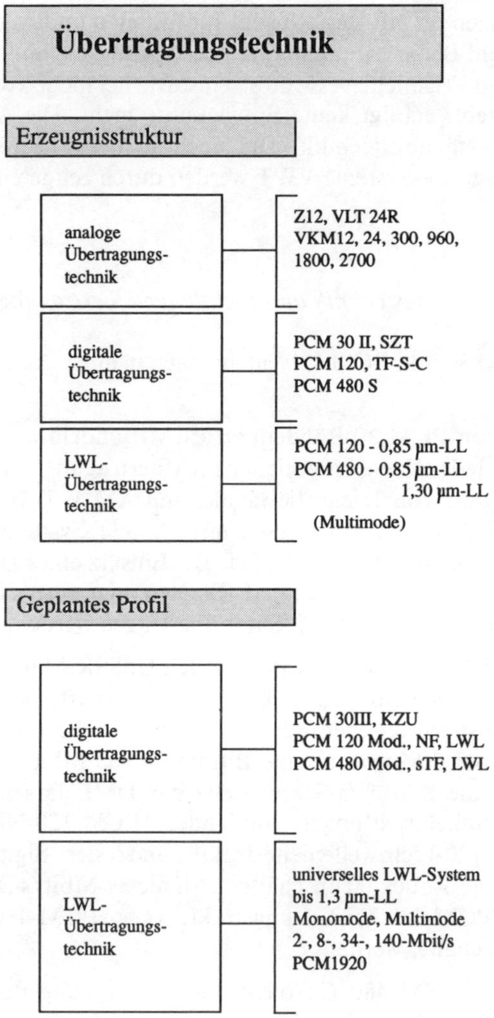

Bild 9

Auch auf dem Gebiet der Übertragungstechnik bestehen seit langem gute Beziehungen zur Deutschen Post. Die Übertragungswege der Deutschen Post sind vornehmlich auf der Grundlage von KNE-Erzeugnissen konzipiert und realisiert.

4.1 Analoge Übertragungstechnik

Es steht ein Sortiment von Systemen der TF-Technik bereit, mit dem Bündelungen bis zu 2700 Kanälen realisiert werden. Die TF-Umsetzer sind im Bereich der Niederkanaltechnik (bis 24 Kanäle) für mobilen und stationären Einsatz vorgesehen.

Anpaßeinrichtungen im NF-Bereich sind für mobilen und stationären Einsatz verfügbar. Obwohl Bedarf an analoger Übertragungstechnik auch noch nach 1995 bei Post- und Fernmeldeverwaltungen sowie bei nicht-kommerziellen Bedarfsträgern besteht, erfolgt keine Entwicklung mehr. Die Ablösung erfolgt durch PCM-Übertragungstechnik. Die noch in der Produktion laufenden Wechselstromtelegrafie-Systeme VWT werden durch zeitgeteilte Systeme SZT abgelöst.

4.2 Digitale Übertragungstechnik und Lichtleiter-Übertragungstechnik

Die Systeme PCM 30 und PCM 120 entsprechen in allen Punkten den CCITT-Empfehlungen.

Die Bündelung von PCM 30-Bündeln zu PCM-Bündeln mit höherer Kanalzahl ist möglich. Jeder Kanal ist geeignet zur Übertragung von Sprachsignalen und zur Übertragung von Telegrafiesignalen mit AM-WT-Systemen mit einer Schrittgeschwindigkeit von 50 Bd sowie mit FM-WT-Systemen mit Schrittgeschwindigkeiten von 50, 100 und 200 Bd. Bei Einsatz eines Datenblocks können wahlweise an Stelle von zwei PCM-Kanälen oder einem PCM-Kanal und dem Semaforkanal Daten mit je 65 kbit/s übertragen werden.

Das System PCM 480 ist in erster Linie für den UdSSR-Markt entwickelt worden und wird im großen Umfang in die UdSSR verkauft. Der Einsatz im Netz der Deutschen Post erfolgt ebenfalls. Der digitale Multiplexer DME 8/34 hat die Aufgabe, 4 mal 8 Mbit/s in eine Bitrate 34,368 Mbit/s oder umgekehrt umzusetzen. An die 8-Mbit/s-Schnittstelle der DME lassen sich wahlweise PCM-120-Richtfunkeinrichtungen und/oder PCM-120-NF-Leitungstrakte und/oder PCM-120-Lichtwellenleitertrakte und/oder digitale Multiplexer DME 2/8 und/oder Kodek 60 anschalten. An die 34-Mbit/s-Schnittstelle können wahlweise PCM-480-TF-Leitungstrakte oder PCM-480-Lichtwellenleitungstrakte angeschaltet werden.

Der Leitungstrakt PCM 480 Cu dient zur Übertragung der Bitrate 34,368 Mbit/s auf symmetrischem TF-Kabel.

Der Leitungstrakt PCM 380 LL dient zur Übertragung der Bitrate 34,368 Mbit/s über Lichtwellenleiter.

Die Übertragung erfolgt über Gradientenlichtwellenleiter, wobei die Wellenlänge 850 nm beträgt.

Der digitale Multiplexer DME 2/8 hat die Aufgabe, 4 mal 2,048 Mbit/s in eine Bitrate 8,448 Mbit/s oder umgekehrt umzusetzen. An die 2-Mbit/s-Schnittstelle der DME lassen sich wahlweise PCM-30-Richtfunkeinrichtungen und/oder PCM-30-NF-Leitungstrakte und/oder digitale Multiplexer DME 0,064/2 anschalten. An die 8-Mbit/s-Schnittstelle können wahlweise PCM-120-Richtfunkeinrichtungen oder PCM-120-Leitungstrakte oder PCM-120-Lichtwellenleitertrakte oder digitale Multiplexer DME 8/34 angeschaltet werden.

Der Leitungstrakt PCM 120 LL dient zur Übertragung der Bitrate 8,448 Mbit/s über Lichtwellenleiter.

Die Übertragung erfolgt auf Gradientenlichtwellenleiter, wobei die Wellenlänge 850 nm beträgt.

4.3 Digitale Richtfunkeinrichtung

Die digitale Richtfunkeinrichtung PCM 10-300/400/800 arbeitet im 300-, 400- oder 800-MHz-Bereich, und es werden digitale Informationen mit einer Bitrate von 704 kbit/s übertragen. In Zusammenarbeit mit dem im Richtfunkgerät integrierten Multiplexer stehen bis zu 10 digitale Kanäle mit einer Bitrate von je 64 kbit/s zur Verfügung.

Durch entsprechende Schnittstellen kann jedem Kanal ein Fernsprechsignal oder ein Datensignal zugeordnet werden.

Die digitale Richtfunkeinrichtung PCM 30-400/800 dient der Übertragung digitaler Informationen. Dabei beträgt die Übertragungsgeschwindigkeit 2,048 Mbit/s. Es können 30 Fernsprechkanäle (64 kbit/s), zusätzlich ein Dienstkanal sowie Hilfssignale übertragen werden, wofür richtfunkintern mit einer Bitrate von 2,176 Mbit/s gearbeitet wird. Die PCM 30-400/800 hat Schnittstellenparameter gemäß CCITT G.703 Rotbuch.

4.4 Geplante Profilierung

Die weitere Profilierung der Erzeugnisgruppe Übertragungstechnik erfolgt in den Betrieben NEG, FMB, STR in zwei Richtungen:

— Modernisierung der Produktion PCM 30, PCM 120, PCM 480 durch Übernahme neuer Technologien bei gleichzeitiger Erhöhung des Aufkommens; Aufnahme der Produktion PCM 1920

— Überleitung einer neuen Systemfamilie von Lichtwellenleiter-Übertragungssystemen mit Monomode-Lichtwellenleitern und 1,3 µm Wellenlänge

— Aufnahme der Produktion moderner digitaler Richtfunksysteme

Dabei ist die Kooperation mit BRD-Firmen zur Lizenznahme und für den Technologietransfer eine Voraussetzung (Bilder 4, 5, 6).

5. Erzeugnisgruppe Funktechnik

Die Erzeugnisgruppe Funktechnik umfaßt Gerätetechnik der Einseitenband-Kurzwellentechnik (Kommerzieller Funk) und des mobilen Landfunks (UKW-

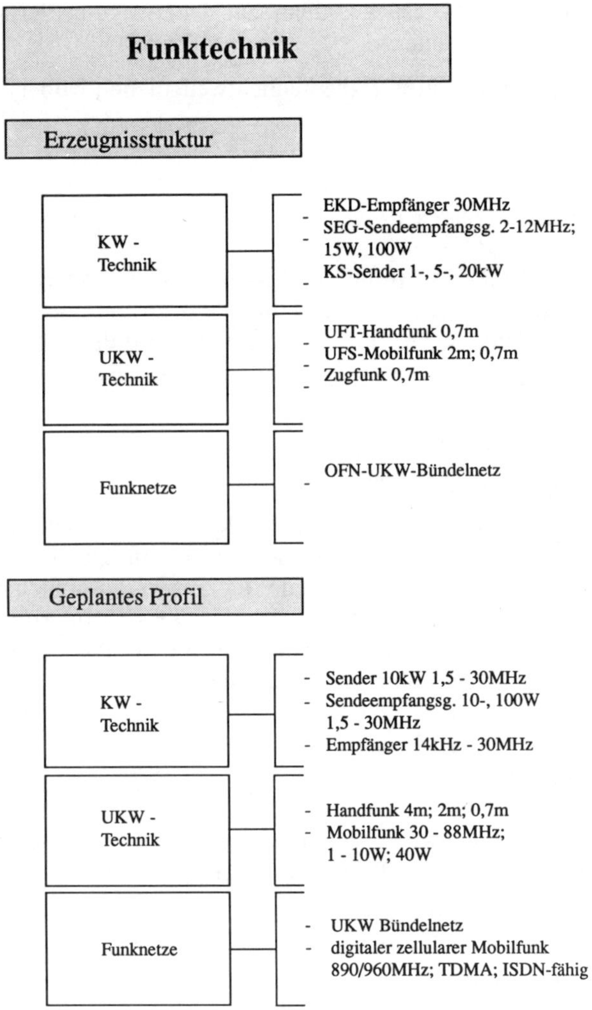

Bild 10

Verkehrsfunktechnik). Die Anwendung konzentriert sich auf die Übertragung von Sprache, Fernschreiben sowie teilweise von Daten, insbesondere für mobile Teilnehmer.

5.1 Vorhandenes Profil

Gegenwärtige Haupterzeugnisse der Funktechnik des KNE sind (Bild 10):

UKW-Technik

		Frequenzbereich
tragbare)		68— 86 MHz
mobile)	Anlage	146—174 MHz
ortsfeste)		440—470 MHz

Kurzwellen-Funktechnik

	Frequenzbereich
Sender 1 kW	1,6—30 MHz
Sender größer 1 kW	1,6—30 MHz
Sende/Empfangsgeräte bis 100 W	2 —12 MHz
Nachrichtenempfänger	14 kHz—30 MHz

Darüber hinaus wurde ein umfangreiches Sortiment spezieller Funkgeräte für militärische Bedarfsträger bereitgestellt.

5.2 Geplante Profilierung

Zur Sicherung der konzipierten Leistungsentwicklung in den Betrieben FWB und FWK ist es erforderlich, das technisch und technologisch überholte gegenwärtige Sortiment von Standarderzeugnissen der UKW- und KW-Technik zu erneuern und damit auch die ökonomische Leistungskraft für eine wesentliche Verbesserung der Deckung des steigenden Bedarfs an Standard- und speziellen Erzeugnissen der Funktechnik zu schaffen.

Schwerpunkte der Profilierung sind:

(1) neue UKW-Geräte-Generation	mit digitaler Sprachcodierung und einer Bitrate von 16 kbit/s für 30 MHz bis 470 MHz mit weitgehend vereinheitlichten Prinziplösungen und schnellem Wechsel der Trägerfrequenz (Frequenzsprungverfahren)
(2) modernisierte Kurzwellensender	mit konventioneller Gerätetechnik und modernen Schaltungsprinzipien sowie Rechnersteuerung
und Kurzwellenempfänger	Qualitätssprung durch Anwendung der digitalen Signalverarbeitung unter Verwendung von Signalprozessen
(3) Funknetze	Vorbereitung eines digitalen Zellularnetzes unter Verwendung der Zeitmultiplex-Technik mit den Aufgaben: — Planung des Verkehrsaufkommens und daraus Ableitung der Kanalbereitstellung in den Versorgungsgebieten — digitale Sprachcodierung mit einer Datenrate von 9,6 kbit/s — 900-MHz-Technik für Sender- und Empfängerschaltungen — frequenzeffektive Modulation für digitale Sendearten — Multiplexeinrichtung einschl. Überleitung in das Fernsprechnetz.

Auch auf dem Gebiet der Funktechnik kann die weitere Profilierung der Betriebe FWB und FKW einschließlich der notwendigen Steigerung des Produktionsaufkommens nur durch teilweise Lizenznahmen und Technologietransfer erfolgen (Bilder 6 und 7).

6. Erzeugnisgruppe Endgeräte und Bürokommunikation

Die Erzeugnisgruppe umfaßt Informations-Übermittlungssysteme im betrieblichen Bereich und Terminals (Endgeräte dieser Systeme) (Bild 11).

Die dazugehörigen Vermittlungszentralen sind in der Erzeugnisgruppe Vermittlungstechnik aufgeführt. Linienförmig oder ringförmig strukturierte Lokale Netze der Daten-/Textübertragung (LAN) mit dezentralisierten Koppeleinheiten und Steuerungen werden durch die Kombinate Robotron und Automatisierungsanlagen vertrieben.

6.1 Fernsprechgeräte

Der Hauptanteil der Produktion von Tischgeräten wird durch das Nummernschalter-Fernsprechgerät Alpha bestimmt; die Sprechwegeschaltung ist elektronisch, jedoch nicht integriert, generell wird die Piezosprechkapsel eingesetzt. Die Geräte Alpha quick, Apart 2001 und Kompakt enthalten Tastenwahl auf Basis integrierter Schaltungen; Apart 2001 und Kompakt haben Tonruf und sind auch als Wandapparat einsetzbar. Ziel ist die Produktionseinstellung von Nummernschaltergeräten generell, die volle Ablösung des Alpha quick sowie die Verminderung der Leiterplattenanzahl in den Geräten Apart 2001 und Kompakt.

Als Gerät einer höheren Leistungsklasse wurde der Apart 2510 mit Komfortfunktionen (Rufnummernspeicherung, Display-Anzeige, Mithörlautsprecher) in die Produktion übergeleitet, das in Modifikation auch als Bedienstation für die Vorzimmeranlage UVA verfügbar ist. Jeweilige Modifikation für Mehrfrequenzwahl können bereitgestellt werden.

6.2 Kleinstvermittlungen und Wechselsprechanlagen

Der technische Stand der derzeitig in Produktion befindlichen Kleinstvermittlungen (VZA, Reihenanlagen, EVA, DIVA) und dezentral vermittelten Wechselsprechanlagen ist von den Schaltungslösungen, vom Bauelementeeinsatz und vom Design her veraltet.

Mit der entwickelten Vorzimmertechnik UVA und mit der entwickelten neuen, mikrorechnergesteuerten WL-Generation Welton 400 stehen leistungsfähi-

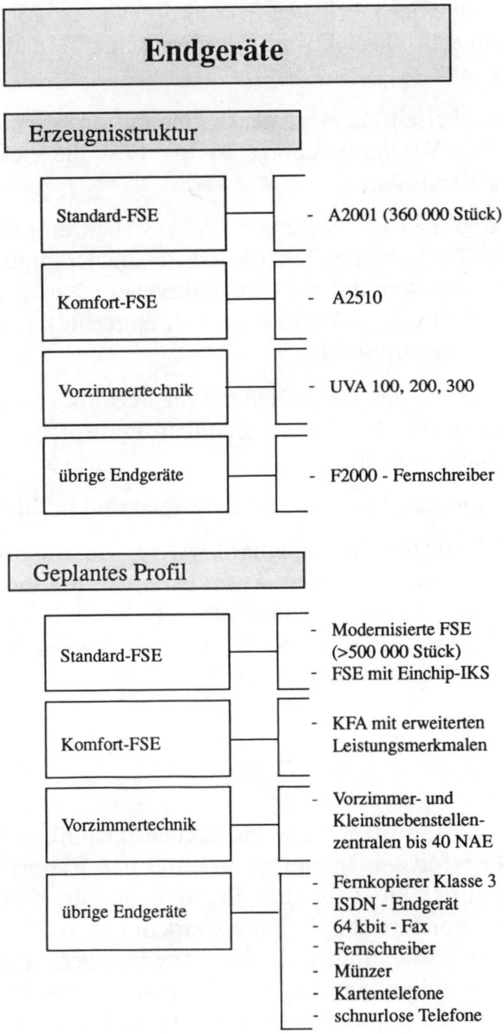

Bild 11

ge, den Bedarfsträgerforderungen entsprechende und auch im Design abgestimmte Kommunikationssysteme zur Verfügung.

6.3 Geplante Profilierung

Das Gesamtaufkommen an Systemen und Geräten der Endgeräte/Bürokommunikation muß durch rationellere Fertigung und Produktionsüberleitung neuer Erzeugnisse erhöht werden.

Gegenwärtig wird mit einer jährlichen Produktion von ca. 230000 Stück Fernsprechendgeräten und 14000 elektronischen Fernschreibern keine Bedarfsdekkung realisiert.

Durch Produktionsüberleitung einer neuen Generation Wechselsprechtechnik und der universellen Vorzimmeranlage ist bis 1991 die elektromagnetische Vorzimmertechnik abzulösen.

Im Komplex mit digitalen ISDN-fähigen Nebenstellenzentralen sind ab 1991 moderne Endgeräte für Sprache, Teletex und Personalcomputerfunktionen in die Produktion überzuleiten; dabei ist die multivalente Nutzung von Baugruppen für Fernschreibtechnik, elektronischer Schreibtechnik und Personalcomputerfunktionen zu gewährleisten.

Parallel zur Entwicklung der ISDN-Nebenstellentechnik soll die Entwicklung und Überleitung von ISDN-fähigen digitalen Fernsprechgeräten und des Mehrdienst-Terminals erfolgen.

Die vorgesehenen Kooperationen mit BRD-Firmen sind in Bild 7 enthalten.

Anwendersoftwarelösungen für Datenbanksysteme zur Nutzung als Mailboxdienst in digitalen Nebenstellenanlagen (mit externem Mailbox-Server), Softwarelösungen für den Rechnerverbund über Nebenstellenanlagen und die Hardware- und Software-Entwicklung für LAN-Gateways (Kopplung LAN/ digitale Nebenstellenvermittlung) sind bereitzustellen.

7. Zusammenfassung

Von den Betrieben der Industrie für Nachrichtenelektronik in der DDR wurde in der Vergangenheit für den Inlandsbedarf und den Export ein umfangreiches Sortiment nachrichtentechnischer Erzeugnisse zur Verfügung gestellt. Dabei konnten insbesondere durch den Export in den RGW-Raum wichtige langfristige Geschäftsbeziehungen zu Industriepartnern, Postverwaltungen und wissenschaftlich-technischen Einrichtungen aufgebaut und gefestigt werden. Die weitere Profilierung der Nachrichtentechnik in diesen Betrieben erfolgt durch umfassenden Übergang zur Digitaltechnik. Die geplante Kooperation mit Firmen aus der BRD, z. B. durch Bildung von Gemeinschaftsunternehmen, ermöglicht die Produktion moderner Produkte, Erhöhung des Produktionsvolumens und Verbesserung der Wirtschaftlichkeit der Betriebe.

Die Vertriebserfahrungen der KNE-Betriebe im Inland und im RGW-Raum bilden den Ausgangspunkt für eine umfangreiche Marktarbeit und Exportmöglichkeiten der sich neu bildenden Gemeinschaftsunternehmen, wobei ein Teil des vorhandenen Erzeugnissortiments weiter verwendet werden kann. Für den überwiegenden Teil der Betriebe des KNE besteht damit ein klares Konzept für ihre weitere technische und wirtschaftliche Profilierung.

Volkswirtschaftliche Aspekte der Telekommunikation in der DDR und der Bundesrepublik

Karl-Heinz Neumann

Ich möchte einige Punkte, die bereits angesprochen sind, aufgreifen und hier mit einigen zusätzlichen ökonomischen Fakten zusammenbringen, damit wir uns alle der Aufgabe bewußt sind, die mit dem Zusammenwachsen der beiden deutschen Staaten im Bereich der Telekommunikation auf uns zukommt, und damit wir sehen, wie dies auch zu bewältigen ist.

Die Versorgung der Bürger und der Wirtschaft in der DDR mit Telekommunikationsdienstleistungen ist schlechter als die Versorgung mit anderen Gütern und Dienstleistungen. Dies zeigen sehr viele Beispiele und Vergleiche. So hart dies auch ist, wir müssen zur Kenntnis nehmen, daß die Hauptanschlußdichte der DDR eher der eines gehobenen Entwicklungslandes als der eines Industrielandes entspricht, das die DDR eigentlich darstellt.

Einem Zeitungsartikel wurden zur Untermauerung folgende interessante Zahlen entnommen: wenn wir die Bevölkerung der DDR und der Bundesrepublik addieren, dann stellen wir fest, daß in der Bundesrepublik 79 % der Bevölkerung wohnen und in der DDR 21 %. Derselbe Vergleich bei den PKW's ergibt 89 % zu 11 %. Interessanterweise sieht es bei den Eisenbahnstrecken anders aus: 68 % für die Bundesrepublik und 32 % für die DDR. Wenn wir nun die Fernsprechhauptanschlüsse miteinander vergleichen, dann sagt diese Quelle, daß 96 % aller Anschlüsse in der Bundesrepublik und nur 4 % in der DDR bestehen.

In diesem Falle ist es gerechtfertigt, von einer „Unterversorgung“ mit Telekommunikationsdienstleistungen zu sprechen. Diese Unterversorgung war selbst im alten ökonomischen System der DDR volkswirtschaftlich wenig rational. Sie mußte daher politische und nicht ökonomische Gründe gehabt haben. Die Telekommunikationsversorgung war wesentlich schlechter, als es dem Wirtschaftsniveau der DDR angemessen war. Insofern kann die Unterversorgung auch nicht auf das System der Planwirtschaft allein zurückgeführt werden. Bei den politischen Gründen für diese Unterversorgung ist sicherlich auch zu nennen, daß im politischen System der DDR die Kommunikation der Bürger von seiten des Staates nur sehr eingeschränkt stattfinden sollte. Sicherlich mag auch eine Rolle gespielt haben, daß generell in sozialistischen Staaten dem Dienstleistungssektor eine weitaus geringere Priorität bei der staatlichen Investitionsplanung beigemessen wird als dem warenproduzierenden Sektor. Dies gilt wohl insbesondere für Dienstleistungsbereiche, die keine oder nahezu keine Devisen zu erwirtschaften in der Lage sind, wie das nun einmal für die

Telekommunikation gilt. Diese früher vielleicht gerade noch tragbaren volkswirtschaftlichen Verluste der Unterversorgung mit Telekommunikationsdienstleistungen haben im Prozeß zunehmender Integration beider deutschen Staaten fatale Konsequenzen. Der Integrationsprozeß und die wirtschaftliche Erholung der DDR-Wirtschaft werden behindert und gehemmt.

Der allgemeine Infrastrukturcharakter der Telekommunikation — Telekommunikation als notwendige Voraussetzung für privatwirtschaftliche Investitionen und wirtschaftliche Entwicklung — wird in dieser Zeit auf zugleich beeindruckende wie beängstigende Weise deutlich und jedermann vor Augen geführt. Volkswirtschaftlich bedeutet dieser Infrastrukturcharakter, daß Investitionen in das Telekommunikationssystem der DDR mit erheblichen positiven externen Effekten verbunden sind, wie die Volkswirte sagen. Die volkswirtschaftlichen Erträge verstärkter Investitionen sind größer als die Erträge des Investors aus diesen Investitionen. Aber ebenso wie verstärkte Investitionen zu positiven volkswirtschaftlichen Effekten führen, führt deren Unterlassen zu nachteiligen Konsequenzen. Diese fallen nicht nur in der DDR, sondern auch und gerade in der Bundesrepublik an. Hieraus folgt staatlicher Handlungsbedarf nicht nur in der DDR, sondern auch und gerade bei uns.

Handlungsbedarf besteht zunächst in der Investitionspolitik. Sie hat drei Aufgaben gleichzeitig zu lösen. Über eine verstärkte Investitionstätigkeit muß erstens das Telekommunikationssystem Zug um Zug auf das wirtschaftliche Niveau der DDR-Ökonomie entwickelt und die allgemeine Unterversorgung abgebaut werden. Zweitens muß das Telekommunikationssystem durch Investitionspolitik umgestaltet werden. Ein marktwirtschaftliches System bedarf im Kommunikationsbereich einer ganz anderen Infrastruktur als ein planwirtschaftliches System. Drittens müssen durch kurzfristig wirkende Sofortmaßnahmen Verbesserungen der Kommunikation an neuralgischen und volkswirtschaftlich besonders bedeutsamen Punkten erreicht werden.

In den bisherigen Vorträgen sind eine Reihe von Vorschlägen und Konzepten vorgelegt worden, die gezeigt haben, daß entsprechende Investionsprogramme im Prinzip machbar und wohl auch finanzierbar sind. Da aber letztlich das gesamte Telekommunikationsnetz in der DDR zur Erneuerung ansteht, sollte der Innovationsgrad der Netzentwicklung noch eine besondere Betrachtung verdienen.

In den bisherigen Vorträgen wurde hervorgehoben, daß es darum geht, eine Netzentwicklung in der DDR zu betreiben, die nach einer Reihe von Jahren vergleichbar ist mit der in der Bundesrepublik. Hierzu sind sehr dringende, intensive und kurzfristig zu realisierende Investitionsprogramme notwendig. Wir sollten aber auch sehen, daß in der DDR — und dies nicht zuletzt auch im Interesse der Bundesrepublik — die Möglichkeit besteht, mit Netzinvestitionen ein Stück weit auch innovativ zu experimentieren. Wenn ich daran denke, daß nicht nur für die Realisierung von Neuanschlüssen, für die Realisierung von neuen Fernkabeln, sondern auch für bestehende Anschlüsse letztendlich der weitaus größte Teil aller Kabel in sehr kurzer Zeit erneuert werden muß, dann sollte die Frage der Glasfasertechnik in und mit der DDR sehr sorgfältig geprüft werden. Investitionen in das Kabelnetz in dem in der DDR erforderlichen Umfang können effizient nur für einen Zeitraum erfolgen, der sicherlich den Bedarf der nächsten 25 Jahre berücksichtigen muß. Dies ist aber ein Zeitraum, in dem sich die Frage der Glasfasertechnik mit Sicherheit stellt.

Ich meine damit nicht, daß man die ganze DDR zu einem großen Feldversuch machen sollte, aber ich glaube, es ist wichtig zu sehen, daß sich nicht nur die Frage der Einführung bisheriger Technologie in das DDR-Netz stellt, sondern daß es auch um moderne Zukunftstechnologie geht. Wir müssen bedenken, daß bei den anstehenden Investitionen das neue DDR-Netz sich nach 5 bis 7 Jahren in einem „jungen", zwar betriebswirtschaftlich aber vielleicht technologisch nicht mehr modernen Zustand befindet. Größere technologisch begründete Abschreibungen ließen sich betriebswirtschaftlich kaum begründen. Soll nach 5 bis 10 Jahren eine einheitliche Netzstruktur und Netztechnologie erreicht werden, muß bereits heute an die Einführung modernster Technologie in das DDR-Netz gedacht werden.

Handlungsbedarf besteht nicht nur in der Investitionspolitik, sondern auch bei der Gebührenpolitik. Der Erfolg der Investitionspolitik hängt unabdingbar von ihrer richtigen Unterlegung durch Gebührenpolitik ab. Die Bundespost hat hier in der Vergangenheit, vor allem in den siebziger Jahren, leidvolle Erfahrungen gemacht.

Ich bin überzeugt, daß bei einer geeigneten Gebührenpolitik die weitaus meisten Investitionen in das System der DDR rentabel sind. Damit sind sie natürlich auch über den Kapitalmarkt finanzierbar. Besondere politische Lasten entstehen dadurch nicht. Dies wird anders zu beurteilen sein bei den kurzfristigen Sofortmaßnahmen. Sie werden nur sehr bedingt in die allgemeine Netzentwicklung integrierbar und damit im Zweifel für den Netzträger nicht rentabel sein. Hier, glaube ich, werden Lasten entstehen, die getragen werden müssen.

Im Grundsatz stimme ich dem von Herrn Dr. Zurhorst geäußerten Prinzip, daß gerade im Zustand der Netzentwicklung in der DDR die Gebühren Knappheitsrelationen widerspiegeln sollten, zu. Ich glaube, es wird sich nur für die DDR-Post das Problem stellen, daß private Haushalte Schwierigkeiten haben werden, sich überhaupt noch ein Telefon zu leisten. Es ist empirisch hinreichend belegt, daß der geschäftliche Nutzen der Kommunikation, bezogen auf den Preis eines Telefonanschlußes oder eines Telefongesprächs, im Durchschnitt wesentlich höher liegt als der im Bereich der privaten Nutzer. Bei der vorhandenen Knappheit an Telefonanschlüssen läge es nahe zu rationieren und die Nachfrage geschäftlicher Nutzer mit Vorrang zu bedienen. Eine derartige Rationierungsstrategie wäre kaum durchsetzbar, zumal es auch vom ökonomischen Standpunkt effizientere Alternativen gibt. Es gibt gute Gründe für unterschiedliche Gebühren für geschäftliche und für private Nutzer.

Die Gebühren sollten derart differenziert sein, daß bei geeigneten Gebührenelementen der geschäftliche Nutzer höhere Gebühren zu zahlen hätte als der private Nutzer. Allerdings dürfen die Gebühren für den privaten Bereich natürlich nicht so niedrig sein, daß dadurch die nicht zu befriedigende Nachfrage noch wesentlich stärker steigt, als das heute der Fall ist. Aber gerade weil der Nutzen, den die geschäftlichen Nutzer aus der Telekommunikation ziehen, im allgemeinen wesentlich größer ist als der privaten, ist es ökonomisch gerechtfertigt und auch effizient, daß sie einen größeren Beitrag zur investiven Entwicklung des Telekommunikationssystems leisten.

Auch wenn in der Telekommunikation die Zeichen auf Vereinheitlichung stehen, gibt es für die nächste Zeit wichtige Gründe für eine unterschiedliche Gebührenpolitik. Wir stehen in der Bundesrepublik vor der Situation, daß die Nachfrage angeregt werden muß, um vorhandene oder mit moderner Technologie neu aufzubauende Kapazitäten auszulasten. In der DDR besteht gerade das gegenteilige Problem. Von daher darf die Gebührenpolitik nicht gleich sein. Ob am Ende die Gebühren gleich sind oder gleich sein können, ist dabei eine ganz andere Frage.

Lassen Sie mich abschließend noch einige Worte zur Ordnungspolitik sagen. Ordnungspolitik war in der DDR bekanntlich bisher kein Thema. Es ist wohl unbestritten, daß dies auch für die Telekommunikation anders werden muß. Jedoch muß die Sinnhaftigkeit ordnungspolitischer Modelle immer gemessen werden am Entwicklungsstand der Telekommunikation. So würde es heute wenig Sinn machen, im terrestrischen Netz der DDR Wettbewerb einzuführen. Genauso falsch erscheint es mir aber auch, die DDR-Post weiter als ein Monopolunternehmen zu führen. Auch bei der Behebung kurzfristiger Engpässe sollte nicht von vorneherein ausgeschlossen sein, daß private Investitionen Abhilfe schaffen.

Ein gutes Beispiel ist die Satellitenkommunikation. Um nicht das Telefondienstmonopol der Deutschen Bundespost TELEKOM zu beeinträchtigen, wurde die Liberalisierung in der Bundesrepublik auf die Nichtsprachkommunikation beschränkt. In der DDR stellt sich die Situation anders dar. Wenn über private Satellitenverbindungen die Punkt-zu-Punkt-Kommunikation von Betrieben, die miteinander kooperieren, ermöglicht wird, bedeutet dies weniger eine Substitution des Telefondienstes als eine gewünschte Entlastung des Telefonnetzes. Es gibt demnach gute Gründe, mit (vielleicht befristeten) Ausnahmegenehmigungen auch private Satellitenverbindungen für Sprachkommunikation zuzulassen.

Weiter kann ich mir vorstellen, daß im Endgerätebereich die Liberalisierung so weit geht, wie sie in der Bundesrepublik realisiert ist. Ob die Liberalisierung des Dienstebereiches der Telekommunikation unmittelbar so weit wie in der Bundesrepublik gehen kann, darüber müßte weiter nachgedacht werden.

Die Poststruktur in der DDR

Wilfried Günther

Es ist für die Menschen in Deutschland ein Glücksumstand, daß es zu dem großen Ziel der Vereinigung beider deutscher Staaten bereits so grundsätzliche Übereinstimmung beider Regierungen und Parlamente gibt und der Staatsvertrag über die Wirtschafts-, Währungs- und Sozialunion unterzeichnet ist.

Ein Glücksumstand ist es aber auch besonders für uns Postler, daß sich die Minister Dr. Schwarz-Schilling und der bisherige DDR-Postminister Dr. Wolf bereits bei ihrem Treffen im März in Leipzig grundsätzlich darauf verständigt haben, ein rasches Zusammenwachsen der beiden Postverwaltungen in Deutschland über den Weg einer Postunion zu erreichen. Und wie wir wissen, hat sich unser neuer Minister Dr. Schnell voll diesem Konzept angeschlossen.

Die Vertreter der DDR-Post können bestätigen, daß diese gemeinsame Position von den Postlern in der DDR in ihrer übergroßen Mehrheit nachdrücklich unterstützt wird.

Wir in der DDR bekennen uns ganz eindeutig dazu, daß das Ziel einer einheitlichen Post in einem vereinigten Deutschland ein Nahziel ist.

Eine einheitliche Post in Deutschland mit den 3 Unternehmen, wie sie sich gegenwärtig bei der Deutschen Bundespost dynamisch entwickeln, kann nicht erst im Ergebnis des Prozesses der staatlichen Vereinigung angestrebt werden, sondern ist vielmehr eine ganz wesentliche Voraussetzung für den staatlichen Vereinigungsprozeß.

Deshalb sprechen auch wir uns für eine konsequente und rasche — wenn auch schrittweise — unternehmenspolitische, betriebliche, technisch-technologische, organisatorische und rechtliche Annäherung und Harmonisierung über den Weg einer Postunion aus. Dabei müssen m. E. recht kurzfristig eine Reihe wichtiger Zielstellungen erreicht werden, die gewissermaßen den Rahmen dafür abgeben müssen, daß in der DDR in für die Menschen, die Wirtschaft und Verwaltung akzeptabler kurzer Zeit die Telekommunikation bezüglich Technik und Technologie sowie ihrer Leistungen und Dienste an das Entwicklungsniveau der Bundesrepublik und anderer europäischer Staaten angeglichen werden kann.

Ich denke, man kann Bundesminister Dr. Schwarz-Schilling nur zustimmen, daß neben einer Vielzahl komplizierter ökonomischer, betrieblicher und technisch-technologischer Fragen vor allem das Ziel der Schaffung einer einheitlichen Ordnungspolitik angestrebt werden muß. Sicher kann man dafür unterschiedliche Modelle entwickeln; ich persönlich halte nur ein Modell — und das wird in der DDR mindestens die Opposition erschrecken — für tragfähig: Angleichung des bestehenden rechtlichen und ordnungspolitischen Rahmens für die DP in der DDR an den mit der Verabschiedung des Poststrukturgesetzes durch den Deutschen Bundestag und den Bundesrat im vergangenen Jahr gesetzten rechtlichen, ordnungspolitischen und unternehmenspolitischen Rahmen der BRD.

Ich jedenfalls kann der Position des Bundesministers für Post und Telekommunikation nur zustimmen, daß er auch bei dem mit der Vereinigung beider deutscher Staaten kommenden Zusammenschluß der deutschen Postverwaltungen von dem Fortbestand der mit der Poststrukturreform verabschiedeten Gesetze ausgeht. Eine — wie auch immer geartete — Neudiskussion des Poststrukturgesetzes der BRD im deutschen Vereinigungsprozeß kann es nicht geben. Im übrigen bin ich wirklich der Meinung, daß das auf vielen anderen Gebieten im Vereinigungsprozeß nicht so ohne weiteres gehen wird — auf dem Gebiet des Post- und Fernmeldewesens kann es nicht nur, sondern muß es so sein.

Daß es nun in der Kürze der Zeit trotzdem sehr schwierig wird, ist nicht Schuld der Bundesregierung und der Bundespost, sondern Schuld der vor der Wende in der DDR Herrschenden, die jeden Reformansatz für ein moderneres und leistungsfähigeres Post- und Fernmeldewesen — an dem wir in den letzten Jahren durchaus intensiv gearbeitet haben — bereits im Ansatz erstickten.

Wie ist nun aber die Ausgangssituation für eine ordnungspolitische Angleichung?

Zunächst einige Gedanken zur gegenwärtig noch fixierten Rechtsstellung der Deutschen Post in der DDR und einigen vorbereiteten Veränderungen.

- Entsprechend dem noch gültigen Gesetz über das Post- und Fernmeldewesen vom 29. November 1985 ist die Durchführung des Post- und Fernmeldeverkehrs in der DDR souveränes Recht des Staates. Der Ministerrat — also die Regierung — gewährleistet die zentrale Leitung und Planung des Post- und Fernmeldewesens und entscheidet über Grundfragen auf diesem Gebiet.

  Der Minister für Post- und Fernmeldewesen sichert als Mitglied der Regierung durch die Deutsche Post den nationalen und internationalen Post- und Fernmeldeverkehr.
- Die Deutsche Post ist bisher als einheitliche staatliche Einrichtung definiert. Sie besitzt mithin das Monopol für den gesamten Post- und Fernmeldeverkehr (Ausnahmen bestehen nur für den Nachrichtenverkehr der Verteidigungs-, Schutz- und Sicherheitsorgane).
- Das Ministerium für Post- und Fernmeldewesen ist somit gleichzeitig Organ der Regierung und oberste Betriebsleitung der Deutschen Post.

Mit diesem Kompetenzverbund zwischen Ministerium und Deutscher Post finden wir also in der DDR auch heute noch (ordnungspolitisch gesehen) eine Situation vor, wie sie in der Bundesrepublik vor der Poststrukturreform gegeben war.

Der Minister ist bei uns nach der gültigen Gesetzgebung auch heute noch „Regelmacher, Schiedsrichter und Spieler in einer Person".

Es ist klar, daß eine solche ordnungspolitische Konstellation für ein rasches Zusammenwachsen der beiden deutschen Postverwaltungen über den Weg einer Postunion nicht förderlich sein kann. Wir haben deshalb unser aktuelles praktisches Handeln immer mehr von den Prämissen des Post- und Fernmeldegesetzes der DDR entfernt.

Darüber hinaus bin ich davon überzeugt, daß Minister Dr. Schnell nunmehr eine Reform der Struktur und Organisation des Ministeriums für Post- und Fernmeldewesen und der Deutschen Post durchsetzen wird, die wesentlich von den Grundgedanken der Unternehmensverfassung der Deutschen Bundespost ausgeht.

1. wird zunächst sicher der Kompetenzverbund zwischen dem Ministerium und dem Staatsunternehmen Deutsche Post deutlich gelockert.

   Die innere Struktur des Ministeriums mit dem Minister, dem Parlamentarischen Staatssekretär, den beiden Staatssekretären für die Leitung der DP sowie für Personal, Soziales und Hoheitsaufgaben und drei Abteilungen und die für diese formulierten Aufgabenstellungen lehnen sich ganz eng an die für das Bundesministerium für Post- und Telekommunikation formulierten Grundsätze an.

2. Das Staatsunternehmen „Deutsche Post" wird über drei relativ selbständige Generaldirektionen — für TELEKOM, Postdienst sowie Postbank und Unternehmensfinanzen — geleitet.

   Man muß allerdings zunächst noch davon ausgehen, daß zwischen dem Minister und den Leitern der Generaldirektionen noch recht enge Leitungslinien bestehen werden.

   Die Aufgaben auf dem Gebiet der Unternehmenswirtschaft (Betriebswirtschaft, Finanzen, Personalwirtschaft usw.) werden schrittweise den drei Generaldirektionen zugeordnet. Soweit sie noch zentralisiert für das Gesamtunternehmen wahrgenommen werden müssen, werden sie in die Generaldirektion Postbank eingeordnet.

3. In enger Beziehung mit der Herausbildung der Generaldirektionen werden auch die zentralen Ämter, Institute und Einrichtungen der Deutschen Post neu strukturiert. Wir streben an, solche Strukturen und Aufgabenzuordnungen zu finden, die ein späteres notwendiges Zusammenwachsen mit den analogen Einrichtungen der Deutschen Bundespost, wie dem FTZ, dem PTZ oder dem Bundesamt für Post und Telekommunikation erleichtern.

4. Die Bezirksdirektionen der Deutschen Post werden in einer Übergangslösung bis zur Bildung der Länder in der DDR konsequenter nach den Bereichen TELEKOM und Postdienste gegliedert.

Zeitgleich mit der Bildung der Länder in der DDR wollen wir die Bezirksdirektionen der DP auflösen und getrennte Landesdirektionen für TELEKOM bzw. Postdienste bilden, wobei die Direktionen für TELEKOM nicht mit den Landesgrenzen übereinstimmen müssen. Oberpostdirektionen, wie sie in der BRD bestehen, wollen wir nicht mehr bilden.

5. Die Struktur der Ämter — wir haben z. Z. Fernmelde- sowie Hauptpostämter in den Bezirksstädten und Post- und Fernmeldeämter in den Kreisen — soll so verändert werden, daß auch zeitgleich mit der Bildung der Landesdirektionen die Post- und Fernmeldeämter aufgelöst und wieder Fernmeldeämter bzw. Postämter (mit und ohne Verwaltung) gebildet werden. Hier wird dann auch von der Größe der Ämter Analogie zur Bundespost vorhanden sein.

Man kann also erkennen, daß wir uns in der DDR den Zielsetzungen der Poststrukturreformen in verschiedenen hochentwickelten Industrieländern durchaus schrittweise nähern. Daß dabei hinsichtlich der Zielsetzungen
— Trennung von Hoheits- und Unternehmensaufgaben und
— Trennung von Post- und Fernmeldewesen
das Beispiel Bundespost dabei besonders Pate steht und stehen muß, halte ich für selbstverständlich.

Eine gleiche Sicht haben wir auch für die dritte Grundzielsetzung aller Poststrukturreformen — die Liberalisierung des Telekommunikationsmarktes.

Wir wollen hier, also was u. a.
— Netzmonopol
— Infrastrukturverantwortung des TELEKOM-Bereiches
— Monopol, Pflichtleistungen oder Wettbewerb
anbetrifft, die Grundsätze und Regelungen des „Gesetzes zur Neustrukturierung des Post- und Fernmeldewesens und der Deutschen Bundespost“ allen unseren Überlegungen zugrunde legen.

Wir nehmen „die ordnungspolitischen Überzeugungen der sozialen Marktwirtschaft“ — um ein Wort des Herrn Bundesministers Dr. Schwarz-Schilling aufzugreifen, also voll an.

Ich persönlich hoffe, daß sich diese Überzeugungen in der DDR auch in der Politik als voll durchsetzbar erweisen. Dann wäre es in absehbarer Zeit (vielleicht schon 1991) möglich, das Poststrukturgesetz der BRD über ein Anpassungsgesetz für die DDR für gültig zu erklären.

Das wäre ein großer Schritt zu einer einheitlichen Post in einem vereinten Deutschland — was wir uns alle wünschen.

Podiumsdiskussion

Leitung: Prof. Eberhard Witte
Institut für Organisation, Universität München
MÜNCHNER KREIS

Podium: Dipl.-Ing. Dietrich Buchheim
Institut für Post- und Fernmeldewesen der Deutschen Post, Berlin

Dr. Wilfried Günther
Deutsche Post, Berlin

Dr. Karl-Heinz Neumann
WIK, Bad Honnef

Dipl.-Ing. Gerd Tenzer
Vorstand DBP TELEKOM, Bonn

Plenum: Dr. Botzian
Stiftung Wissenschaft und Politik
Institut für internationale Beziehungen, Bonn

Dipl.-Ing. Ewald Braun
Siemens AG, München

Prof. Dieter Carl
Akademie der Wissenschaften, Berlin

Dr. Kahle
Ministerium für Post- und Fernmeldewesen, Berlin

Armin-Hagen Liersch
Fernsehjournalist, Berlin

Dr. Martin
Direktor beim Deutschen Fernsehfunk, Berlin

Prof. Ernst Michler
Technische Universität Dresden

Dr. M.-J. Schachter-Radig
NTE NEUTECH GmbH, München

Armin Tippe
Philips GmbH, Bonn

Dr. Tollmann
Zentrum für Forschung und Technologie der Nachrichtenelektronik, Berlin

Dr. Bernhard Zurhorst
Vorstand DBP POSTBANK, Bonn

Prof. Witte:

Man hält förmlich den Atem an, wenn man hört, wie sich hier in Mitteleuropa in einer derart kurzen Zeit grundlegende Veränderungen vollziehen. Es ist ein Kennzeichen dieser Übergangssituation, daß Reformmaßnahmen schneller und leichter möglich werden, als dies in langjährig gewachsenen Strukturen möglich ist. Darin liegt eine große Chance, aber natürlich auch eine schwerwiegende Verantwortung.

Das Podium sieht auf der einen Seite den technischen Sachverstand der Ingenieure und auf der anderen Seite die Experten der Wirtschaft. Von beiden Betrachtungsweisen haben wir je einen Vertreter aus der DDR und der Bundesrepublik.

Prof. Carl:

Wissenschaft und Forschung in der DDR haben es nicht besser gehabt, als andere auch. Viele Versuche, sich mit innovativen Problemen in der Forschung zu beschäftigen, wurden mit dem Hinweis darauf, daß dies den wirtschaftlichen Gegebenheiten der DDR nicht entspricht, entweder abgeschmettert oder auf einer solchen Sparflamme gehalten, daß es sehr schwierig war, in konkurrenzfähiger Weise zu arbeiten. Wir haben aber aus meiner Sicht außerordentlich hochqualifizierte Fachleute in der DDR, die geradezu darauf warten, nun endlich in Prozesse eingebunden zu werden in der Forschung und in der Entwicklung, die ganz vorne an der Spitze sind. Natürlich bedeutet das für alle auch, daß sehr viel zu lernen ist und sicherlich nicht nur wissenschaftlich technisch, sicherlich auch bezüglich der volkswirtschaftlichen Aspekte. Auf dieser Tagung sind zwei strategische Konzepte sichtbar geworden. Zum einen: mit der Verabredung der beiden Regierungschefs in Deutschland über die drei Unionen per Anfang Juli dieses Jahres ist die Geschäftsgrundlage gegeben, über grundsätzlich einheitliche Strategien in Deutschland nachzudenken. Ein zweiter Ansatz: wir machen eine Bundesrepublikstrategie, wir machen eine DDR-Strategie und dann definieren wir Interfaces und versuchen, ein paar Gateways zu schaffen. Ich möchte mich hier mit Nachdruck für die erste Strategie einsetzen. Das bedeutet für mich, daß alles, was neu gemacht wird in der Telekommunikation, wie Mobilfunk, ISDN, Breitbanddienste, von nun an einheitlich geplant werden muß und daß wir nicht wieder zulassen dürfen, daß beispielsweise mit Hinweis darauf, daß wir in der DDR uns jetzt nicht um Breitbandkommunikation kümmern und keine Glasfasern verlegen können usw., immer wieder die Situation eintrifft, daß die östlichen Länder Deutschlands hinterherlaufen. Aus dieser Situation müssen wir mit Konsequenz heraus, d. h. alles, was neu gemacht wird, muß von vorneherein von einer gesamtdeutschen Planung ausgehen. Das heißt aber nicht, daß alles genauso ablaufen wird wie in der BRD. Warum sollte die DDR auf dem Gebiet ISDN nicht ein Innovationsfeld sein. Denn wie ist denn die Situation? In der BRD gibt es viele gut ausgebaute Netze mit entsprechenden Diensten, und augenscheinlich ist der Bedarf nach ISDN nicht so brennend. Wie sieht es aber in der DDR aus? In der DDR sind viele weiße Flecken. Der Bedarf an Multifunktionalität am Arbeitsplatz, am Geschäftsarbeitsplatz ist aber genauso vorhanden wie hier, nur kann er nicht durch eine Vielzahl bereits existierender Netze und Dienste abgedeckt werden. Es wäre also wohl eine Überlegung wert, ob man nicht das digitale Overlaynetz sehr schnell zu einem ISDN-Overlaynetz weiterentwickeln sollte (mit Blick auf 1992 nach Eurostandards) und auf diese Art und Weise den geschäftlichen Bereich mit modernster Telekommunikations-Infrastruktur versorgen könnte. Eine ganz andere Frage ist der Privatbereich, Tante Emma braucht kein ISDN-Telefon zu Hause, da stehen ganz andere Aufgaben an.

Was ich mir also als Vertreter der Forschung wünsche, ist, daß wir für die neuen gewaltigen Aufgaben, die zu lösen sind in Richtung Breitbandkommunikation, Szenarien ausarbeiten, Piloteinsatzfälle entwickeln, Modelle schaffen und demonstrieren. Das muß von vorneherein von einer gesamtdeutschen Planung ausgehen unter Beteiligung aller Fachleute in Deutschland.

Herr Tenzer:

Ich finde es erfreulich, daß die Forschung in der DDR und Grundsatzentscheidungen der beiden Unternehmensleitungen in keiner Weise auseinanderstreben. Die erste Verabredung der beiden Unternehmensleitungen war, 9 strategische Arbeitsgruppen einzurichten, die natürlich die Aufgabe haben, nicht die Arbeitsweise der DBP TELEKOM in die DDR zu transportieren, sondern zu gemeinsamen, optimalen Lösungen für beide Teile zu kommen. Diese 9 Arbeitsgruppen haben die Aufgabe, alle Telekommunikationsfelder, von der Personalpolitik bis hin zur Netzausbaustrategie, einvernehmlich und gemeinsam strategisch vorauszudenken, und dann, solange diese beiden Organisationen noch getrennt sind, in beiden Organisationen umzusetzen. Die Aufholjagd in der DDR ist eine Chance, zu einem innovativen Netz zu kommen, das dem in der BRD einiges voraus hat. Wo sich diese Innovationen nun tummeln, sei es bei Breitbandanwendungen, sei es bei ISDN, sei es bei Glasfaser zum Kunden, würde ich tatsächlich den Diskussionen in den Arbeitsgruppen überlassen. Der Zeitpunkt erscheint mir einfach zu früh, heute zu sagen, ich mache insbesondere ISDN oder ich gehe insbesondere mit diesem oder jenem Dienst in den Markt. Insofern bin ich eigentlich dankbar, daß Sie aus Sicht der Forschung zu der gleichen Auffassung kommen wie wir, daß wir eine gemeinsame Strategie für die nächsten Jahre planen wollen.

Dr. Tollmann:

Ich kann für unser Forschungszentrum ebenso wie Prof. Carl sagen, daß wir dort eine große Anzahl — gegenwärtig 1600 — hochmotivierter Techniker, Technologen, Forscher in Entwicklung und Konstruktion haben, die eigentlich in den Arbeitsgebieten Vermittlungstechnik, das sind digitale Vermittlungssysteme, Übertragungstechnik (ebenfalls digitale Systeme), Trakte, Lichtwellenleitertechnik (140 Mbit/s Monomode-Technik), Funksysteme und technologische Grundlagen bisher gearbeitet haben. Dadurch, daß sich unser Kombinat Nachrichtenelektronik jetzt mit verschiedenen Firmen der BRD in Gemeinschaftsunternehmen begibt, wird hier natürlich grundsätzlich auch eine andere Struktur dieses Forschungszentrums erwartet. Wir sehen dort eine sehr sehr positive Entwicklungsmöglichkeit, weil zwar diese Motivation einerseits besteht, aber andererseits nur an wenigen Arbeitsplätzen sehr moderne Arbeitsmittel vorhanden sind. Hardware- und Softwarelösungen, wie sie bei Ihnen in Hochschuleinrichtungen und den Firmen der BRD und Westeuropa üblich sind, könnten jetzt eingeführt werden. Es gibt noch einige Fragezeichen auch persönlicher Art: was wird mit meinem Arbeitsplatz, wie geht es weiter mit meinem Betrieb. Aber die Kollegen haben eine sehr große Zukunftsgewissheit, weil der Nachholbedarf in der DDR sehr erheblich ist und sehr umfassende und anspruchsvolle Aufgaben eigentlich das Herz jedes Nachrichtentechnikers höher schlagen lassen müßte. Ich habe die Bitte, daß mit Ihren Möglichkeiten in diesem Prozeß für unsere Kollegen recht schnell Sicherheiten geschaffen werden, daß keiner den Kopf hängen läßt. Es wird sich etwas ändern, es muß sich etwas ändern, und wir sind auch ganz optimistisch, daß wir die Einführung der neuen Techniken in das Netz der Deutschen Post bei uns hier mit der Unterstützung der Industrie fördern können. Das gibt neue Arbeitsplätze, neue Wirkungsfelder. Dort sehen wir auch aus der Industrie Verantwortung heraus, daß sehr postnah neue Forschungs- und Projektierungsgemeinschaften initiiert werden können, ähnlich wie in der BRD, um hier diesen Berg von Arbeit auch von der gesamten Planungs- und Vorbereitungsphase der Projektbetreuung her zu bewerkstelligen. Auf einen Aspekt möchte ich besonders aufmerksam machen. Das Fernsprechen allein wird niemanden befriedigen, auch wenn viele schon sehr lange darauf gewartet haben. In dem Moment, wo man diesen Menschen, speziell den Geschäftsleuten, einen Fernsprechapparat hinstellt, wollen sie ein Faxgerät haben, und dann sind sie noch viel unzufriedener als heute ohne Telefon. Es muß sehr komplex etwas gemacht werden. Eine große Bedeutung hat die Beratung der Kunden, und da ist natürlich auch in Richtung mittelständischer Beraterfirmen der Nachrichtenindustrie in der DDR noch viel zu machen. Viele Kunden wissen ja noch gar nicht, wo sie eigentlich Kunde sein könnten und wo wir ihnen als nachrichtentechnische Industrie, als Postverwaltung, das Leben entschieden leichter machen könnten und ihnen damit eine Unterstützung geben könnten für die Profilierung und die Wirtschaftlichkeit in ihrem Bereich.

Prof. Michler:

In der Telekommunikation, bei der Verbesserung der Möglichkeiten zu kommunizieren, bestehen in der DDR eigentlich zwei Aufgaben: sehr schnell, und zwar ganz schnell, in Monatsfrist nämlich, Möglichkeiten zu schaffen. Das kostet Geld, bei Strafe des Untergangs für die Investoren. Aber auch für die Bewertung der Vorgänge in der Bevölkerung erwartet man, daß sehr schnell etwas passiert. Das zweite Problem ist, strategisch die Dinge richtig anzulegen, also möglichst das Neueste, das von übermorgen, zu verwenden. Ich möchte nochmal auf die Problematik zurückkommen, das C-Netz teilweise einzuführen. Der Vorschlag stammt schon von Siemens-Kollegen und wurde vor einem Jahr schon einmal vorgestellt. Ich möchte die beiden Postverwaltungen aber darauf aufmerksam machen, daß man mindestens gedanklich vorwegnimmt, das C-Netz eventuell zu einem größeren Teil flächendeckend in der DDR zu machen. Bis nämlich das D-Netz kommt, dauert es zu lange. Außerdem gibt es Kompatibilitätsprobleme in der Belegung der Frequenzbereiche. Die Kollegen von der Post wissen das. Der Bereich 948—960 MHz ist mit einer Sondergenehmigung bis 1995 belegt. So lange können wir nicht warten. Es wäre die Frage zu prüfen, die jetzigen Trassen, oder wenn man Türme errichten muß, die Türme dorthin zu stellen, wo es gerade am billigsten und schnellsten geht, oder vielleicht schon in eine mögliche zukünftige Netzplanung zu integrieren. Zum Problem der Forschung: die Forschung an den Hochschulen hatte bisher eine sehr dominierende Rolle. Nahezu 100 % der Kapazität war an die Industrie gebunden. Wer sehr viel in der Lehre gemacht und seine Zeit dort investiert hat, geriet sogar in die Gefahr, unterbewertet zu werden. Das kehrt sich nun etwas um. Die Forschung bleibt schon wichtig, weil nur eine Lehre modern sein kann, die mit der Forschung verbunden ist, aber die Akzente verschieben sich etwas in dieser Richtung, daß in die Lehre mehr investiert wird, investiert werden muß. Die Bedingungen dafür sind dadurch gegeben, daß das Studium Generale beispielsweise, das in der DDR bei etwa 500 bis 600 Semesterstunden lag, jetzt auf eine Größenordnung wie in der BRD reduziert wird, also etwa 60 Stunden. Uns stehen also für die fachwissenschaftliche Ausbildung in Zukunft wesentlich bessere Bedingungen zur Verfügung. Dazu kommt, daß die Lehrstühle, Ordinarien und die Fakultäten eine relativ große Autonomie erhalten und selbständig entscheiden können, mit wem sie Forschungsverträge machen. Ein großes Problem besteht im Moment in der DDR darin, daß nahezu alle Forschungsverträge gekündigt sind, daß keiner so richtig weiß, in welcher Richtung sich das weiterentwickelt. Das führt an den Hochschulen zu einer gewissen Verunsicherung. Es passiert im Moment überhaupt noch nichts, es werden allerdings noch Chancen und Freiräume geschaffen, sich den Forschungspartner selbständig zu suchen. Ich möchte dazu aufmuntern, Betriebe und Firmen in der BRD daran zu erinnern oder ihre Aufmerksamkeit darauf zu richten, daß auch Forschungsverträge mit Hochschuleinrichtungen in der DDR möglich sind. Letztlich möchte ich dazu noch bemerken, daß es auch marktwirtschaftlich zugeht in Zukunft an den Hochschulen insofern, als die jetzigen Planstellen durch die Lehre nicht mehr vollständig getragen werden können und über Drittmittel Planstellen finanziert werden müssen, weil man sonst sehr gute Kader von der Hochschule weggehen lassen muß.

Prof. Witte:

In allen unseren vorbereitenden Gesprächen und auch während der beiden Konferenzen des MÜNCHNER KREISES konnten sich die Fachleute aus der DDR und der Bundesrepublik schnell verständigen. Wir sprechen nicht nur dieselbe Sprache, sondern verstehen auch unsere gegenseitigen Argumente. Dies gelingt vor allem deshalb, weil wir uns verstehen wollen und auch die fachlichen Grundkenntnisse besitzen, um das Argument des anderen einordnen zu können.

Aber eine weitere Aufgabe steht noch vor uns: die Information der breiten Öffentlichkeit über die von uns gemeinsam entwickelten Pläne. Zwar versteht der Mann auf der Straße auch in der Bundesrepublik nicht jedes Detail der Neuordnung des Post- und Fernmeldewesens, aber es sollte wenigstens gelingen, die Intellektuellen des Landes, die doch auch den Bereich der Zulieferer und der Abnehmer der Post bilden, zu überzeugen. Ich glaube, daß dies heute auch eine gute Chance hat, denn nach der von uns allen bewunderten Leistung der DDR-Bevölkerung, eine friedliche Revolution zu realisieren, scheint mir die grundsätzliche Aufgeschlossenheit für Veränderungen gegeben zu sein.

Dr. Martin:

Der Deutsche Fernsehfunk sieht natürlich seine Aufgabe darin, die großen gesellschaftlichen Veränderungen, die sich in der DDR vollziehen, im Fernsehfunk selbst natürlich auch, zu begleiten, und zwar aus der Sicht heraus, daß wir uns der Verantwortung stellen wollen, sowohl die Prozesse transparent zu machen, die bei uns ablaufen, als auch den Menschen Mut zu machen. Wir überarbeiten gegenwärtig die inhaltliche Struktur unserer beiden Programme. Wir sind bemüht, allen Bevölkerungsgruppen und sozialen Schichten bestimmte Programme anzubieten, von der Umschulung, der Weiterbildung bis hin zu Ratgebern, die ihnen ermöglichen, die Prozesse, die jetzt ablaufen oder die bevorstehen, zu verstehen, sie zu verarbeiten, ohne daß wir da irgendwie schulmeisterlich auftreten wollen. Wir verstehen unsere Verantwortung also erst einmal gegenüber dem Bürger der DDR. Wir nutzen dazu auch unsere Kooperationsbeziehungen zu den öffentlich-rechtlichen Anstalten der BRD. Aber ich muß ehrlich gestehen, wir sind natürlich im Prozeß der Umprofilierung unserer Anstalt sowohl rechtlich-ökonomisch als auch programmpolitisch-inhaltlich, und wir sind sehr froh, daß die neue Regierung auf uns zugegangen ist. Daraus werden auch unsere Mitarbeiter die Kraft schöpfen, unseren Bürgern in diesen bevorstehenden Prozessen genügend zu bieten, daß man uns annimmt und daß wir unsere Aufgabe erfüllen können. Wir sehen unsere Aufgabe nicht so sehr darin, über unsere jetzigen Versorgungsgrenzen hinauszugucken — wobei uns natürlich freut, wenn die Bürger der BRD uns sehen — aber wir wollen uns auf die Bürger der DDR konzentrieren, und darauf müssen wir uns jetzt erst einmal einstellen. Ich kann dazu nicht viel mehr sagen, weil wir selbst noch Suchende sind, und ich glaube, dafür wird man Verständnis haben.

Herr Liersch:

Ich bin sehr für optimale Lösungen, aber ich bin auch für Zwischenlösungen. Mit geht das alles nicht schnell genug. Wenn man bedenkt, daß in diesem Lande in wenigen Wochen 30000 neue Unternehmungen (wenn die Zahl in etwa so stimmt), entstanden sind, von jungen Leuten, die ihr letztes Geld von der Sparkasse geholt und angefangen haben, eine Firma aufzubauen, Leute einzustellen, in die BRD zu fahren, sich Partner zu suchen, Verträge unterschrieben haben (manchmal wissen sie gar nicht, was sie da unterschrieben haben). Nur eines haben sie nicht: Gewerberäume und Telefone. Am 1. Juli haben wir die Währungsunion. Die Mehrheit hat nicht nur für die Vereinigung gestimmt, sondern auch für die DM. Nun wollen wir doch miteinander erreichen, daß die DM stark bleibt und daß diese jungen Unternehmungen auch wettbewerbsfähig werden. Also müssen wir schnelle Lösungen haben. Insofern müßten wir problemreicher diskutieren. Es kommt mir vor, als wenn alles ein Spaziergang wäre. Es ist schön, daß wir in dieser Euphorie sind, aber ich glaube, wir müssen uns auch darüber klar werden, daß dieser Weg eine ganze Reihe von Holpersteinen, ja sogar Felsen aufweisen kann, die es geschickt zu umgehen gilt. Um nur ein Problem einmal herauszugreifen: es heißt, die Kombinate sollen schnell effizient sein. Alte Leitungen müssen sich durch Sach- und Fachkompetenz beweisen. Das heißt, sie müssen von der Belegschaft in diesem Übergang zumindest auch akzeptiert werden bei ihren jetzigen Managemententschließungen, vielleicht 1000 Leute in einem Betrieb freizusetzen. Und das sehr schnell ohne entsprechende Beschäftigungsprogramme. Wie sich Betriebe zueinander bewegen, wie diese Gemeinschaftsunternehmen darum ringen, das ist nicht nur eine Sache des Technologietransfers. Wie stellen wir unsere Ausbildung schnell um, wo werden denn diese Leute ausgebildet, wie werden sie denn auf das Management vorbereitet? Ich freue mich, daß gerade der MÜNCHNER KREIS eigentlich immer aufgeschlossen ist und daß Prof. Witte gesagt hat, der MÜNCHNER KREIS wird auch einmal in Ostberlin tagen. Es wäre allzu schön gewesen, wir hätten etwas Vergleichbares in der DDR. Deshalb freuen wir uns über diese Hilfe.

Herr Tenzer:

Auch mir geht es nicht schnell genug, um das mal ganz deutlich zu sagen. Wenn das nicht rübergekommen ist, müßte ich über meine Formulierungen nachdenken. Mir geht es erheblich nicht schnell genug. Nur, ich füge hinzu, und ich habe diese Ausführungen ganz bewußt gemacht, wir sollten auch nicht der Illusion nachhinken, daß ein Investitionsvolumen von 30 bis 50 Milliarden DM, das notwendig ist, um eine Angleichung zu haben, innerhalb kürzester Frist — in einer Sprungfunktion, so sagt der Techniker, also von 0 auf einen bestimmten Wert — hochgefahren werden kann. Ich hatte angekündigt, daß wir für 1991 als Beitrag zur finanziellen Unterstützung in der DDR unserem Aufsichtsrat einen Beitrag vorgeschlagen haben in Milliardenhöhe. Ich füge hinzu, es macht keinen Sinn, auch wenn ich die Kollegen in der DDR als hochqualifiziert einschätze (alle, die ich kennengelernt habe, haben im Grunde die gleichen Voraussetzungen und Qualifikationen wie meine Kollegen hier auch), es ist nicht möglich, die notwendige Planungs- und Baukapazität in kurzer Zeit aufzubauen, um von den 800 Millionen Investitionen im Jahr auf 6 Milliarden hochzufahren. Wir wollen einen Personaltausch, training on the job machen, weil wir der Auffassung sind, daß eben Lehrgänge, die wir irgendwo abhalten, nicht zu dem notwendigen Erfolg führen. Ihre Leute und unsere Leute müssen Erfahrungen vor Ort machen, müssen die Fehler machen, um daraus zu lernen, um dann genauer und besser planen zu können. Insofern war ich vielleicht in meinen Ausführungen sehr pragmatisch. Ich füge auch hinzu, daß ich diese Ausführungen bewußt gemacht habe an die Adresse der Politiker. Es macht keinen Sinn, den Bürgern einzureden, einen Nachholbedarf von 7 Millionen Anschlüssen plus all das an Datennetzen, an Breitbandkommunkation, an BK-Verkabelungen und was sie sich noch vorstellen können, innerhalb von 2 oder 3 Jahren nachholen zu können. Wer der Illusion nachläuft, wird in 2 oder 3 Jahren bitter enttäuscht. Auch mir geht es zu langsam. Auch ich möchte es schneller machen.

Herr Buchheim:

Auch ich bin der Meinung, daß es gar nicht darauf ankommt, zwischen zwei Netzen Gateways zu schaffen, sondern daß wir sofort Konzepte entwickeln müssen, die zur einheitlichen Nutzung führen. Das ist unser gemeinsames Ziel, und die Zusammenarbeit auf dem Gebiet ist tatsächlich schon weit gediehen. Die Arbeitsgruppen sitzen auf den mittleren und höheren Ebenen praktisch täglich zusammen und reden genau über dieses Problem. Reden darüber, wie dringend man das Berliner Ortsnetz zu einem Ortsnetz zusammenfassen sollte. Was machen wir mit dem Datennetz, mit dem Fernsprechnetz, mit Fibre to the Business, wenn es auch nicht unbedingt zu Tante Emma gehen muß. Es wird gesagt, wir müssen sehr schnell etwas tun, der Druck der Bevölkerung auf uns ist sehr groß. Es sind z. B. ganz schnell — manche haben sogar gesagt vorschnell — Entscheidungen getroffen worden, z. B. der Kauf von S 12-Containern von SEL. Jeder Container kann 3000 Teilnehmer anschließen, 15 Stück sind gekauft worden. Wir werden kritisiert, weil wir Digitaltechnik in einer analogen Umgebung einsetzen. Das ist ja gar nicht so unproblematisch. Wir setzen 40 Container der Bundespost mit EMT-Wählertechnik ein, um einem Sofortdruck nachzugeben. Da werden wir wieder kritisiert: jetzt wird die alte Technik, die die Bundespost gerade ausmustert, hier eingeführt. Aber das sind Sofortmaßnahmen, mit denen wir über den Berg kommen. Wir führen 20000 Münzer ein, die in der BRD ausgewechselt worden sind, damit wir die Währungsumstellung überhaupt bewältigen können, wenn wir die neuen Münzen bekommen. Beim C-Netz haben wir uns anfangs auf die Strecken der Transitautobahn konzentriert unter Mitnahme wichtiger Städte, eigentlich fast aller wichtigen Städte. Wie weit müssen wir da ins flache Land gehen mit dem C-Netz und wie weit reichen wir aus, bis wir die Großstädte mitversorgt haben. Das D-Funk-Netz wird ja in der BRD auch gerade erst aufgebaut. Da kann die ganze Planung praktisch schon parallel laufen mit denselben Mitteln, mit denselben Planungsmethoden. Ich glaube, daß wir ganz offensichtlich über das, was wir tun, hinreichend informieren und begründen müssen, warum wir das tun. Wirklich durchgreifende Lösungen, die Systemcharakter haben, brauchen etwas Zeit.

Prof. Witte:

Unsere Bundespost hat Jahre gebraucht, bevor sie gelernt hat, Gutes zu tun und darüber zu reden. Das ist gar nicht so einfach, es ist aber notwendig.

Herr Tippe:

Ich stimme zu, daß wir zu wenig Kapazitäten haben, daß es alles zu langsam geht. Was macht ein Unternehmer, der sich über Aufträge nicht beklagen, diese Aufträge aber nicht abwickeln kann? Er holt sich Verstärkung. Die Frage ist, ob die DDR oder die Entwicklung der Telekommunikations-Infrastruktur der DDR nicht ein klassisches Beispiel für die Zulassung (über eine Private Partnership) privater Netzbetreiber ist. Dieser private Netzbetreiber muß ja nicht alleiniger Betreiber sein. Man kann ja hier Verbindungen eingehen. Es gibt andere Länder, in denen man damit Erfolge hat. Wie steht es mit der Beteiligung von privaten Unternehmen, von privaten Netzbetreibern beim Aufbau dieser Infrastruktur?

Dr. Günther:

Ich habe ja deutlich gemacht, daß wir, was diese Seite anbetrifft, uns an den Gedanken nicht recht gewöhnen können. Uns stimmt dann etwas zuversichtlich, daß unsere Gedankengänge mit denen der Kollegen der Deutschen Bundespost hier sehr identisch sind. Erstens möchten wir nicht, daß wir in dieser kurzen Zeit des Übergangs zu einer vereinten Post in einem vereinten Deutschland jetzt Tatsachen schaffen durch unterschiedliche Prioritäten, die das ordnungspolitische Gleichgewicht in der BRD ins Wanken geraten lassen. Zweitens würde es wahrscheinlich die Lösung gar nicht so erleichtern. Unser Problem liegt ja vor allen Dingen in der Vorbereitung der riesigen Aufgabe, die Telekommunikations-Infrastruktur zu planen und dann zu realisieren. Dazu nur ein Beispiel: wir haben das größte Problem, eine Ortsnetzplanung zu realisieren. Wir müssen die Ortsnetze völlig neu planen. Sie können sich gar nicht vorstellen, was für Probleme durch die Entwicklung in der DDR entstanden sind. Wir haben keine vernünftigen Unterlagen, wir müssen in manchen Orten alles neu aufnehmen und völlig neu planen. Diese Planungsaufgabe ist so umfangreich, die kann nicht durch Parallelarbeit gemacht werden. Wenn jetzt drei Anbieter für ein Netz da wären, so kann die Zeit doch nur bis auf ein gewisses Minimum gedrängt werden. Wir glauben, daß dieses Minimum durch diese hervorragende Koordinierung der Arbeit, die jetzt angedeutet worden ist — gerade am Beispiel der Netzplanung durch die Deutsche Bundespost und die Deutsche Post — erreichbar ist. Eine andere Frage ist der Zufluß privaten Kapitals. Hier gehen wir davon aus, daß die Deutsche Post nicht wie bisher mit fast 100 % Eigenkapital ihre Investitionen realisiert. Hier werden wir Verhältnisse in der Größenordnung der Deutschen Bundespost herstellen wollen.

Dr. Neumann:

Ich glaube, das terrestrische Netz der DDR ist noch viel stärker durch Größenvorteile gekennzeichnet als das der BRD. Insofern wäre Wettbewerb, wenn man ihn dort zuließe, nahezu unwahrscheinlich und in dieser Entwicklungsphase ökonomisch auch wenig sinnvoll. Die kurzfristigen Sofortmaßnahmen sind nicht rentabel. Das heißt nicht, daß man nicht an der einen oder anderen Stelle versuchen sollte, daß nun auch dieser Test gemacht wird. Man sollte durchaus erwägen, an der einen oder anderen Stelle auch private Verbindungen zuzulassen über Satelliten, um so Punkt-zu-Punkt-Verbindungen von Unternehmen, die auch Sprachkommunikation machen wollen, zu realisieren. Das kann Abhilfe schaffen. Aber was das allgemeine terrestrische Netz angeht, da wäre man nicht gut beraten, wenn man Wettbewerb einführen würde. Ein anderer Bereich ist der Mobilfunk. Ich glaube, daß die Gründe, die bei uns für Wettbewerb sprechen, auch in der DDR gelten.

Dr. Günther:

Ich kann dem beinahe nichts hinzufügen. Wir haben auch Kontakte zu unseren tschechischen Kollegen, die ja in einer vergleichbaren Situation sind, nur daß sie keine Bundespost haben. Die gehen jetzt in der frühen Phase mangels Kapital diese Wege, daß sie Netzbetriebs-Rechte vergeben. Dazu möchte ich mich eigentlich in unserer konkreten Situation nicht so schnell entscheiden. Wenn Volkswagenwerk und Zwickau ganz schnell konkrete Verbindungen brauchen, dann muß man einfach mal darüber reden, wie man mit bestimmten Genehmigungen so etwas regeln kann. Nach meiner persönlichen Auffassung, die sicher in der DDR noch etwas strittig ist, werden wir durch ein Anpassungsgesetz das Poststrukturgesetz der BRD für gültig erklären mit allen seinen Regelungen, dann wird das in der DDR bedeuten, es gibt dort Monopol, wo jetzt in der BRD Monopol ist, und es gibt dort Wettbewerb, wo jetzt in der BRD Wettbewerb ist. Ich glaube auch, daß wir dann durch vorschnelle Handlungen das nicht durcheinander bringen sollten. Es gibt eine klare Entscheidung des Bundespostministers für einen zweiten Anbieter im Mobilfunk in der BRD. Ich gehe davon aus, daß in sehr kurzer Zeit der zweite Anbieter im Gesamtterritorium Deutschlands auftritt. Wir möchten nicht durch eine vorgezogene Entscheidung diese klare Linie durchbrechen. Wenn der Bundespostminister oder der spätere Postminister in Deutschland der Meinung ist, er muß einen dritten Anbieter zulassen, dann wird er das entscheiden für das gesamte Territorium Deutschlands.

Herr Tenzer:

CSFR und Ungarn gehen tatsächlich einen anderen Weg. Sowohl in der CSFR als auch in Ungarn wird zwar eine private Gesellschaft gegründet mit ausländischer Kapitalbeteiligung, aber die Monopole bleiben, und das war ja Ihre Frage. Die Finanzierung des Netzes in der DDR ist aus eigenen Einnahmen oder durch unsere finanzielle Unterstützung in keiner Weise gefährdet. Es gibt also keinen Grund, aus meiner Sicht (wobei wir uns in diesen Angelegenheiten nicht in Entscheidungen der DDR einmischen), hier ein ähnliches Modell anzustreben.

Frau Dr. Schachter-Radig:

Bei der ganzen Euphorie, die nun entsteht, würde es mich interessieren, wie bei einer Vereinigung der beiden Teile Deutschlands zu einem Ganzen und logischerweise auch der TELEKOM zu einem Ganzen die Tarifeinheit im Raum eingeführt wird. Wie soll diese Tarifeinheit im Raum von DDR-Bürgern bezahlt werden? Die zweite Frage ist, ob die Einführung des C-Netzes im technologischen Standard, wie wir ihn in der BRD haben, nicht einfach dazu führt, daß die DDR abgeschottet wird von den klassischen Märkten der DDR, die eher im Osten Europas liegen und die sicherlich nicht ein C-Netz in Siemens-Technologie einführen werden, sondern sich wahrscheinlich irgendwelcher NMT-Standards bedienen werden. Dadurch ist das Endgerät nicht wiederbenutzbar außerhalb der DDR und ein eventuelles Roaming nicht mehr möglich. Ein paneuropäisches GSM-Netz ist für die nächsten 5 bis 10 Jahre aus vielen Gründen ausgeschlossen, unter anderem aus der mangelnden Verfügbarkeit der Frequenzen in diesem Bereich.

Dr. Günther:

Unser Projekt für neue Preise und Gebühren, das zeitgleich mit der Währungsunion am 2. Juli eingeführt werden soll, geht von einer Angleichung der Preise und Gebühren an das Gebührensystem der Deutschen Bundespost aus. Auf dem Gebiet von TELEKOM ist das auf manchen Gebieten leichter möglich als auf dem Gebiet der Postdienste. Wenn wir den Preis für eine Gesprächseinheit von 15 auf 23 Pf erhöhen, dann wird die Bevölkerung das akzeptieren. Wenn wir aber den Brief von 20 Pf auf DM 1,— erhöhen, wird das überhaupt nicht möglich sein. Bei den Postdiensten bleiben wir also drunter. Wir sind aber der Meinung, daß in weiteren Schritten dann eine Angleichung erfolgen muß. Wir rechnen damit, wenn noch andere mit der Idee kommen, zum 2. Juli Preise zu verändern, daß es eine erhebliche soziale Unruhe geben kann in der DDR, und wir hoffen nur, daß in den Verhandlungen über die Wirtschafts-, Währungs- und Sozialunion hierzu ein Konsens gefunden wird, wie man diesem Problem begegnet.

Prof. Witte:

Herr Dr. Neumann hat uns als Volkswirt vorgetragen, daß in einer Übergangszeit, in der die Knappheitssituation besonders deutlich ist, die Preise durchaus gestaffelt werden können. Dies ist nicht nur wirtschaftlich, sondern auch sozial gerechtfertigt. Die Tarifeinheit im Raum paßt durchaus nicht für alle Dienstleistungen und alle Situationen. Allerdings ist eine bewußte Regulierung, also auch eine regulierte Staffelung der Preise nur für Monopolleistungen gerechtfertigt. Für alle im Wettbewerb angebotenen Dienstleistungen wird der Markt die Preise finden. Dabei werden ganz natürliche Staffelungen entstehen. Zur Zeit haben wir jedenfalls nicht ungleiche Tarife für gleiche Leistungen, sondern gleiche Tarife für ungleiche Leistungen, und dies ist grundsätzlich unerwünscht.

Zur Frage der Lizenzen für den Mobilfunk ist anzumerken, daß der 900-MHz-Bereich in ganz Europa für den zellularen Mobilfunk vorgesehen ist und in einigen Ländern bereits jetzt im analogen System genutzt wird. Wenn wir hören, daß dieser Frequenzbereich für die militärische Nutzung durch die UdSSR reserviert ist, dann wird hier eine Aufgabe für die internationalen politischen Verhandlungen sichtbar. Die Wünsche hinsichtlich der Lockerung von COCOM-Bedingungen werden mit dem Wunsch nach Freigabe der Mobilfunkfrequenzen beantwortet werden. Eine Einigung sollte möglich sein.

Dr. Botzian:

In der Außenpolitik ist es ja so, daß die Sowjetunion zwei Haupteinwände gegen die deutsche Vereinigung immer wieder artikuliert hat: die Bündniszugehörigkeit und die eventuelle einseitige Kündigung der Lieferverpflichtungen der DDR. Das berührt sich mit einem von Herrn Dr. Tietze angeschnittenen Punkt, Stichwort Vertriebsnetze, Kenntnisse im RGW. Wie läßt sich das positiv so aufgreifen, daß die DDR ihre Erfahrungen im Sowjetunion-Geschäft einbringt in eine Lösung, wo die Sowjetunion sagen kann, sie hat nichts verloren, sondern sogar etwas gewonnen durch die Umorientierung der DDR?

Herr Buchheim:

In der Industrie der Nachrichtentechnik der DDR werden wir sicherlich durch die Gemeinschaftsvorhaben in der Lage sein, die gesamte Palette an nachrichtentechnischen Erzeugnissen anzubieten. Wenn wir in der DDR-Industrie digitale Nebenstellentechnik, z. B. ein Volumen von 300—400 Tausend BE pro Jahr, produzieren wollen, sind eine ganze Reihe von Anstrengungen in den Betrieben notwendig. Aber das ist für Ihre leistungsfähige Industrie eine Kleinigkeit, dieses Volumen in einer dritten Schicht oder in einer zusätzlichen Leistung zu produzieren. Es geht gar nicht so sehr nur darum, unsere Lieferverpflichtungen zu erfüllen, sondern insgesamt ist nach wie vor für die Beschäftigungsstruktur der nachrichtentechnischen DDR-Industrie der Export in den RGW, insbesondere in die UdSSR eine Lebensaufgabe, wenn es darum geht, Arbeitsplätze zu sichern, weil es die einzige Chance ist, mit der wir überhaupt die Auslastung nach wie vor aufrecht erhalten können. In diesem Gebiet haben wir über viele Jahre traditionelle Beziehungen, wir haben in der UdSSR als Hauptmarkt die entsprechenden Zugänge. Nach unseren jahrelangen Erfahrungen wird es einem Unternehmen nur sehr schwer gelingen, in diesen Markt mit neuen Produkten hineinzukommen, wenn es nicht traditionelle Beziehungen zu den Postverwaltungen hat. Wenn es nicht die Möglichkeiten hat, dort Obligationen durchführen zu lassen, wenn es nicht teilweise Kooperation auch mit wissenschaftlich-technischen Einrichtungen in diesen Ländern weiterhin pflegen und aufbauen kann. In diesem ganzen Paket ist der Vorteil für die UdSSR-Seite, daß man über die Kooperation mit westdeutschen Unternehmen modernere Produkte bieten kann, als es in der Vergangenheit war. Natürlich mit differenzierter Behandlung dieser ganzen Probleme Cocom. Wir gehen als Industrievertreter der DDR davon aus, daß die Cocom-Problematik z. B. für die UdSSR mit Sicherheit noch bis 1995 bestehen wird. In dieser Konstellation sehen wir ganz klar unsere Rolle, unsere Aufgabe, die Nutzung der vorhandenen Vertriebs- und Kontaktmöglichkeiten ist die einzige Chance um zu überleben.

Herr Braun:

Die Modernisierung des Kommunikationsnetzes in der DDR ist sicher eine große Herausforderung. Sie möchten möglichst das Neueste mitnehmen. Hier spielt Glasfaser gegen Kupfer wieder eine Rolle. Dem Teilnehmer ist es völlig egal, wie er seinen Dienst bekommt, Hauptsache, er bekommt ihn, rechtzeitig und wirtschaftlich. Im Fernnetz und in der Ortsverbindungsleitung gibt es keinen Zweifel, da ist Glasfaser dem Kupfer überlegen. Wir haben die neueste Technik, wir haben internationale Normen. Fibre to the Home, u. U. auch Fibre Near to the Home: Hierfür gibt es auf der ganzen Welt noch keine Standards, Normen und Produkte. Aber können Sie eigentlich Ihre Teilnehmer zwei, drei Jahre warten lassen, selbst für einen Geschäftsanschluß? Für den Geschäftsanschluß gibt es heute schon Glasfaser, für den ISDN-Anschluß reicht Kupfer aus.

Dr. Zurhorst:

Ich würde gerne auf einen Punkt hinweisen: die Telekom zahlt in 1990 etwa 4 Milliarden DM Ablieferung. Das ist etwa doppelt so viel, wie sie an Steuern verschiedenster Art zahlen müßte, wenn sie eine Aktiengesellschaft wäre. Wir haben aber Überleitungsbestimmungen, daß spätestens im Jahre 1996 die Ablieferung auf 2 Milliarden DM heruntergeführt wird. Wenn man nun Telekom Ost in die finanzielle Selbständigkeit entläßt, wenn sie schon eine so schlechte Ausgangslage hat, müßte dieses Modell, dem sich Telekom leider erst 1996 stellen kann, für die DDR schon ab sofort gelten. Dann möchte ich das Problem der Knappheitspreise noch einmal aufgreifen, was da an Problemen, auch psychologischer Art, zu bewältigen ist. Aber wir müssen den Realitäten ins Auge schauen. Wir haben es 1960 geschafft, im Jahr einen Zugang — jetzt heruntergerechnet auf die Bevölkerungszahl der DDR — an Hauptanschlüssen zu realisieren von 65000 im Jahr. Davor waren es 1950 vielleicht 20000, 1955 vielleicht 30000, auf die Größenordnung von 16 Mio Einwohnern heruntergerechnet. Man muß sehen, daß Telekom als Infrastruktur ihrerseits wieder eine Infrastruktur hat. Sie müssen eine ganze Menge tun, bevor Sie jemandem einen Hauptanschluß schalten können. Was niemand sieht. Man sieht nur das harmlose Telefon, aber nicht, was dahiner steht. Ob Sie wollen oder nicht — auch wenn Kapital genug da ist, ich bin überzeugt, hier kann man Geld verdienen, hier wird Kapital sein —, sie müssen damit rechnen, daß das einfach seine Zeit braucht. Und in dieser Zeit müssen Sie eine richtige Preispolitik machen, sonst bekommen Sie gewaltige Warteschlangen.Wenn 300000 neue Existenzen Arbeitsplätze und Wirtschaftswachstum schaffen sollen, müssen sie ein Telefon haben. Und wenn Sie das schaffen wollen, müssen Sie riesige Anstrengungen machen und deren Ergebnis in die richtigen Kanäle des volkswirtschaftlich dringenden Bedarfs leiten. Riesige Anstrengungen sind notwendig, die Planungskapazität wird der Engpaß sein. Warum bedient man sich nicht der Planungskapazität der TELECOM-Tochtergesellschaft Detecon, die das Geschäft weltweit betreibt? Warum bedient man sich nicht — deshalb muß man das Netzmonopol nicht aufgeben — der Dienstleistungen von fernmeldetechnischen Unternehmen, die über Know-how verfügen? Ich verstehe den Wunsch nach Tempo, aber ich fürchte, das wird eine Schleichspur werden, wenn man nicht bereit ist, die Probleme konsequent mit marktwirtschaftlichen Mitteln anzugehen.

Dr. Kahle:

Wir haben in der Arbeitsgruppe, die sich mit Mobilfunk beschäftigt, die ersten Erfahrungen gesammelt. Der Mobilfunk kann nicht das Wundermittel sein, um die Probleme auf dem Gebiet des Fernsprechwesens in der DDR zu lösen. Wir haben von der Idee bis zur Realisierung innerhalb von 3 Wochen zur Leipziger Frühjahrsmesse das Mobilfunksystem Leipzig aufgebaut im C-Netz mit schon 23 Kanälen. Am ersten Messetag hatten wir ein völlig überlastetes Netz. Die Bundespost betreibt in Berlin ein Mobilfunk-C-Netz mit 3 Großzellen. Die Probleme mit diesen 3 Großzellen waren Frequenzprobleme, und wir haben dann alle verfügbaren Frequenzen zusammengeworfen in einen Pool, die DDR-Frequenzen und die BRD-Frequenzen, und haben die Basisstationen dort ausgebaut, mit dem Ergebnis, daß in Berlin das Netz schon wieder überläuft. Die Konsequenz daraus ist, ganz Berlin auf ein Kleinzellennetz umzustellen. Zum Jahresende werden wir dieses Netz dann stehen haben. Und nun kommt sofort das nächste Problem. Die Kleinzellen bedingen die Abschaltung der Großzellen, die Randgebiete sind nicht mehr versorgt, wir müssen dann wieder eine neue Lösung schaffen, eine Systemlösung, Übergangslösung von Kleinzellen zu neuen Großzellen, um das gesamte Gebiet innerhalb des Autobahnrings wieder zu versorgen. Es ist immer wieder die Frage der Frequenzen. Die Frequenzsituation in der DDR ist außerordentlich angespannt, viel angespannter als in der BRD. Wir wollen mit den Transitstrecken natürlich nicht aufhören. Wir haben im Raum Dresden-Chemnitz (Karl-Marx-Stadt), der ja gar keine Transitstrecke ist, ebenfalls vor, Mobilfunk hinzubringen, weil wir eben in diesem Raum unbedingt etwas tun müssen. Wir binden bisher alles an die Funkvermittlungsstellen der Bundespost an, d. h. wir binden die Zellen in Ostberlin an Westberlin an, die Transitstrecke Helmstedt z. T. an Hannover, die andere Hälfte wieder an Westberlin. Wenn wir an die Südstrecke gehen, binden wir Nürnberg an. Den Raum Dresden kann man jedoch nicht mehr anbinden an Nürnberg. Da müssen auch Funkvermittlungsstellen in der DDR errichtet werden. Die sind z. Zt. außerordentlich kritisch wegen Cocom. Das gleiche gilt für das D-Netz. Hier gibt es die gleiche Interessenlage in allen Staaten des Warschauer Paktes. Das kann kurzfristig nie geschehen, das geht nur langfristig. Unser sehnlichster Wunsch ist, so früh wie möglich mit dem Aufbau des D1-Netzes beginnen zu können. Aber für ein D2-Netz steht die Frage Wettbewerb an völlig sekundärer Stelle. Wie die Dinge zur Zeit liegen, stehen einfach keine Frequenzen zur Verfügung. Die Probleme des Fernsprechwesens können eben nur über den konsequenten Ausbau des drahtgebundenen Fernmeldenetzes gelöst werden.

Prof. Witte:

Unsere Fachkonferenz hat in vielfältiger Weise Brücken zwischen verschiedenen Betrachtungsstandpunkten geschlagen: einmal zwischen Technikern und Wirtschaftlern, dann aber auch zwischen den Vertretern der Individualkommunikation und der öffentlichen Massenmedien und nicht zuletzt zwischen den Experten beider deutscher Staaten.

Der MÜNCHNER KREIS, der in den vergangenen Jahren internationale Konferenzen mit amerikanischen, japanischen und europäischen Gesprächspartnern veranstaltet hat, konnte heute in einem aufregenden Tag der Verständigung eine deutsch-deutsche Fachkonferenz durchführen. Es ist eben doch von großem Vorteil, wenn man sich in der Muttersprache verständigt. Es gelang uns, die erheblichen Probleme, die gelöst werden sollen, deutlich zu kennzeichnen. Der MÜNCHNER KREIS wird sich heute nicht zum letzten Mal mit der gesamtdeutschen Telekommunikation befaßt haben. Ich hoffe, daß wir das nächste Mal sichtbare Fortschritte in der Realisierung der erarbeiteten Ideen feststellen können. Andererseits werden sich wieder neue Aufgaben zeigen, die wir dann mit derselben Aufgeschlossenheit bearbeiten werden.

Die Autoren

Dipl.-Ing. Jürgen *Bohm*
Deutsche Bundespost TELEKOM
Postfach 2000
5300 Bonn 1

Dipl.-Ing. Dieter *Buchheim*
Deutsche Post
Institut f. Post- u. Fernmeldewesen
Oranienburger Str. 70
DDR-1040 Berlin

Dr. Wilfried *Günther*
Deutsche Post
Ltr. Zentrum f. Bildung u.
Unternehmensführung
Buchberger Str. 6
DDR-1130 Berlin

Dr. Roland *Hüber*
Generaldirektion XIII F
Kommission der Europäischen
Gemeinschaften
Rue de Trèves 61
B-1040 Brüssel

August R. *Lang*
Staatsminister im
Bayer. Staatsministerium für
Wirtschaft und Verkehr
Prinzregentenstr. 28
8000 München 22

Dr. Dieter *Köhler*
Deutsche Post
Institut f. Post- u. Fernmeldewesen
Oranienburger Str. 70
DDR-1040 Berlin

Dr. Karl-Heinz *Neumann*
WIK
Postfach 2000
5340 Bad Honnef 1

Dr. Johannes *Reuß*
Vorsitzender des Vorstandes
ODAV Datenverarbeitung GmbH
Ernst-Heinkel-Str. 11
8440 Straubing

Dipl.-Ing. Günter *Schulz*
Ministerium f. Post- u.
Fernmeldewesen
Ltr. HA Betrieb u. Verkehr
d. Funkwesens
Agastraße
DDR-1199 Berlin

Dr. Christian *Schwarz-Schilling*
Bundesminister für Post und
Telekommunikation
Postfach 8001
5300 Bonn 1

Prof. Dr. Heinz *Stürz*
Hochschule für Verkehrswesen
„Friedrich List"
Sektion Nachrichtentechnik
Friedrich-List-Platz 1
DDR-8010 Dresden

Dipl.-Ing. Gerd *Tenzer*
Mitglied des Vorstandes
Deutsche Bundespost TELEKOM
Postfach 2000
5300 Bonn 1

Dr.-Ing. Peter *Tietze*
VEB Funkwerk Köpenick
Zentrum f. Forschung u. Technologie
der Nachrichtenelektronik (ZFTN)
Edisonstr. 63
DDR-1160 Berlin

Dipl.-Ing. Werner *Voigtländer*
Ministerium f. Post- u.
Fernmeldewesen
Ltr. HA Planung
Mauerstr. 69
DDR-1066 Berlin

Dr. Albrecht *Ziemer*
Technischer Direktor
ZDF
Postfach 4040
6500 Mainz

Dr. Bernhard *Zurhorst*
Mitglied des Vorstandes
Deutsche Bundespost POSTBANK
Heinrich-von-Stephan-Str. 1
5300 Bonn 2